태국어 모음

-ะ 아	-า 아-	
◌ิ 이	◌ี 이-	
◌ึ 으	◌ื 으-	
◌ุ 우	◌ู 우-	
เ-ะ 에	เ- 에-	
แ-ะ 애	แ- 애-	
โ-ะ 오	โ- 오-	
เ-าะ 어	-อ 어-	
เ-อะ 으어	เ-อ 으어-	
เ-ียะ 이야	เ-ีย 이-야	
เ-ือะ 으아	เ-ือ 으-아	
-ัวะ 우아	-ัว 우-아	
-ำ 암	ไ- 아이	
ใ- 아이	เ-า 아오	
ฤ 르(r)	ฤา 르(r)-	
ฦ 르(l)	ฦา 르(l)-	

태국어 성조 부호

| ◌่ | ◌้ | ◌๊ | ◌๋ |

태국어 기타 부호

| ◌ั | ◌็ | ◌์ | ๆ |

태국어 숫자

๐	๑	๒	๓	๔
0 쑨	1 능	2 써-ㅇ	3 싸-ㅁ	4 씨-

๕	๖	๗	๘	๙
5 하-	6 혹	7 쩻	8 빼-ㅅ	9 까오

다락원

지은이 신근혜, 케와린 시무앙
펴낸이 정규도
펴낸곳 (주)다락원

초판 1쇄 인쇄 2019년 7월 26일
초판 1쇄 발행 2019년 8월 9일

책임편집 이숙희, 박인경, 한지희, 박진성
디자인 윤지영, 김희정
일러스트 윤병철
녹음 케와린 시무앙, 쏨차이 쌈니양응암, 최재호, 선은혜

🏠 다락원 경기도 파주시 문발로 211
내용 문의: (02)736-2031 내선 420~426
구입 문의: (02)736-2031 내선 250~252
Fax: (02)732-2037
출판등록 1977년 9월 16일 제406-2008-000007호

Copyright ⓒ 2019, 신구혜, 케와린 시무앙

저자 및 출판사의 허락 없이 이 책의 일부 또는 전부를
무단 복제·전재·발췌할 수 없습니다. 구입 후 철회는 회사
내규에 부합하는 경우에 가능하므로 구입 문의처에 문의
하시기 바랍니다. 분실·파손 등에 따른 소비자 피해에
대해서는 공정거래위원회에서 고시한 소비자 분쟁 해결
기준에 따라 보상 가능합니다. 잘못된 책은 바꿔 드립니다.

값 17,000원 (본책 + 문자표 + 미니북 + 쓰기 노트 + DVD)
ISBN 978-89-277-3238-9 18730

http://www.darakwon.co.kr
다락원 홈페이지를 방문하시면 상세한 출판 정보와 함께
MP3 자료 등 다양한 어학 정보를 얻으실 수 있습니다.

머리말

태국은 인도차이나반도의 중심부에 위치하면서 대륙부 동남아와 해양부 동남아를 잇는 중요한 지리적 위치를 갖고 있습니다. 또한 최근 부상하고 있는 아세안의 중심 국가로서, 매년 이백만 명의 한국인이 찾는, 우리나라와 다양한 방면에서 활발한 교류가 있는 국가입니다.

이렇듯 한국인에게 친숙한 태국의 공식 언어가 바로 태국어입니다. 태국어는 자음과 모음의 숫자가 워낙 많고, 우리말에는 없는 성조가 있어 진입 장벽이 높게 느껴지는 언어입니다. 하지만 어형의 변화가 없는 고립어의 특성을 갖고 있어 문법 체계가 비교적 단순합니다. 따라서 읽고 쓰는 것은 어렵지만 말하는 것은 상대적으로 쉽다고 볼 수 있습니다.

"내게는 특별한 태국어를 부탁해"는 태국어를 배우고자 하는 학습자들이 이 책 한 권만으로도 충분히 태국어 기초를 공부하고, 이를 실생활에서 활용할 수 있도록 하자는 것에 목표를 두고 집필하였습니다. 기본적인 철자와 발음, 성조 학습에서부터 '주요 구문 & 문법'을 통해 문장을 확장시키는 것까지 가능하도록 목차를 구성하였습니다. 아울러 '대화'에서 문법과 회화를 유기적으로 연계하여 활용도를 높이고자 하였고, '추가 단어'와 '유용한 표현'을 통해 학습한 내용을 보충하고 심화할 수 있도록 하였으며, '연습 문제'를 통해 학습한 내용을 스스로 점검할 수 있도록 했습니다. 특히 본책과 함께 저자의 동영상 강의와 원어민의 생생한 대화 및 표현, 녹음을 담은 MP3 파일까지 구성하여 혼자 공부하는 학습자가 더욱 쉽고 재미있게 공부할 수 있도록 구성하였습니다.

몇 년 전 그간의 강의 경험을 한 권의 책으로 엮어 조금이라도 쉽고 재미있게 태국어를 배울 수 있는 책을 만들어 보자는 조그만 바람과 목표로 시작한 집필 작업은 그리 녹록하지 않았습니다. 필자들의 여러 가지 사정과 일정으로 우여곡절을 겪은 끝에 마침내 한 권의 책으로 여러분들께 선보일 수 있게 되었습니다. 필자들의 일정을 묵묵히 기다려 주시고, 집필 작업에 물심양면 지원을 아끼지 않으신 다락원 관계자분들께 감사드립니다. 태국어 문법 관련 조언과 함께 태국어 교육 전문가로서 녹음 작업에 기꺼이 참여해 주신 존경하는 태국 씬라빠껀 대학교 쏨차이 쌈니양응암 교수님께 깊은 감사를 드립니다. 또한 지난 일 년간 전체 집필 과정에서 함께하면서 이 책이 나올 수 있도록 도와준 제자 박진성 군에게도 지면을 빌려 감사를 전합니다.

여러 사람들의 노력과 공으로 만들어진 "내게는 특별한 태국어를 부탁해"가 태국어를 처음 접하는 학습자들이 좀더 쉽고 재미있게 태국어에 입문하는 데 도움이 될 수 있기를 바랍니다.

2019년 8월
신근혜, 케와린 시무앙

이 책의 구성 및 활용

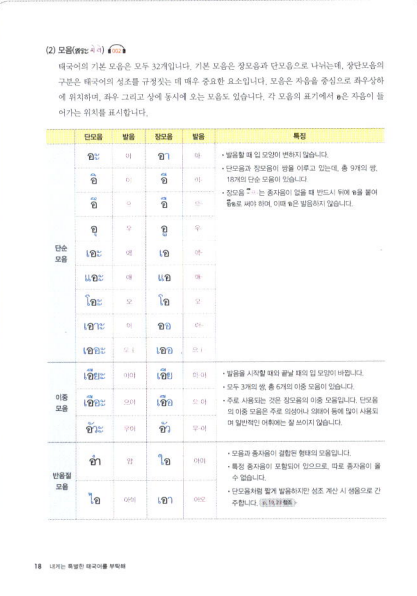

예비과

학습자들에게 생소한 태국어 문자을 살펴보고 발음을 정확하게 할 수 있는 기본 지식을 알려 줍니다. 특히, 태국어의 받침 규칙, 모음의 탈락과 변형, 성조법 등을 학습함으로써 태국어를 읽고, 쓰고, 발음할 수 있는 토대를 마련합니다. 또한, 태국어의 기타 부호와 숫자에 대한 내용을 간단히 정리하였으므로 미리 익혀 두면 본문의 내용을 이해하는 밑거름이 됩니다.

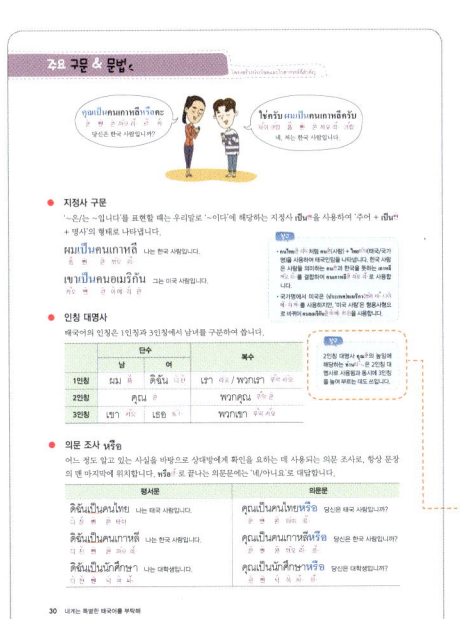

본문 1~20과

● 주요 구문 & 문법

각 과에서 다루는 문법과 관련 구문을 소개하고 설명합니다. 각 과에서 배우게 될 내용을 요약한 핵심 구문을 삽화와 더불어 페이지 상단에 제시함으로써 학습 내용을 한눈에 파악할 수 있도록 하였습니다. '주요 구문 & 문법'의 첫 페이지는 대화 1에 관련된 문법 및 구문의 설명이고, 둘째 페이지는 대화 2에 관련된 문법 및 구문의 설명입니다.

주의 혼동이 될 수 있는 주요 내용을 다시 한번 확인하는 항목입니다.

참고 추가 설명이나 정보, '주요 구문&문법'에서 새로 나온 단어를 제시하기 위한 항목입니다.

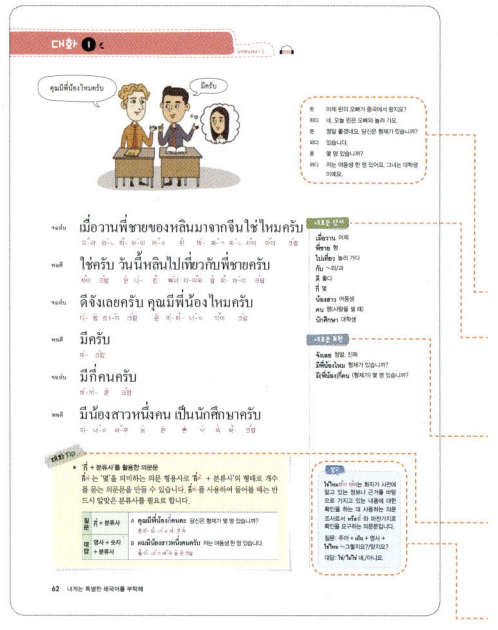

● **대화**

대화 1과 대화 2로 나누어져 있습니다. 앞에 제시된 주요 구문과 문법을 활용하여 실생활에서 만날 수 있는 다양한 상황을 재현합니다. 다양한 상황별 대화문은 회화 실력을 향상시키는 기회를 제공합니다. 5과까지 태국어에 가장 가까운 한국어 발음이 병기되어 있어 학습 초기에 발음을 익히는 데 도움을 줍니다.

해석 각 과의 대화문을 우리말로 옮겨 학습자의 이해를 돕습니다.

새로운 단어 대화문에 새롭게 등장한 단어들을 한국어 뜻과 함께 정리합니다. 필요할 경우 학습자의 이해를 돕는 설명이 덧붙여져 있습니다.

새로운 표현 대화문에 새롭게 등장한 주요 표현들을 정리하여 학습 내용을 재확인하도록 해 줍니다.

대화 Tip 대화문에 등장한 주요 표현에 대한 추가 설명과 주의 사항을 담고 있습니다.

주의 및 참고 대화를 이해하는 데에 도움이 될 참고 사항 및 주의해야 할 내용을 함께 제공하고 있습니다.

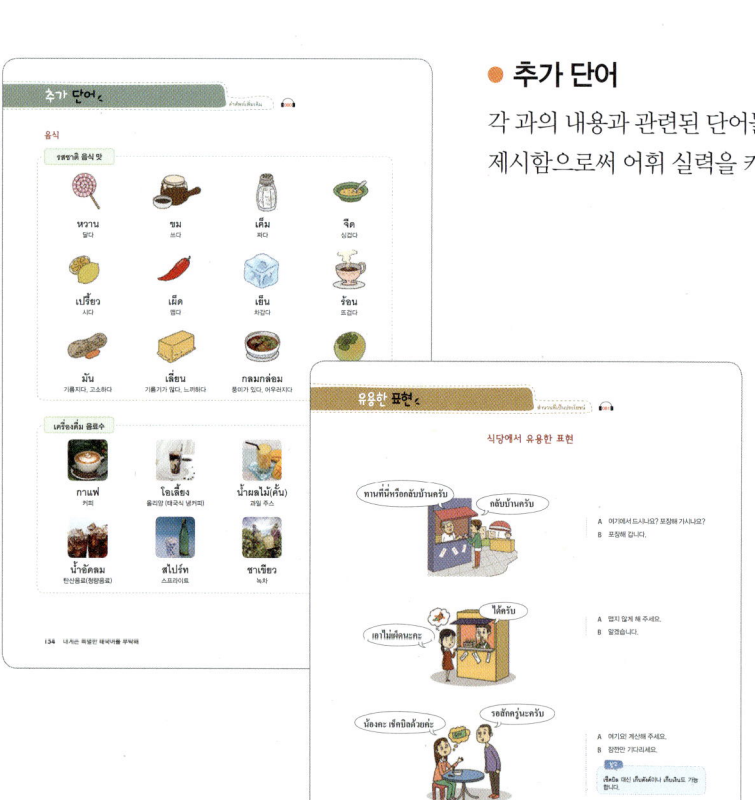

● **추가 단어**

각 과의 내용과 관련된 단어들을 분야별로 나누어 삽화와 함께 제시함으로써 어휘 실력을 키워 줍니다.

● **유용한 표현**

다양한 상황을 통해 실생활에서 유용하게 쓸 수 있는 태국어 표현들을 익힐 수 있습니다.

● 연습 문제

각 과에서 배웠던 학습 내용을 제대로 이해했는지 스스로 확인하는 부분으로 문법·듣기·읽기 문제로 나누어져 있습니다. 다양한 유형의 문법 문제를 통해 문법 내용을 복습하고, 듣기 문제에서는 청취를 통해 학습 내용을 파악할 수 있는 능력을 기르도록 해 줍니다. 듣기 문제는 각각 두 번씩 들려줍니다. 마지막으로 다양한 내용의 읽기 문제를 통해서 독해력과 어휘력을 향상시킬 수 있습니다.

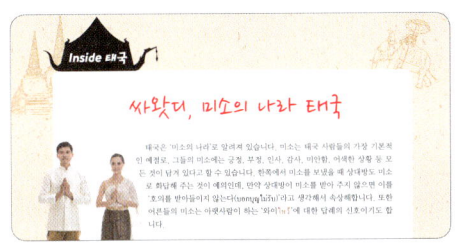

● Inside 태국

태국의 문화와 태국에 대한 재미있는 이야기를 소개하는 쉬어 가는 코너입니다.

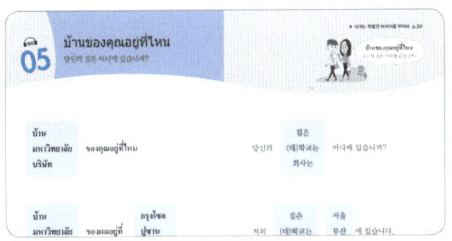

● 주요 표현 미니북

일상생활에서 자주 쓰이는 태국어의 기본적인 구문을 정리하였습니다. 각 과의 내용을 공부한 후에 확인 차 살펴보거나 회화에 응용할 수 있습니다. 태국어와 한국어가 동시에 녹음되어 있고, 포켓북 크기로 되어 있어 휴대가 간편합니다.

● 쓰기 노트

태국 문자를 써 봄으로써 태국어 자모음과 성조 부호, 기타 부호 및 숫자를 익히고 자모음 결합 연습을 할 수 있습니다.

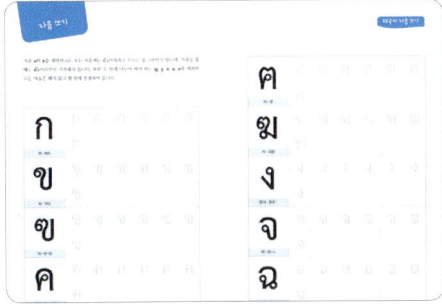

● MP3 음성 파일

DVD를 실행하면 'mp3' 폴더 안에 'MainBook MP3' 폴더와 'MiniBook MP3' 폴더가 있습니다. 'MainBook MP3' 폴더 안에는 원어민의 발음에 익숙해지도록 본책에 있는 예비과의 발음, 각 과의 대화문과 듣기 연습 문제, 추가 단어, 유용한 표현 등을 담았고, 'MiniBook MP3' 폴더 안에는 주요 표현 미니북의 내용을 담았습니다. 반복해서 듣고 따라 읽어 주세요.

● 동영상 강의

예비과 1~3과 본문 20과, 총 23개의 강의로 구성되어 있습니다. 각 과의 핵심 내용을 쉽게 풀어 설명함으로써 학습자의 이해를 돕습니다. 본 책의 제한된 지면으로 인해 자세한 설명을 곁들일 수 없었던 부분을 동영상 강의로 보완하였습니다.

★ DVD에 수록된 MP3 파일이나 동영상 파일을 모바일 (및 휴대용) 기기로 복사하여 이용하시면 더욱 편리합니다.

머리말		4
이 책의 구성 및 활용		5
내용 구성표		10
등장인물 소개		12

예비과 13

바더 01	**ผมเป็นคนเกาหลีครับ** 나는 한국 사람입니다.	29
바더 02	**นี่คืออะไรครับ** 이것은 무엇입니까?	39
바더 03	**คุณมาจากที่ไหนคะ** 당신은 어디에서 왔습니까?	49
바더 04	**คุณมีพี่น้องไหมครับ** 당신은 형제가 있습니까?	59
바더 05	**เพื่อนคนนั้นใจดีครับ** 그 친구는 친절합니다.	69
바더 06	**เขากำลังทำอะไรอยู่คะ** 그는 무엇을 하고 있습니까?	79
바더 07	**ทานข้าวเช้าหรือยังครับ** 아침 식사 하셨어요?	89
바더 08	**ไปดูหนังด้วยกันไหมครับ** 같이 영화 보러 갈래요?	99
바더 09	**อยากกินอาหารเกาหลีค่ะ** 한국 음식을 먹고 싶어요.	109
바더 10	**ตอนนี้กี่โมงคะ** 지금 몇 시입니까?	119

บทที่ 11	**วันนี้วันที่เท่าไร** 오늘은 며칠입니까?	129
บทที่ 12	**อันนี้เท่าไร** 이것은 얼마입니까?	139
บทที่ 13	**ขอดูเมนูหน่อย** 메뉴 좀 보여 주세요.	149
บทที่ 14	**ห้องสมุดอยู่ที่ไหน** 도서관이 어디에 있습니까?	159
บทที่ 15	**ช่วยจอดตรงนี้ด้วย** 여기 세워 주세요.	169
บทที่ 16	**ขอสายหลินหน่อยครับ** 린 좀 바꿔 주세요.	179
บทที่ 17	**ขอสอบถามเรื่องห้องพักค่ะ** 객실에 대해 문의하려고요.	189
บทที่ 18	**ขอตั๋วไปเชียงใหม่ 2 ใบ** 치앙마이로 가는 표 두 장 주세요.	199
บทที่ 19	**ไม่สบาย เป็นอะไร** 어디가 아파요?	209
บทที่ 20	**มาส่งพัสดุค่ะ** 소포를 보내러 왔습니다.	219

• 부록 ·· 229

추가 문법 ·· 230
태국어 잰말 놀이 ·· 235
정답 ·· 236
듣기 대본 · 읽기 지문 번역 ·· 240
색인 ① 태국어 + 한국어 ·· 247
색인 ② 한국어 + 태국어 ·· 258

내용 구성표

	제목	주요 구문 & 문법	대화 1	대화 2	추가 단어	유용한 표현	Inside 태국
	예비과	• 태국어란? • 태국어의 문자와 발음 • 태국어의 받침 규칙 • 모음의 생략과 변형 • 태국어의 성조와 성조법 • 발음의 예외 • 기타 부호와 발음 • 태국어 숫자					
01	ผมเป็นคนเกาหลีครับ	• 지정사 구문 • 인칭 대명사 • 의문 조사 หรือ • 부정사 ไม่ใช่ • 응답 표현 ใช่/ไม่ใช่	처음 만나 인사하기	친구에게 자신의 다른 친구 소개하기	국가, 직업	인사하기	싸왓디, 미소의 나라 태국
02	นี่คืออะไรครับ	• 지시 대명사 นี่, นั่น, โน่น • 체언술어문: 주어+(คือ)+명사 • 의문사 อะไร • 소유격 전치사 ของ • 의문사 ใคร	지시 대명사를 사용하여 기숙사 방 안 설명하기	물건 주인 묻기	교실 용품, 일상 용품	다양하게 사용하는 호칭 คุณ	코끼리의 나라 태국
03	คุณมาจากที่ไหนคะ	• 자동사 구문: 주어+동사 • 위치를 나타내는 표현: จาก+장소 • 의문사 (ที่)ไหน • 이동 동사 ไป/มา+동사 • 연속된 두 동작의 선후 관계를 나타내는 แล้ว	국적 묻기	일상 계획 묻기	장소	장소 관련 물음과 표현	태국인의 복식 문화
04	คุณมีพี่น้องไหมครับ	• 소유 표현 동사 มี • 타동사 구문: 주어+동사+목적어 • 의문 조사 ไหม • 부정사 ไม่ • 소유의 부정 ไม่มี	형제자매 유무 묻기	가족 소개하기	가족 호칭	มี/ไม่มี를 활용한 의문문	태국인의 이름
05	เพื่อนคนนั้นใจดีครับ	• 명사+분류사+지시 형용사(นี้, นั้น, โน้น) • 상태 동사 구문: 주어+상태 동사 • 상태, 성격을 묻는 เป็นอย่างไร • 의문사 의문문	친구의 성격 묻기	เป็นอย่างไร를 사용하여 서점에서 책에 대해 묻기	분류사	지시 형용사를 활용한 표현	태국의 기후
06	เขากำลังทำอะไรอยู่คะ	• 현재 또는 과거 진행 표현: กำลัง+동사+อยู่ • 부분 부정 ไม่ค่อย • 관계 대명사 ที่ • 선택 의문문 หรือเปล่า	상대방이 뭐 하고 있는지 묻기	린의 사무실 방문하기	자주 쓰이는 동작 동사	전화 통화	똠얌꿍, 세계인을 매료시킨 태국의 문화
07	ทานข้าวเช้าหรือยังครับ	• 선택 의문문 (แล้ว)หรือยัง • 경험의 조동사 เคย • กิน의 경어 표현 ท่าน, รับประทาน	선택 의문문 หรือยัง을 사용하여 점심 먹었는지 묻기	숙제 해 왔는지 묻기	과일	도착 유무를 확인하거나 늦게 오는 경우	열대 과일의 천국
08	ไปดูหนังด้วยกันไหมครับ	• 청유형 표현 ด้วยกันไหม • 화자의 의견을 제시하는 어조사 นะ • 어조사 ค่ะ/ครับ의 생략 • 미래, 의도, 추측을 나타내는 จะ • 이유를 묻거나 제시하는 표현 เพราะ, จึง	영화 보러 가자고 권유하기	영화 감상 이야기하기	다양한 상태 동사 ①	여러 상황에서 권유하는 표현	매낙, 영원한 사랑의 전설이 된 귀신
09	อยากกินอาหารเกาหลีค่ะ	• 희망과 소망을 나타내는 표현 อยาก, อยากให้ • 의무, 필요의 조동사 ต้อง, ควร • 요청하는 표현 ช่วย…ให้หน่อยไหม • 역접 접속사 แต่	한국 음식 먹으러 가기	종업원에게 메뉴 추천 부탁하기	조리 방법, 식재료	식당 종업원과 대화할 때 사용하는 표현	낀카우낀쁠라, 태국인의 음식 문화

	제목	주요 구문 & 문법	대화 1	대화 2	추가 단어	유용한 표현	Inside 태국
10	ตอนนี้กี่โมงคะ	• 시간을 묻는 표현 กี่โมง • 시간 표현 • '~부터 ~까지'의 시간을 나타내는 표현 ตั้งแต่…ถึง… • 시간을 말하는 표현 …โมง…นาที • '한낮'을 의미하는 표현 เที่ยง, เที่ยงวัน, กลางวัน	버스 터미널 매표소에서	시간 표현을 활용하여 승무원과 대화하기	시간 부사	시간·기간을 묻고 답하는 표현	태국의 지리와 지역 구분
11	วันนี้วันที่เท่าไร	• 날짜를 묻는 표현 วันที่เท่าไร • 날짜를 세는 표현 กี่วัน • 요일을 묻는 표현 วันอะไร • 달을 나타내는 표현: เดือน+달이름	친구에게 일정 묻기	나들이를 가기 위해 약속 잡기	다양한 상태 동사 ②	축하 관련 표현	태국의 전통 축제와 물의 의미
12	อันนี้เท่าไร	• 가격을 묻는 의문사 เท่าไร • 태국어 숫자 표현 • '~당'의 의미를 나타내는 단위 표현 ละ • 상태 강조 표현 ๆ	액세서리 가격 묻기	과일 가게에서 과일 사기	색깔, 단위를 나타내는 분류사	나이, 무게, 키, 거리 묻기	태국을 상징하는 노란색 꽃, 라차프륵
13	ขอดูเมนูหน่อย	• 요청, 부탁, 허락의 표현: ขอ+동사+หน่อย • 호칭어 น้อง • 요청 표현: ขอ+동사 • 물건의 개수 표현: 명사 + 숫자 + 분류사 • 명령문: กรุณา+동사	식당에서 음식 주문하기	식당에서 음료 주문하기	음식	식당에서 유용한 표현	열대의 상징 야자수 in 태국
14	ห้องสมุดอยู่ที่ไหน	• 장소나 위치를 묻는 표현 อยู่ที่ไหน • 위치를 나타내는 표현 • '어느'를 나타내는 표현: 명사+ไหน • 선행 및 후행을 나타내는 표현: 동사1+แล้ว+동사2	도서관 위치 묻기	길거리에서 길 묻기	운전자 및 보행자에게 필요한 표현, 위치 및 방향	위치 및 방향을 나타내는 표현	재미있는 태국의 자동차 번호판 이야기
15	ช่วยจอดตรงนี้ด้วย	• 부탁의 표현: ช่วย+동사+ด้วย • 가능의 표현 ได้ • 간접 표현 …ว่า • 서둘러서 ~하다: รีบ+동사	택시에서 대화하기	버스에서 요금 내기	교통수단, 도로에서 볼 수 있는 것들	대중교통 이용 관련 표현	방콕의 대중교통
16	ขอสายหลินหน่อยครับ	• 전화 거는 사람이 자신을 밝히는 표현 • 전화 걸기 및 통화에서의 สาย 표현 • 공손하게 묻는 표현 ไม่ทราบว่า • 가능한 방법을 물어보는 표현 …จะได้ยังไง(อย่างไร) • 조건절을 이끄는 표현 ถ้า…จะให้…	린과의 통화를 요청하기	상대방 부재 시, 답신 전화 요청하기	통신 관련	연락처 주고 받기	태국인의 아침을 여는 일상 속의 공덕 쌓기, 탁발 공양
17	ขอสอบถามเรื่องห้องพักค่ะ	• 이동 동사와 함께 쓰는 ส่ง/รับ • ~해 두다: 동사+ไว้ • 선택 가능의 표현 ก็ได้ • 가능의 표현 เป็น • ~할 필요가 없다: ไม่ต้อง	호텔에서 객실 알아보기	호텔 서비스 및 시설 등에 대해 묻기	호텔 및 숙박 시설 관련	호텔에서	샴에서 온 쌍둥이
18	ขอตั๋วไปเชียงใหม่ 2 ใบ	• 'A와 B 모두'를 나타내는 표현 ทั้ง A กับ B • 보조 동사 ให้ • 교통편의 เที่ยว/ไฟล์ท/เที่ยวบิน • 아쉬움의 표현 ทำไม…จังเลย • 인과의 접속사 ก็เลย	버스표 구매하기	앱으로 비행기표 예약하기	교통 관련, 각종 교통편 좌석 등급: ที่นั่ง+등급	교통수단 이용 시	신의 도시, 방콕 이야기
19	ไม่สบาย เป็นอะไร	• 증상 묻기: เป็นอะไร • 증상 말하기: ปวด/เจ็บ+신체 부위 • 종속절을 이끄는 접속사: เพื่อ • 허락을 구하는 표현: ขอ+동사…ดู	병원에서 진료 받기 ①	병원에서 진료 받기 ②	신체 부위, 아픈 증상	병원에서	태국의 전통 치료법, 타이 마사지
20	มาส่งพัสดุค่ะ	• มา+동사 • '먼저', '우선'을 의미하는 접속사 ก่อน • 정중한 사과 표현 ขออภัยที่… • 정중한 정보 요청 구문: ขอทราบ+명사	친구와 우체국 가기	보낸 소포 문제로 우체국에 전화하기	우편 종류, 우편물과 택배 보내기	택배 관련 표현	태국의 세계 유산

📖 등장인물 소개

민호 มินโฮ
대학 부속 어학당
어학 연수생

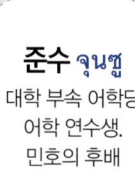

준수 จุนซู
대학 부속 어학당
어학 연수생.
민호의 후배

존 จอห์น
민호와 같은 반 학생.
미국인. 회사원

납다우 นับดาว
존의
태국인 여자 친구

린 หลิน
민호, 존과 같은 어학당
에서 공부하는 중국인.
무역회사 직원

프래와 แพรววา
어학당의
태국어 선생님

퍼짜이 พอใจ
퍼디의 여동생.
대학생

퍼디 พอดี
민호의 태국 친구.
대학원생

바이먼 ใบหม่อน
퍼짜이의 친구.
대학생

여러분에게 특별한 ★
태국어 공부
시작해 볼까요?

1 태국어란?

태국어(**ภาษาไทย** 파-싸-타이)는 현재 인도차이나반도에 위치한 태국(**ประเทศไทย** 쁘라테-ㅅ 타이)의 국가 공용어로, 태국 국민의 주류를 이루고 있는 타이족의 언어입니다.

태국어의 특징은 다음과 같습니다.
① 고립어로서 어형의 변화가 없어 어휘 사이의 문법적 관계가 어순과 특정한 조동사에 의해 실현됩니다.
② 성조어로 낱말이 같은 음가를 갖더라도 음의 높낮이에 따라 의미가 달라집니다. 태국어에는 평성, 1성, 2성, 3성, 4성의 총 5개 성조가 있습니다.
③ 주어–동사–목적어의 어순을 갖는 SVO형의 문장 구조를 갖고 있으며, 음절 구성에 있어서는 (C)CV(V)(C)^{T}의 형태를 띱니다. (C는 자음을, V는 모음을, T는 성조를 의미합니다.)

2 태국어의 문자와 발음

(1) 자음(**พยัญชนะ** 파얀차나)

태국어의 자음은 모두 44자입니다. 자음은 각각의 이름을 가지고 있는데, 그 이름은 '자음의 음가 + 대표 단어'로 구성되어 있습니다.

ก	=	음가 + 모음 อ	+	대표 단어
꺼 까이		[ㄲ] + [어-] 꺼-		**ไก่** 까이

순서	자음	명칭	뜻	음가	
				초자음	종자음
1	ก	ก ไก่	꺼- 까이	닭	[k]	[k]
2	ข	ข ไข่	커- 카이	알	[kh]	[k]
3	ฃ	ฃ ขวด	커- 쿠-앗	병	[kh]	[k]
4	ค	ค ควาย	커- 콰-이	물소	[kh]	[k]
5	ฅ	ฅ คน	커- 콘	사람	[kh]	[k]
6	ฆ	ฆ ระฆัง	커- 라캉	종	[kh]	[k]
7	ง	ง งู	응어(ng)- 응우-	뱀	[ŋ]	[ng]
8	จ	จ จาน	쩌- 짜-ㄴ	접시	[c]	[t]
9	ฉ	ฉ ฉิ่ง	처- 칭	악기 이름	[ch]	–
10	ช	ช ช้าง	처- 차-ㅇ	코끼리	[ch]	[t]
11	ซ	ซ โซ่	써- 쏘-	사슬	[s]	[t]
12	ฌ	ฌ เฌอ	처- 츠-	나무	[ch]	–
13	ญ	ญ หญิง	여(y)- 잉	여자	[y]	[n]
14	ฎ	ฎ ชฎา	더- 차다-	무용극용 관(冠)	[d]	[t]
15	ฏ	ฏ ปฏัก	떠- 빠떡	창, 작살	[t]	[t]
16	ฐ	ฐ ฐาน	터- 타-ㄴ	받침대	[th]	[t]
17	ฑ	ฑ มณโฑ	터- 몬토-	여자 이름	[th]	[t]

예비과 15

순서	자음	명칭		뜻	음가	
					초자음	종자음
18	ฒ	ฒ ผู้เฒ่า	터- 푸-타오	노인	[th]	[t]
19	ณ	ณ เณร	너- 네-ㄴ	사미승	[n]	[n]
20	ด	ด เด็ก	더- 덱	아이	[d]	[t]
21	ต	ต เต่า	떠- 따오	거북이	[t]	[t]
22	ถ	ถ ถุง	터- 퉁	봉지	[th]	[t]
23	ท	ท ทหาร	터- 타하-ㄴ	군인	[th]	[t]
24	ธ	ธ ธง	터- 통	기, 깃발	[th]	[t]
25	น	น หนู	너- 누-	쥐	[n]	[n]
26	บ	บ ใบไม้	버- 바이마이	나뭇잎	[b]	[p]
27	ป	ป ปลา	뻐- 쁠라-	물고기	[p]	[p]
28	ผ	ผ ผึ้ง	퍼- 픙	벌	[ph]	–
29	ฝ	ฝ ฝา	풔(f)- 화-	뚜껑	[f]	–
30	พ	พ พาน	퍼- 파-ㄴ	쟁반	[ph]	[p]
31	ฟ	ฟ ฟัน	풔(f)- 환	이, 이빨	[f]	[p]
32	ภ	ภ สำเภา	퍼- 쌈파오	돛단배	[ph]	[p]
33	ม	ม ม้า	머- 마-	말(馬)	[m]	[m]
34	ย	ย ยักษ์	여(y)- 약	도깨비	[y]	[y]

순서	자음	명칭		뜻	음가	
					초자음	종자음
35	ร	ร เรือ	러(r)- 르-아	배	[r]	[n]
36	ล	ล ลิง	러(l)- 링	원숭이	[l]	[n]
37	ว	ว แหวน	워(w)- 왜-ㄴ	반지	[w]	[w]
38	ศ	ศ ศาลา	써- 쌀-라-	정자	[s]	[t]
39	ษ	ษ ฤๅษี	써- 르-씨-	도사	[s]	[t]
40	ส	ส เสือ	써- 쓰-아	호랑이	[s]	[t]
41	ห	ห หีบ	허- 히-ㅂ	상자	[h]	–
42	ฬ	ฬ จุฬา	러(l)- 쭐라-	연 이름	[l]	[n]
43	อ	อ อ่าง	어- 아-ㅇ	대야	[?]	–
44	ฮ	ฮ นกฮูก	허- 녹후-ㄱ	부엉이	[h]	–

> **참고**
> • 3번과 5번 자음은 현재는 쓰이지 않습니다.
> • 34번 ฬ과 37번 ว이 종자음으로 올 때는 선행하는 모음 뒤에 각각 /-이/, /-우/로 발음됩니다.

자음의 분류

태국어 자음은 성조와 관련하여 고자음, 중자음, 저자음으로 나눌 수 있습니다. 자음의 분류는 성조를 규정짓는 데 매우 중요하므로 완전히 이해해야만 정확한 성조를 계산하여 발음할 수 있습니다.

• 고자음(อักษรสูง 악 써-ㄴ 쑤-ㅇ, 11자): ข ฃ ฉ ฐ ถ ผ ฝ ศ ษ ส ห
• 중자음(อักษรกลาง 악 써-ㄴ 끄라-ㅇ, 9자): ก จ ฎ ฏ ด ต บ ป อ
• 저자음(อักษรต่ำ 악 써-ㄴ 땀, 24자): ค ฅ ฆ ง ช ซ ฌ ญ ฑ ฒ ณ ท ธ น พ ฟ ภ ม ย ร ล ว ฬ ฮ

(2) 모음(สระ 싸 라) 🎧002

태국어의 기본 모음은 모두 32개입니다. 기본 모음은 장모음과 단모음으로 나뉘는데, 장·단모음의 구분은 태국어의 성조를 규정짓는 데 매우 중요한 요소입니다. 모음은 자음을 중심으로 좌우상하에 위치하며, 좌우 그리고 상에 동시에 오는 모음도 있습니다. 각 모음의 표기에서 อ은 자음이 들어가는 위치를 표시합니다.

	단모음	발음	장모음	발음	특징
단순 모음	อะ	아	อา	아-	• 발음할 때 입 모양이 변하지 않습니다. • 단모음과 장모음이 쌍을 이루고 있는데, 총 9개의 쌍, 18개의 단순 모음이 있습니다. • 장모음 ือ-는 종자음이 없을 때 반드시 뒤에 อ을 붙여 ือ로 써야 하며, 이때 อ은 발음하지 않습니다.
	อิ	이	อี	이-	
	อึ	으	อื	으-	
	อุ	우	อู	우-	
	เอะ	에	เอ	에-	
	แอะ	애	แอ	애-	
	โอะ	오	โอ	오-	
	เอาะ	어	ออ	어-	
	เออะ	으어	เออ	으어-	
이중 모음	เอียะ	이야	เอีย	이-야	• 발음을 시작할 때와 끝날 때의 입 모양이 바뀝니다. • 모두 3개의 쌍, 총 6개의 이중 모음이 있습니다. • 주로 사용되는 것은 장모음의 이중 모음입니다. 단모음의 이중 모음은 주로 의성어나 의태어 등에 많이 사용되며 일반적인 어휘에는 잘 쓰이지 않습니다.
	เอือะ	으아	เอือ	으-아	
	อัวะ	우아	อัว	우-아	
반음절 모음	อำ	암	ใอ	아이	• 모음과 종자음이 결합된 형태의 모음입니다. • 특정 종자음이 포함되어 있으므로, 따로 종자음이 올 수 없습니다. • 단모음처럼 짧게 발음하지만 성조 계산 시 생음으로 간주합니다. p. 19, 23 참조
	ไอ	아이	เอา	아오	

	단모음	발음	장모음	발음	특징
음절 모음	ฤ	르, 리(r)	ฤา	르(r)-	• 자음과 결합하여 하나의 음절을 이루고 있는 모음입니다. • 주로 고어나 시어 등에 사용합니다. • 비교적 사용 빈도가 높은 ฤ의 경우 사용된 환경에 따라 [르], [리] 등으로 발음됩니다. ฤดู 르두- 계절　　อังกฤษ 앙 끄릿 영국
	ฦ	르(l)	ฦๅ	르(l)-	

3 태국어의 받침 규칙 🎧003

태국어의 종자음은 한국어 음절의 끝소리 규칙과 마찬가지로 서로 다른 음소가 받침이라는 특정 환경에서 같은 음소가 됩니다. 태국어에서 종자음으로 사용되는 자음은 아래 8개의 받침 규칙을 따릅니다.

소리	해당 자음	예	
ก [k]	ก ข ค ฆ	ปาก 빠-ㄱ 입	ภาค 파-ㄱ 부분, 지역
ง [ng]	ง	ถึง 틍 도착하다	มอง 머-ㅇ 보다
น [n]	น ญ ณ ร ล ฬ	เรียน 리-얀 배우다	อาหาร 아- 하-ㄴ 음식
ด [t]	จ ซ ศ ฎ ฏ ฐ ฑ ฒ ด ต ถ ท ธ ศ ษ ส	กิจ 낏 일, 임무 พิเศษ 피 쎄-ㅅ 특별한	พูด 푸-ㅅ 말하다 มืด 므-ㅅ 어두운
บ [p]	บ ป พ ฟ ภ	ชอบ 처-ㅂ 좋아하다	ภาพ 파-ㅂ 그림, 사진
ม [m]	ม	ลืม 르-ㅁ 잊다	สาม 싸-ㅁ 3, 셋
ย [y]	ย	คุย 쿠이 이야기하다	อาย 아-이 부끄럽다
ว [w]	ว	เอว 에-우 허리	ขาว 카-우 하얗다

일부 자음은 초자음과 종자음의 소리가 다릅니다. ญ, ร, ล, ฬ이 종자음으로 올 때는 [n]소리가 납니다. 이를 통해 태국어의 종자음에는 [l]소리가 없음을 알 수 있습니다.

생음과 사음

• 생음(生音): 개방음 또는 열린 소리로 장모음으로 끝나거나, 반음절 모음 또는 종자음의 소리가 [ng], [n], [m], [y], [w] 음가로 발음되는 음절을 말합니다.
• 사음(死音): 폐쇄음 또는 닫힌 소리로 단모음으로 끝나거나 종자음의 소리가 [k], [t], [p] 등의 딱딱하고 막힌 음가로 발음되는 음절을 말합니다.

4 모음의 생략과 변형 🎧004

태국어 음절에서 종자음이 오는 경우 일부 모음이 축약되어 형태가 없어지거나 다른 모양으로 변하는 경우가 있습니다.

① 단모음 -ะ 아는 종자음이 오면 ั- 의 형태가 됩니다.

ㅇ + -ะ + น = อัน 안

วัน 완 날, 일   รัก 락 사랑하다   ขับ 캅 운전하다   ตัด 땃 자르다

② 단모음 โ-ะ 오는 종자음이 오면 생략되어 형태가 없어집니다.

ค + โ-ะ + น = คน 콘

พบ 폽 보다, 만나다   ตก 똑 떨어지다   นม 놈 우유   สด 쏫 싱싱한, 신선한

③ 단모음 부호 ะ가 사용되는 모음 เ-ะ 에, แ-ะ 애 등에 종자음이 오면 ะ가 단모음 부호 ็ (ไม้ไต่คู้)로 바뀝니다. 단모음 부호는 초자음 위에 표시합니다.

ด + เ-ะ + ก = เด็ก 덱

เก็บ 껩 모으다   เย็น 옌 시원한   แข็ง 캥 단단한   แท็กซี่ 택 씨- 택시

④ 장모음 เ-อ 어-에 종자음이 오면 'เอิ + 받침'의 형태가 됩니다.

ด + เ-อ + น = เดิน 더-ㄴ

เดิม 더-ㅁ 원래   เปิด 뻐-ㅅ 열다   เลิก 러-ㄱ 끊다   เขิน 커-ㄴ 부끄럽다

단, 받침에 ย이 올 경우 'เ + 초자음 + ย'의 형태가 됩니다.

ค + เ-อ + ย = เคย 커-이

เฉย 츠어-이 가만히 있다   เผย 프어-이 공개하다   เลย 르어-이 초과하다

⑤ 장모음 อัว 우-아에 종자음이 오면 -ว-의 형태가 됩니다.

ข + อัว + ด = ขวด 쿠-앗

บวช 부-앗 출가하다   สวย 쑤-아이 아름답다   รวม 루-암 합하다   ลวก 루-악 데치다

5 태국어의 성조와 성조법

태국어는 성조어입니다. 성조는 자모음과 마찬가지로 태국어의 음절을 구성하는 요소이며, 모든 음절에 성조(วรรณยุกต์ 완나육)가 있습니다. 태국어는 평성, 1성, 2성, 3성, 4성의 5개의 성조로 이루어져 있습니다. 성조는 제한된 양의 기호로 많은 의미를 나타내기 위한 방법 중의 하나로, 낱말의 형태가 같더라도 음의 높이에 따라 그 뜻이 달라집니다. 예컨대, 평성으로 มา 마-라고 하면 '오다'라는 뜻이고, 3성으로 ม้า 마-라고 하면 '말(馬)'을 의미하며, 4성으로 หมา 마-라고 하면 '개'를 의미합니다.

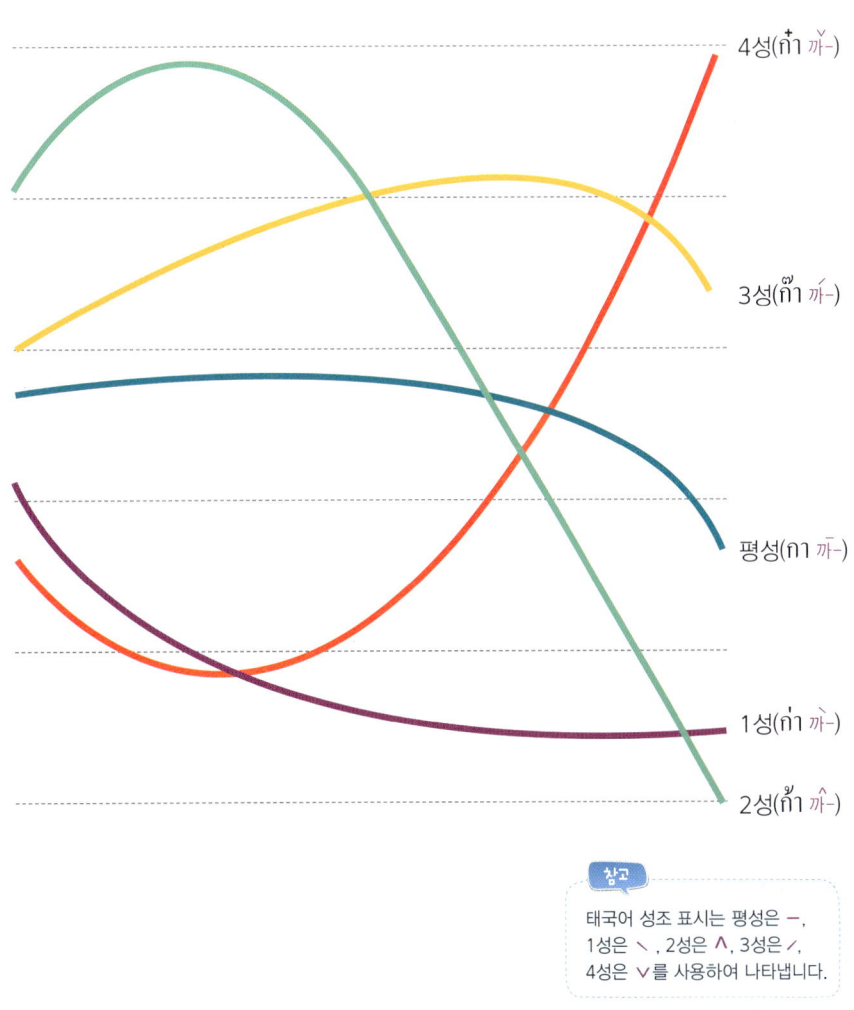

참고

태국어 성조 표시는 평성은 ー, 1성은 ╲, 2성은 ∧, 3성은 ╱, 4성은 ∨를 사용하여 나타냅니다.

태국어의 성조는 성조 부호를 사용하여 성조 표시가 나타나는 유형 성조법과 성조 표시가 나타나지 않는 무형 성조법으로 나눌 수 있습니다.

(1) 유형 성조법 🎧006

유형 성조는 성조 부호를 사용하여 나타내는 성조로, 태국어에는 1성 부호(-่, ไม้เอก 마이 에-ㄱ), 2성 부호 (-้, ไม้โท 마이 토-), 3성 부호(-๊, ไม้ตรี 마이 뜨리-), 4성 부호(-๋, ไม้จัตวา 마이 짯 따 와-)가 있습니다. 이 성조 부호가 사용되는 음절의 성조는 초자음의 종류에 따라 다르게 나타납니다.

성조 부호 초자음	1성 부호 -่	2성 부호 -้	3성 부호 -๊	4성 부호 -๋
고자음	1성(\)	2성(∧)		
	ไข่ 카이 알	ไข้ 카이 열		
중자음	1성(\)	2성(∧)	3성(/)	4성(∨)
	แก่ 깨- 오래된	แก้ 깨- 고치다	โจ๊ก 쪼-ㄱ 죽	ตั๋ว 뚜-아 표, 티켓
저자음	2성(∧)	3성(/)		
	ค่า 카- 가치	ค้า 카- 장사하다		

> **참고**
> 성조 부호의 위치는 초자음의 상단 우측으로 위치하며, 초자음 위에 모음이 올 경우 모음 위쪽의 우측에 위치합니다.

읽기 연습 🎧007

| เสื้อผ้า | เก้าอี้ | แม่ค้า |
| พี่น้อง | ห้องน้ำ | ไก่ย่าง |

(2) 무형 성조법 🎧008

무형 성조는 성조 부호의 사용 없이 음절 자체에 내재되어 있는 성조로, 초자음의 종류와 모음의 길이, 그리고 종자음의 유무와 종류 등 다양한 조건에 의해 결정됩니다. 태국어의 음절은 끝소리에 따라 생음과 사음으로 구분하는데, 이는 태국어에서 무형 성조를 결정하는 데 매우 중요한 요소입니다.

무형 성조법에서 고려해야 할 요소는 다음과 같습니다.
① 초자음이 고자음, 중자음, 저자음 중 어떤 자음인가?
② 음절이 생음인가, 사음인가?

③ 초자음이 저자음이고 종자음이 사음인 경우, 모음이 장모음인가, 단모음인가?
④ 발음의 예외에 해당하는가?

초자음의 종류	음절의 종류	성조	예	
고자음	생음	4성(∨)	หา 하ˇ- 찾다	สูง 쑤ˇ-ㅇ 높다, 키가 크다
	사음	1성(\)	เถอะ 터ˋ 어조사	ผิด 핏ˋ 잘못하다, 틀리다
중자음	생음	평성(-)	ดี 디- 좋다	บาง 바-ㅇ 얇다
	사음	1성(\)	เกาะ 꺼ˋ 섬	ปิด 삣ˋ 닫다
저자음	생음	평성(-)	รอ 러- 기다리다	แทน 태-ㄴ 대신하다
	장모음 + 사음	2성(∧)	ยาก 야ˆ-ㄱ 어렵다	ทอด 터ˆ-ㅅ 튀기다
	단모음 + 사음	3성(/)	นัด 낫´ 약속, 약속하다	เช็ค 첵´ 체크하다

읽기 연습 🎧009

ปากกา	สามสิบ	ฝนตก	มักจะ	ภาษา
เล็ก	ถือ	เอาใจ	เคาะ	สะอาด
มะขาม	ตัวเลข	มาก	ออก	ทำไม

6 발음의 예외

(1) 선도 자음(อักษรนำ 악 써ˇ-ㄴ 남-) 🎧010

선도 자음은 형태상으로 '자음 + 자음 + 모음' 구조에서 선두에 위치하는 자음이 바로 뒤에 오는 음절의 성조에 영향을 끼치는 경우를 특정하여 말합니다.

① 선도 자음은 발음되지 않고, 뒤에 오는 음절의 성조에만 영향을 주는 경우에는 허힙 선도 자음(ห นำ)과 어앙 선도 자음(อ นำ) 두 가지가 있습니다.

- 허힙 선도 자음(ห นำ): ห이 저자음 중 홑음 자음(ง, ญ, น, ม, ร, ล, ย, ว) 앞에 올 때, ห은 발음되지 않고, 홑음 저자음은 고자음화됩니다. 따라서 성조는 ห, 즉 고자음 성조 규칙을 따릅니다.

มา 마- 오다	หมา 마ˇ- 개
มี 미- 가지고 있다	หมี 미ˇ- 곰
วัด 왓´ 사원	หวัด 왓ˋ 감기

- 어앙 선도 자음(อ นำ): อ이 홀음 저자음인 ย 앞에 올 때, อ은 발음되지 않고, 이때 저자음인 ย은 중자음화됩니다. 이에 해당하는 단어는 아래의 네 단어뿐입니다.

  อยู่ 유` 있다, 살다    อย่า 야` ~하지 마시오
  อย่าง 야`-ㅇ 종류, ~처럼    อยาก 야`-ㄱ ~하고 싶다

> **홀음 자음과 짝음 자음**
>
> 저자음은 고자음과 소리가 같은 자음이 있는 짝음 저자음과 같은 음이 없는 홀음 저자음이 있습니다. 예컨대 고자음 ข, ฃ와 대응되는 ค, ฅ, ฆ, 고자음 ศ, ษ, ส와 대응되는 ซ 등으로 짝음 저자음은 ค, ฅ, ฆ, ช, ฌ, ฑ, ฒ, ท, ธ, พ, ภ, ฟ, ซ, ฮ, 총 14개입니다. 홀음 저자음은 저자음에만 있는 소리를 가진 자음으로 ง, ญ, ณ, น, ม, ร, ล, ฬ, ย, ว, 총 10개인데, 실제로 ห 선도 자음과 결합되는 홀음 저자음은 총 8개로 ง, ญ, น, ม, ร, ล, ย, ว입니다.

② 선도 자음도 발음하고 뒤에 오는 음절의 성조에도 영향을 주는 경우도 있는데, 고자음이나 중자음 뒤에 따라오는 음절의 초자음이 홀음 저자음인 경우, 선도 자음이 고자음이면 고자음으로, 중자음이면 중자음으로 성조 규칙을 적용합니다. 이때 선도 자음은 모음 –ะ를 결합하여 발음합니다.

  ขยัน 카 얀 부지런하다   อร่อย 아 러`-이 맛있다
  ถนน 타 논 도로, 길   ฉลาด 차 라`-ㅅ 똑똑하다
  สมุด 싸 뭇 공책, 노트   จมูก 짜 무`-ㄱ 코

(2) 어두 자음군 (อักษรควบกล้ำ 악 써˘-ㄴ 쿠ˆ-압 끄람) 〔011〕

태국어에서는 한 음절에서 두 개의 초성이 연속으로 올 수 있는데, 이를 어두 자음군이라고 부릅니다.

① 진성 어두 자음군: 음절의 초성에 나타난 두 개의 자음이 모두 소리가 나는 경우로, 첫 번째 자음에 모음 '으'를 붙여 짧게 발음합니다. 이때 음절은 하나로 간주되므로 성조도 하나의 성조를 갖습니다. 성조는 첫 번째 자음에 따르고, 성조 부호는 두 번째 자음 위에 표기합니다. 어두 자음군은 이끄는 소리에 따라 크게 [k], [p], [t]의 세 개 군으로 나눌 수 있고, ล, ร, ว이 결합한 형태로 모두 15개의 어두 자음군이 있습니다.

어두 자음군	음가	예
กว	[kw]	กว้าง 꽈̂-ㅇ 넓다
กล	[kl]	กลาง 끌라-ㅇ 가운데
กร	[kr]	กระโปรง 끄라 쁘로-ㅇ 치마
คว	[khw]	ควาย 콰-이 물소
คล	[khl]	คลอง 크러-ㅇ 운하
คร	[khr]	ครู 크루- 선생님
ขว	[khw]	ขวา 콰̌- 오른쪽
ขล	[khl]	สงขลา 쏭 크라̌- 쏭크라(지명)
ขร	[khr]	ขรึม 크름̌ 엄숙하다, 과묵하다

어두 자음군	음가	예
ปล	[pl]	ปลา 쁠라- 물고기, 생선
ปร	[pr]	ประเทศ 쁘라 테̂-ㅅ 나라, 국가
พล	[phl]	เพลง 프레-ㅇ 노래
พร	[phr]	เพราะ 프러 왜냐하면
ผล	[phl]	แผล 프래̌- 상처
ตร	[tr]	ตรวจ 뜨루-앗 검사하다

> **참고**
> ปลา의 경우, 발음 규칙상으로는 [쁘라]로 발음되지만 실제 태국 사람들은 [쁠라]로 발음하기 때문에 '쁠라'로 표기하였습니다.

읽기 연습 🎧 012

หมวก	ตรง	เปรี้ยว	พริก	หวาน
ผลัก	หนัง	กว่า	ขวาง	เตรียม
ครับ	ใกล้	ใหม่	ปลูก	เพลิน

② 의사 어두 자음군: 형태는 어두 자음군처럼 보이지만 실제로는 연속된 두 개의 자음이 자신이 가진 원래의 소리를 내지 않고 다른 소리로 바뀌거나 소리를 내지 않고 생략되는 가짜 어두 자음군을 말합니다. 🎧 013

- 자음 ทร가 [ซ]로 발음되는 경우: 자음 ท과 ร가 연속적으로 오고 그다음에 모음이 올 경우 ทร는 ซ로 발음되는 경우가 많으며, 성조 또한 ซ, 즉 저자음 성조 규칙을 따릅니다.

  ทราบ 싸-̂ㅂ 알다   **ทราย** 싸-이 모래

- 자음 ร가 묵음이 되는 경우: 한 단어에서 자음 ร가 จ, ศ, ส 뒤에 오거나 종자음 바로 앞에 올 때 ร는 묵음이 되는 경우가 있으며, 성조는 앞에 위치한 자음의 성조 규칙을 따릅니다.

  จริง 찡 진짜, 정말로   **สร้าง** 싸-̂ㅇ 만들다, 건설하다
  สามารถ 싸̌- 마-̂ㅅ 할 수 있다   **สระ** 싸 연못

(3) 자음 연속체에서 단모음 -ะ 발음의 추가 🔊014

'자음 + 자음 + 모음' 또는 '자음 + 자음 + 모음 + 받침', 즉 '자음 + 음절'의 형태를 지니는 어휘 중에서 어두 자음군의 제약에 해당하지 않을 경우 첫 번째 자음에 단모음 -ะ를 결합하여 발음합니다. 이때 성조는 유형/무형 성조법을 따릅니다.

> **สบาย** 싸 바-이 평안하다, 편하다   **ทหาร** 타 하-ㄴ 군인
>
> **สยาม** 싸 야-ㅁ 샴 (태국의 옛이름)   **ตลก** 따 록 웃기다

> **주의**
> 음절을 이루는 초자음이 홑음 자음일 경우, 앞선 자음이 고자음일 경우 고자음화, 중자음일 경우 중자음화하여 성조를 계산합니다. p. 24 참조

(4) ร의 특수 모음 역할 🔊015

다른 자음과 달리 ร는 음절 안에서 자음으로만 기능하지 않고 모음 또는 특수 모음의 역할을 하는 경우가 있습니다.

−ร	ออน어-ㄴ으로 발음	อวยพร 우-아이 퍼-ㄴ 축원하다, 복을 주다 นคร 나 커-ㄴ 도시, 대도시
−รร	อัน안으로 발음	บรรทุก 반 툭 싣다, 적재하다 บรรเทา 반 타오 완화하다, 경감하다
−รร−	อะ아로 발음	กรรม 깜 카르마, 업 ธรรม 탐 다르마, 법

7 기타 부호와 발음 🔊016

(1) 반복 부호 ๆ (ไม้ยมก 마이 야 목)

단어나 구의 뒤에 반복 부호 ๆ를 붙이면 그 단어나 구를 반복해서 읽으라는 표시입니다. 장모음이 사용된 단어의 경우 반복하는 첫 음절의 길이를 두 번째 음절보다 짧게 발음합니다. 셀 수 있는 명사에 반복 부호가 붙으면 복수의 의미를 나타내며, 형용사나 부사에 반복 부호가 붙으면 의미의 강조를 나타냅니다.

> **เด็กๆ** 덱 덱 아이들   **ลูกๆ** 룩 루-ㄱ 자식들
>
> **เร็วๆ** 레우 레우 빨리 빨리   **มากๆ** 막 마-ㄱ 많이 많이

(2) 묵음 부호 ─ ์ (ไม้ทัณฑฆาต 마이 탄 타 카-ㅅ)

특정 어휘에서 묵음 부호 ─ ์가 자음 위에 붙어 있으면 그 자음은 발음되지 않습니다. 묵음 부호에 의해 묵음화되는 자음을 **การันต์** 까-란이라고 합니다.

อาจารย์ 아-짜-ㄴ 교수　　**คำศัพท์** 캄 쌉 단어　　**เบียร์** 비-야 맥주

(3) 생략 부호 ฯ (ไปยาลน้อย 빠이 야-ㄴ 너-이)

그 내용에 대해 상호 이해하고 있다는 전제하에 긴 이름이나 호칭의 일부분을 생략할 때 사용합니다.

กรุงเทพมหานคร 끄룽 테-ㅂ 마 하-ㄴ 커-ㄴ 방콕 → **กรุงเทพฯ**
นายกรัฐมนตรี 나-욕 랏 타 몬 뜨리- 수상, 총리 → **นายกฯ**
สหรัฐอเมริกา 싸 하 랏 아 메-리 까- 미국 → **สหรัฐฯ**

8 태국어 숫자 🎧017

태국어 숫자는 태국 고유의 숫자와 아라비아 숫자를 혼용하여 사용합니다.

0	๐	ศูนย์ 쑤-ㄴ
1	๑	หนึ่ง 능
2	๒	สอง 써-ㅇ
3	๓	สาม 싸-ㅁ
4	๔	สี่ 씨-
5	๕	ห้า 하-
6	๖	หก 혹
7	๗	เจ็ด 쩻
8	๘	แปด 빼-ㅅ
9	๙	เก้า 까오
10	๑๐	สิบ 씹

이후 11-99까지는 십진법의 방식으로 읽습니다.

11	สิบเอ็ด 씹엣	30	สามสิบ 싸ˇ-ㅁ 씹
12	สิบสอง 씹 써ˇ-o	40	สี่สิบ 씨- 씹
13	สิบสาม 씹 싸ˇ-ㅁ	50	ห้าสิบ 하^- 씹
14	สิบสี่ 씹 씨-	60	หกสิบ 혹 씹
20	ยี่สิบ 이^- 씹	70	เจ็ดสิบ 쩻 씹
21	ยี่สิบเอ็ด 이^- 씹 엣	80	แปดวิบ 빼ˇ-ㅅ 씹
22	ยี่สิบสอง 이^- 씹 써ˇㅇ	90	เก้าสิบ 까오 씹
23	ยี่สิบสาม 이^- 씹 싸ˇ-ㅁ	99	เก้าสิบเก้า 까오 씹 까오

> **주의**
> 11에서의 1은 **หนึ่ง** 능이 아닌 **เอ็ด** 엣으로, 20은 **ยี่สิบ** 이^- 씹으로 말합니다.

백 이상의 숫자에서도 이 규칙이 적용되는데, 태국어 숫자의 경우 한국어나 영어와는 달리 일곱 자리 (백만 단위)까지가 기본 단위입니다.

100	(หนึ่ง) ร้อย (능) 러^-이	1,000,000	(หนึ่ง) ล้าน (능) 라^-ㄴ
1,000	(หนึ่ง) พัน (능) 판	10,000,000	สิบล้าน 씹 라^-ㄴ
10,000	(หนึ่ง) หมื่น (능) 므`-ㄴ	100,000,000	(หนึ่ง) ร้อยล้าน (능) 러^-이 라^-ㄴ
100,000	(หนึ่ง) แสน (능) 쌔ˇ-ㄴ	1,000,000,000	(หนึ่ง) พันล้าน (능) 판 라^-ㄴ

> **참고**
> 서수는 '**ที่** + 숫자'로 나타냅니다.
> **ที่หนึ่ง** 첫 번째
> **ที่สอง** 두 번째
> **ที่สาม** 세 번째
> **ที่สิบ** 열 번째

บทที่ 01

ผมเป็นคนเกาหลีครับ
나는 한국 사람입니다.

- 지정사 구문
- 인칭 대명사
- 의문 조사 หรือ
- 부정사 ไม่ใช่
- 응답 표현 ใช่/ไม่ใช่

주요 구문 & 문법

โครงสร้างประโยคและไวยากรณ์ที่สำคัญ

คุณเป็นคนเกาหลีหรือคะ
쿤 뻰 콘 까오리- 르ˇ 카ˇ
당신은 한국 사람입니까?

ใช่ครับ ผมเป็นคนเกาหลีครับ
차ˆ이 크랍 폼 뻰 콘 까오리- 크랍
네, 저는 한국 사람입니다.

● **지정사 구문**

'~은/는 ~입니다'를 표현할 때는 우리말로 '~이다'에 해당하는 지정사 **เป็น**뻰을 사용하여 '주어 + **เป็น**뻰 + 명사'의 형태로 나타냅니다.

ผมเป็น**คนเกาหลี** 나는 한국 사람입니다.
폼 뻰 콘 까오리-

เขาเป็น**คนอเมริกัน** 그는 미국 사람입니다.
카ˇ오 뻰 콘 아메-리깐

> **참고**
> • คนไทย콘 타이처럼 คน쿤(사람) + ไทย타이(태국/국가 명)을 사용하여 태국인임을 나타냅니다. 한국 사람은 사람을 의미하는 คน콘과 한국을 뜻하는 เกาหลี까오리-를 결합하여 คนเกาหลี콘 까오리-로 사용합니다.
> • 국가명에서 미국은 (ประเทศ)อเมริกา(쁘라 테-ㅅ)아메-리까를 사용하지만, '미국 사람'은 형용사형으로 바뀌어 คนอเมริกัน콘 아메-리깐을 사용합니다.

● **인칭 대명사**

태국어의 인칭은 1인칭과 3인칭에서 남녀를 구분하여 씁니다.

	단수		복수
	남	여	
1인칭	ผม 폼	ดิฉัน 디찬ˇ	เรา 라오 / พวกเรา 푸ˆ악 라오
2인칭	คุณ 쿤		พวกคุณ 푸ˆ악 쿤
3인칭	เขา 카ˇ오	เธอ 트ㅓ-	พวกเขา 푸ˆ악 카ˇ오

> **참고**
> 2인칭 대명사 คุณ쿤의 높임에 해당하는 ท่าน타ˆㄴ은 2인칭 대명사로 사용됨과 동시에 3인칭을 높여 부르는 데도 쓰입니다.

● **의문 조사 หรือ**

어느 정도 알고 있는 사실을 바탕으로 상대방에게 확인을 요하는 데 사용되는 의문 조사로, 항상 문장의 맨 마지막에 위치합니다. **หรือ**르ˇ로 끝나는 의문문에는 '네/아니요'로 대답합니다.

평서문	의문문
ดิฉันเป็นคนไทย 나는 태국 사람입니다. 디찬ˇ 뻰 콘 타이	คุณเป็นคนไทย**หรือ** 당신은 태국 사람입니까? 쿤 뻰 콘 타이 르ˇ
ดิฉันเป็นคนเกาหลี 나는 한국 사람입니다. 디찬ˇ 뻰 콘 까오리-	คุณเป็นคนเกาหลี**หรือ** 당신은 한국 사람입니까? 쿤 뻰 콘 까오리- 르ˇ
ดิฉันเป็นนักศึกษา 나는 대학생입니다. 디찬ˇ 뻰 낙 쓱 싸ˇ-	คุณเป็นนักศึกษา**หรือ** 당신은 대학생입니까? 쿤 뻰 낙 쓱 싸ˇ- 르ˇ

● 부정사 ไม่ใช่

'~은/는 ~이/가 아닙니다'를 표현할 때는 เป็น(~이다)의 부정인 '아니다'에 해당하는 부정사 ไม่ใช่마이 차이를 사용하여 '주어 + ไม่ใช่마이 차이 + 명사'의 형태로 나타냅니다.

긍정문	부정문
ดิฉันเป็นคนไทย 나는 태국 사람입니다. 디 찬 뻰 콘 타이	ดิฉันไม่ใช่คนไทย 나는 태국 사람이 아닙니다. 디 찬 마이 차이 콘 타이
ดิฉันเป็นพนักงานบริษัท 나는 회사원입니다. 디 찬 뻰 파 낙 응아-ㄴ버리 싿	ดิฉันไม่ใช่พนักงานบริษัท 나는 회사원이 아닙니다. 디 찬 마이 차이 파 낙 응아-ㄴ버리 싿

> **참고**
> • '~이다'에 해당하는 지정사 คือ크-와 เป็น뻰의 부정형은 모두 ไม่ใช่마이 차이입니다.
> • พนักงานบริษัท 회사원

● 응답 표현 ใช่/ไม่ใช่

'~은/는 ~입니까?'의 물음에 ใช่차이(네) 또는 ไม่ใช่마이 차이(아니요)로 대답합니다.

A คุณเป็นคนไทยหรือคะ 당신은 태국 사람입니까?
　 쿤 뻰 콘 타이 르- 카

B ใช่ครับ 네.
　 차이 크랍

A คุณเป็นคนจีนหรือครับ 당신은 중국 사람입니까?
　 쿤 뻰 콘 찌-ㄴ 르- 크랍

B ไม่ใช่ค่ะ 아니요.
　 마이 차이 카

> **참고**
> **성별에 따른 어조사 ค่ะ(คะ)/ครับ**
> 태국어에서는 공손함을 나타내기 위한 동사의 어형 변화가 없고, 화자를 기준으로 문장의 끝에 여자는 ค่ะ카/คะ카, 남자는 ครับ크랍을 붙여 공손함을 표현합니다. 여성은 평서문일 때는 ค่ะ카를, 의문문이나 청유문일 때는 คะ카를 사용합니다.
>
> | | 여성 | 남성 |
> |---|---|---|
> | 평서문 | ค่ะ | ครับ 크랍 |
> | 의문문 | คะ 카 | |

대화 1

บทสนทนา 1

퍼디 안녕하세요? 제 이름은 퍼디입니다.
민호 안녕하세요? 제 이름은 민호입니다.
퍼디 반갑습니다.
민호 감사합니다.
퍼디 민호 씨는 한국 사람입니까?
민호 네, 저는 한국 사람입니다.

พอดี สวัสดีครับ ผมชื่อพอดีครับ
싸왓디- 크랍 폼 츠- 퍼-디- 크랍

มินโฮ สวัสดีครับ ผมชื่อมินโฮครับ
싸왓디- 크랍 폼 츠- 민 호- 크랍

พอดี ยินดีต้อนรับครับ
인 디- 떠-ㄴ 랍 크랍

มินโฮ ขอบคุณครับ
커-ㅂ 쿤 크랍

พอดี คุณมินโฮเป็นคนเกาหลีหรือครับ
쿤 민 호- 뻰 콘 까오 리- 르- 크랍

มินโฮ ใช่ครับ ผมเป็นคนเกาหลีครับ
차이 크랍 폼 뻰 콘 까오 리- 크랍

새로운 단어

ชื่อ 이름
คนเกาหลี 한국 사람
ยินดี 기쁘다, 반갑다
ขอบคุณ 고맙다, 감사하다

새로운 표현

สวัสดี 안녕? 안녕하세요.
ผมชื่อ....ครับ 제 이름은 ~입니다. (남자)
ดิฉันชื่อ....ค่ะ 제 이름은 ~입니다. (여자)
ยินดีต้อนรับ 반갑다, 환영하다
เป็นคนเกาหลีหรือ 한국 사람입니까?
ใช่ครับ 네, 그렇습니다.

대화 Tip

● 의문 조사 **หรือ**를 이용한 의문문

태국어에서 '네/아니요'의 대답을 요하는 의문문은 '문장 + 의문 조사'의 형태로 구성됩니다. 대표적인 의문 조사 **หรือ**르-는 화자가 상대방의 의사를 확인할 때 사용합니다. 따라서 '주어 + **เป็น**뻰 + 명사'로 구성되는 문장에 대한 물음은 대부분 확인의 성격을 띠어 '주어 + **เป็น**뻰 + 명사 + **หรือ**르-'의 형태를 취합니다. 이때 대답은 **ใช่**차이 / **ไม่ใช่** 마이 차이 (네/아니요)로 합니다.

대화 2

บทสนทนา 2

민호	퍼디 씨, 여기는 제 친구입니다. 이름은 존입니다. 존 씨, 여기는 퍼디 씨예요. 제 룸메이트입니다.
존	안녕하세요? 만나서 반갑습니다.
퍼디	안녕하세요? 마찬가지로 만나서 반갑습니다. 존 씨는 대학생입니까?
존	아니요, 저는 대학생이 아닙니다. 저는 회사원입니다.

미นโฮ	คุณพอดีครับ นี่เพื่อนของผมครับ ชื่อจอห์นครับ คุณจอห์น นี่คุณพอดี รูมเมทของผมครับ
จอห์น	สวัสดีครับ ยินดีที่ได้รู้จักครับ
พอดี	สวัสดีครับ ยินดีที่ได้รู้จักเช่นกันครับ คุณจอห์นเป็นนักศึกษาหรือครับ
จอห์น	ไม่ใช่ครับ ผมไม่ใช่นักศึกษา ผมเป็นพนักงานบริษัทครับ

새로운 단어

- 니่ 이것, 여기
- 뿌언 친구
- 커ㅇ ~의
- 룸메ㅅ 룸메이트
- 루짝 알다
- 낙쓰싸 대학생
- 체ㄴ깐 마찬가지다
- 파낙응아ㄴ버리싸ㅅ 회사원

새로운 표현

- 인디티다이루짝 만나서 반갑습니다.
- 뻰낙쓰싸르크랍 대학생입니까?
- 마이차이 아니요, 그렇지 않습니다.
- 마이차이낙쓰싸 대학생이 아닙니다.

대화 Tip

- 상대방을 부를 때: 이름/직업 + 크랍크랍/카카

  คุณมินโฮครับ 쿤민호크랍 민호 씨!   คุณครูคะ 쿤크루카 선생님!

추가 단어

국가

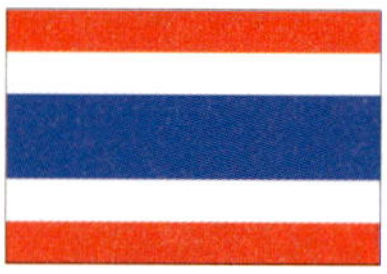

ไทย 태국	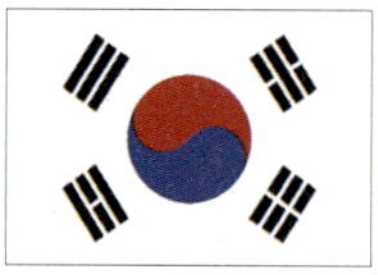 เกาหลี 한국	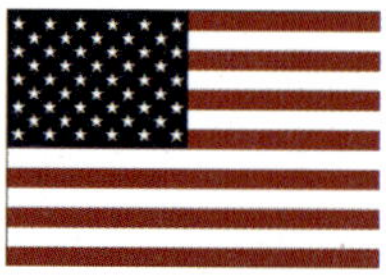 อเมริกา 미국	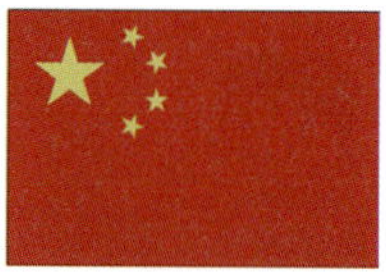 จีน 중국	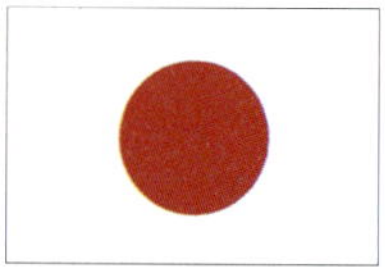 ญี่ปุ่น 일본
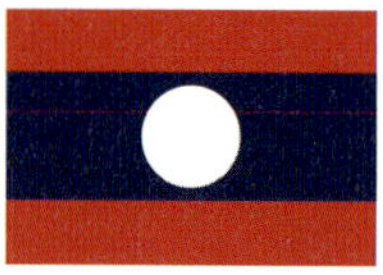 ลาว 라오스	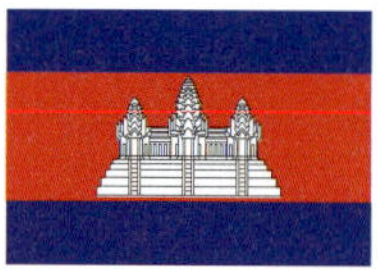 กัมพูชา 캄보디아	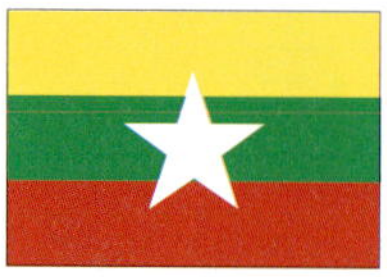 เมียนมา(พม่า) 미얀마 (버마)*	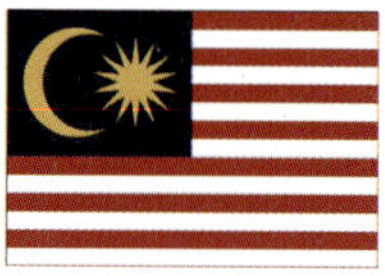 มาเลเซีย 말레이시아	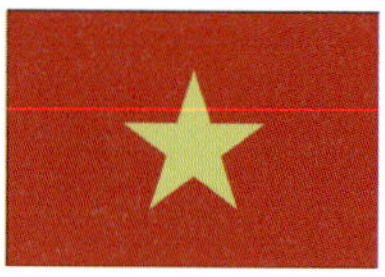 เวียดนาม 베트남

직업

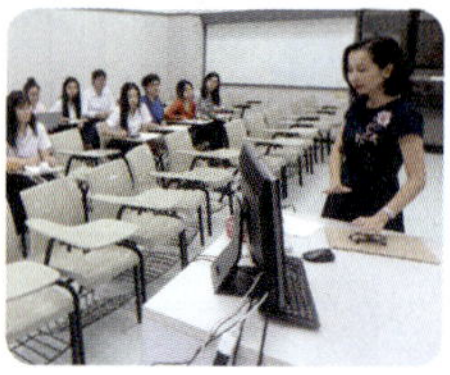

อาจารย์ 교수	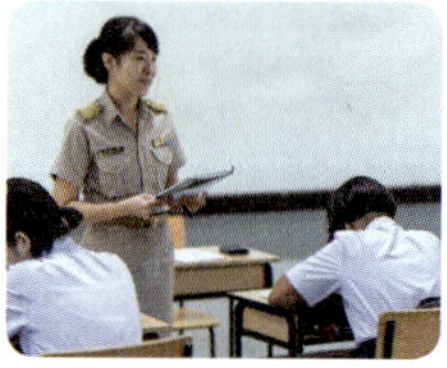 ครู 선생님	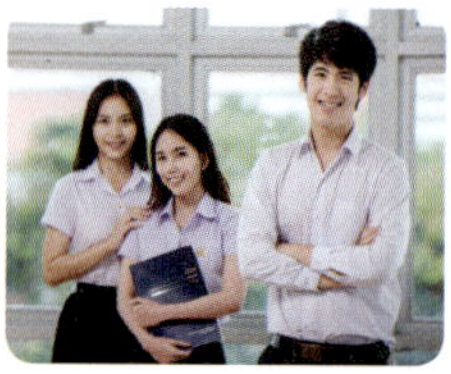 นักศึกษา 대학생	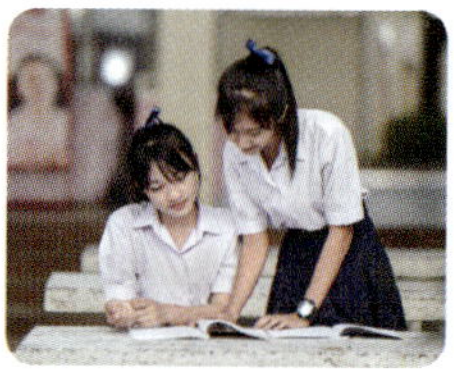 นักเรียน 학생
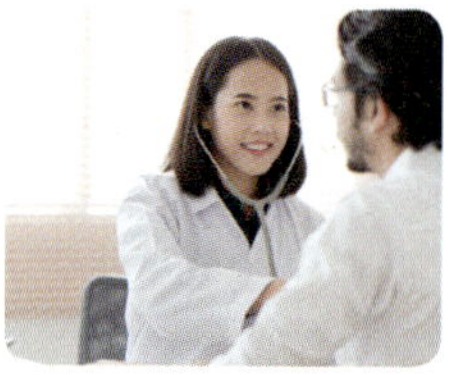 หมอ 의사	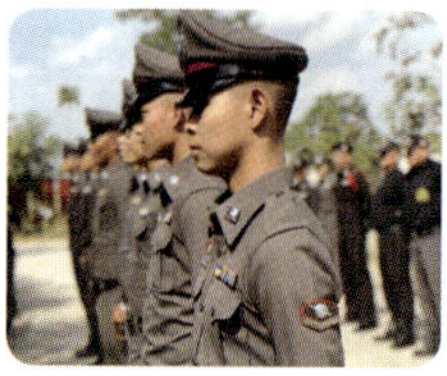 ตำรวจ 경찰	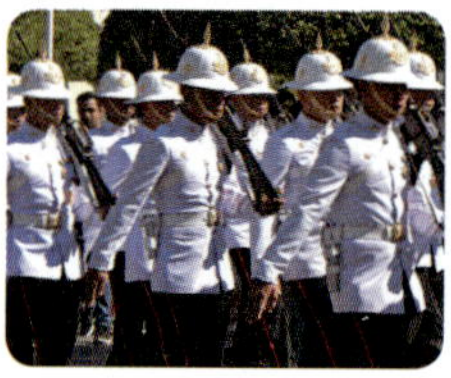 ทหาร 군인	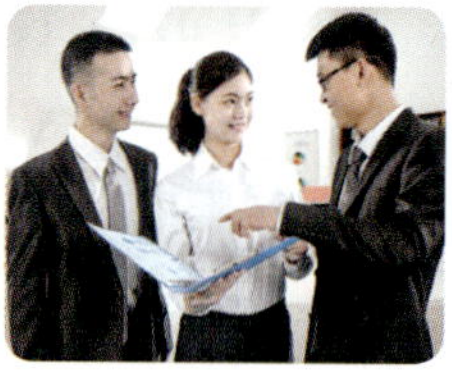 พนักงานบริษัท 회사원
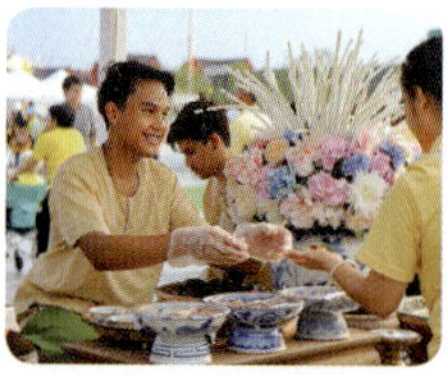 พ่อค้า, แม่ค้า 상인(남/여)	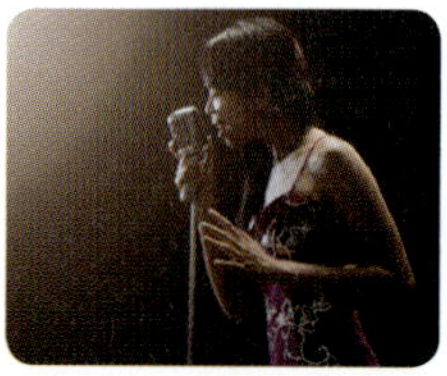 นักร้อง 가수	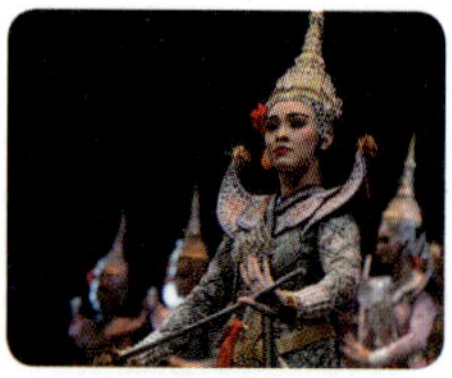 นักแสดง 배우	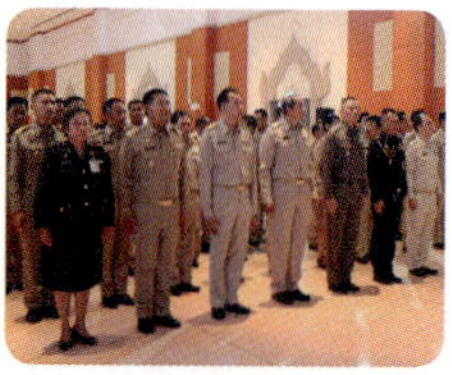 ข้าราชการ 공무원

유용한 표현

สำนวนที่เป็นประโยชน์

인사하기

A 안녕하세요?
B 만나서 반갑습니다.

A 안녕히 가세요./계세요.
B 먼저 가 보겠습니다.
C 또 만나요.

A 감사합니다./고맙습니다.
B 괜찮습니다./천만에요.

A 죄송합니다./미안합니다.
B 괜찮습니다.

주의
ไม่เป็นไร마이 뻰 라이는 '괜찮아요', '천만에요'라는 뜻으로 감사와 사과에 대한 응답에 모두 사용합니다.

연습 문제

แบบฝึกหัด

문법

1 그림을 보고 빈칸에 알맞은 단어를 넣어 와 같이 문장을 완성하세요.

คนอเมริกัน	คนจีน	คนไทย	คนเกาหลี

ตัวอย่าง		→	พอดีเป็น**คนไทย**
(1)		→	มินโฮเป็น_____
(2)		→	จอห์นเป็น_____
(3)		→	หลินเป็น_____

2 그림을 보고 빈칸에 알맞은 단어를 넣어 보기와 같이 문장을 완성하세요.

หมอ	ตำรวจ	ทหาร	นักศึกษา

ตัวอย่าง		A จอห์นเป็น**นักศึกษา**หรือ B ไม่ใช่ จอห์นเป็นพนักงานบริษัท
(1)		A พอดีเป็น_____หรือ B ไม่ใช่ พอดีเป็นนักศึกษา
(2)		A หลินเป็น_____หรือ B ไม่ใช่ หลินเป็นพนักงานบริษัท
(3)		A แพรวาเป็น_____หรือ B ไม่ใช่ แพรวาเป็นคุณครู

듣기

● CD를 듣고 다음 중 알맞은 말을 고르세요.

(1) A สวัสดีค่ะ ดิฉันชื่อหลินค่ะ

B สวัสดีครับ (ผม / ดิฉัน) ชื่อจอห์นครับ

(2) A ยินดีต้อนรับค่ะ

B (สวัสดี / ขอบคุณ) ครับ

(3) A คุณจอห์นเป็นคนอเมริกันหรือคะ

B (ใช่ / ไม่ใช่) ครับ ผมเป็นคนอเมริกันครับ

읽기

● 아래에서 알맞은 단어를 골라 빈칸에 넣어 대화를 완성하세요.

มินโฮ	คุณพอดีครับ นี่เพื่อนของผมครับ ชื่อจอห์นครับ คุณจอห์นครับ (1)_____คุณพอดี รูมเมทของผมครับ
จอห์น	(2)_____ครับ คุณพอดี ยินดีที่ได้รู้จักครับ
พอดี	สวัสดีครับ คุณจอห์น (3)_____ที่ได้รู้จักเช่นกันครับ คุณจอห์น (4)_____นักศึกษาหรือครับ
จอห์น	ไม่ใช่ครับ ผม (5)_____นักศึกษา ผมเป็นพนักงานบริษัทครับ

| นี่ | เป็น | สวัสดี | ยินดี | ไม่ใช่ |

บทที่ 01 37

싸왓디, 미소의 나라 태국

태국은 '미소의 나라'로 알려져 있습니다. 미소는 태국 사람들의 가장 기본적인 예절로, 그들의 미소에는 긍정, 부정, 인사, 감사, 미안함, 어색한 상황 등 모든 것이 담겨 있다고 할 수 있습니다. 한쪽에서 미소를 보냈을 때 상대방도 미소로 화답해 주는 것이 예의인데, 만약 상대방이 미소를 받아 주지 않으면 이를 '호의를 받아들이지 않는다(บอกบุญไม่รับ)'라고 생각해서 속상해합니다. 또한 어른들의 미소는 아랫사람이 하는 '와이ไหว้'에 대한 답례의 신호이기도 합니다.

'와이'는 태국인들의 전통적인 인사법입니다. 인도에서 불교를 통해 전래되었다고 하는데, 실제로 불교의 합장 배례와 흡사합니다. '와이'를 할 때에는 자신의 가슴 위로 양손을 펴서 손끝을 마주 대고 합장한 자세에서 가볍게 머리를 숙이는데, 이때 두 손을 연꽃봉오리 모양으로 오목하게 만들어 마주합니다. '와이'는 나이가 어리거나 사회적으로 지위나 계급이 낮은 사람이 자신보다 나이가 많거나 지위가 높은 사람에게 갖추는 예이기 때문에 같은 또래 친구들과는 하지 않습니다. '와이'를 받은 상대방은 가벼운 미소와 함께 고개를 끄덕이며 답례를 해 주는데, 이때 고개를 숙이지 않습니다. '와이'를 받고 답례하지 않는 것은 악수를 청했을 때 손을 내밀지 않는 것과 마찬가지이므로 반드시 답례를 하는 것이 예의입니다. 신분과 계급을 중시하는 태국에서는 '와이'를 누가 먼저 어떻게 하는지, 그리고 상대가 어떻게 답하는지를 보면 두 사람의 신분 차이를 파악할 수 있습니다.

'와이'는 만나고 헤어질 때뿐만 아니라, 감사를 표시할 때, 사죄를 할 때 등 다양한 상황에서 하는 인사입니다. 밝은 미소와 함께 합장한 모습으로 สวัสดี(안녕하십니까)만 말하는 것이 아니라, 사과할 때도 ขอโทษ(죄송합니다)라는 말과 함께, 감사의 말을 전할 때도 ขอบคุณ(고맙습니다)라는 말과 함께 두 손을 가지런히 모으고 '와이'를 합니다. 이제 우리도 태국인들과 만날 기회가 생긴다면 '와이'를 하면서 '싸왓디'를 말해 봅시다. 분명 태국인들은 특유의 밝은 미소로 환영해 줄 것이고, 우리는 그들에게 좋은 첫인상을 심어 줄 수 있을 것입니다.

> **싸왓디สวัสดี**: 태국인들이 만날 때와 헤어질 때 사용하는 인사말이다. 외국인들이 배우는 태국어 첫마디라 할 수 있는 이 싸왓디라는 인사말은 피분 쏭크람 수상에 의해 1943년부터 공식적으로 태국인의 인사말이 되었다. 그전까지 태국인들은 만나면 '어디 다녀오시는 길이세요?' 또는 '식사하셨어요?'라는 말로 인사를 했다고 한다. 이때 함께 만들어진 말로 อรุณสวัสดิ์(아침 인사), ราตรีสวัสดิ์(밤 인사) 등이 있다.

บทที่ 02

นี่คืออะไรครับ
이것은 무엇입니까?

- 지시 대명사 นี่, นั่น, โน่น
- 체언 술어문: 주어 + (คือ) + 명사
- 의문사 อะไร
- 소유격 전치사 ของ
- 의문사 ใคร

주요 구문 & 문법

โครงสร้างประโยคและไวยากรณ์ที่สำคัญ

ปากกา 볼펜

● 지시 대명사 นี่, นั่น, โน่น

นี่ 이것 นี่-	นี่คือกระเป๋า 이것은 가방입니다. นี่- คือ- กระ เป๋า
นั่น 그것 นั่น	นั่นคือสมุดครับ 그것은 공책입니다. นั่น คือ- สะ หมุด ครับ
โน่น 저것 โน่-น	โน่นคือกระดานครับ 저것은 칠판입니다. โน่-น คือ- กระ ดาน ครับ

กระเป๋า 가방
สมุด 공책
กระดาน 칠판

● 체언 술어문: 주어 + (คือ) + 명사

'~은/는 ~입니다'를 표현할 때는 우리말로 '~이다'에 해당하는 지정사 **คือ**를 사용하여 '**คือ**- + 명사' 의 형태로 나타냅니다. 지정사 **คือ**-는 구어체에서 생략이 가능한데, **คือ**-가 생략될 때 이어서 나오는 체언이 서술어의 역할을 합니다. **คือ**-를 부정할 때는 **ไม่ใช่**마이 ไช่를 사용합니다.

นี่คือภรรยาผมครับ 이쪽은 제 아내입니다.
นี่- คือ- พัน ระ ยา- ผม ครับ

นั่นอะไรคะ 그것은 무엇입니까?
นั่น อะ ไร คะ

• เป็น펜과 คือ크는 모두 '~이다'를 의미하는 지정사입니다. เป็น펜은 서술적 성격이, คือ크는 지시적 성격이 강합니다. 1과 참조

• ภรรยา 아내

● 의문사 อะไร

태국어에서는 영어나 한국어와 달리 어형이나 동사의 변형이 발생하지 않고, 의문의 내용이 담긴 의문사를 문장 속 위치에 맞게 배열하여 의문문을 만듭니다. 예컨대, '~은/는 무엇입니까?'를 표현할 때는 '무엇'에 해당하는 의문사 **อะไร**아 ไร를 '~이다'에 해당하는 지정사 **คือ**크-와 결합하여 나타냅니다.

ชื่ออะไรครับ 이름이 무엇입니까?
ชื่อ- อะ ไร ครับ

อะไรคือหนังสือภาษาไทย 무엇이 태국어 책입니까?
อะ ไร คือ- นัง สื- พา- ซา- ไท

ภาษาไทย 태국어
หนังสือ 책

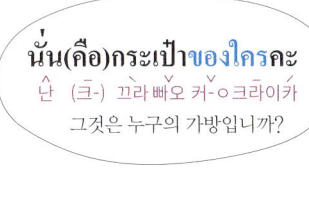

● **소유격 전치사** ของ

소유를 나타내는 전치사 **ของ**ค̌ɔ̌ɔŋ(~의)은 '물건 + **ของ**ค̌ɔ̌ɔŋ + 소유주' 형태로 쓰이며, 물건의 명칭을 생략하고 '~의 것'으로도 사용할 수 있습니다.

~의

A นั่น(คือ)อะไรครับ   그것은 무엇입니까?
   นั่น (คือ-) อะ ไร ครับ

B นี่(คือ)หนังสือของดิฉันค่ะ   이것은 나의 책입니다.
   นี่- (คือ-) นัง สื̌ɯ- ค̌ɔɔŋ ดิ ฉัน ค̂a

~의 것

A นั่นดินสอของใครคะ   그것은 누구의 연필입니까?
   นั่น ดิน สɔ̌ɔ- ค̌ɔɔŋ ใคร คะ

B ของคุณแพรวาครับ   프래와 씨의 것입니다.
   ค̌ɔɔŋ คุณ แพร- วา- ครับ

> 참고
> • คุณ + 이름: ~씨
>   คุณพอดี 퍼디 씨
>   คุณ พɔ-ดี-
> • คุณ + 호칭: ~님
>   คุณแม่ 어머님, 어머니
>   คุณ แม̂ɛ-
> • ดินสอ 연필

● **의문사** ใคร

ใครไคร는 '누구'에 해당하는 의문사로서, 평서문과 동일한 구조에서 '누구'에 해당하는 위치에 넣어 주면 의문문이 됩니다.

A นั่นมือถือของใครคะ   그것은 누구의 휴대폰입니까?
   นั่น มɯ- ถɯ̌- ค̌ɔɔŋ ใคร คะ

> 참고
> มือถือ 휴대폰

B ของคุณแพรวาครับ   프래와 씨의 것입니다.
   ค̌ɔɔŋ คุณ แพร- วา- ครับ

대화 1

퍼디	여기가 당신의 방입니다.
민호	감사합니다. 그것은 무엇입니까?
퍼디	이것은 의자입니다.
민호	저것은 무슨 방입니까?
퍼디	저것은 화장실입니다.
민호	네.

พอดี   **นี่ห้องของคุณครับ**
นี่- ห้อ-ง ค๋อ-ง คุน ค๎รับ

มินโฮ   **ขอบคุณครับ นั่นอะไรครับ**
ค่อ-บ คุน ค๎รับ นั่น อ่า ไร ค๎รับ

พอดี   **นี่เก้าอี้ครับ**
นี่- ก๎าโอ อี่- ค๎รับ

มินโฮ   **โน่นห้องอะไรครับ**
โน่-น ห้อ-ง อ่า ไร ค๎รับ

พอดี   **โน่นห้องน้ำครับ**
โน่-น ห้อ-ง น้าม ค๎รับ

มินโฮ   **ครับ**
ค๎รับ

새로운 단어

- ห้อง 방
- เก้าอี้ 의자
- ห้องน้ำ 화장실

새로운 표현

- นั่นอะไร 그것은 무엇입니까?
- นี่เก้าอี้ 이것은 의자입니다.
- โน่นห้องอะไร 저것은 무슨 방입니까?

대화 Tip

- '무엇'을 의미하는 의문사 **อะไร** อ่า ไร는 명사와 결합하여 '무슨', '어느'를 의미하는 의문 형용사로도 자주 사용됩니다.

  นี่คือห้องอะไรครับ 이것은 무슨 방입니까?
  นี่- คื- ห้อ-ง อ่า ไร ค๎รับ

  นี่คือธงชาติของประเทศอะไรครับ 이것은 어느 나라의 국기입니까?
  นี่- คื- ทง ช๎า-ต ค๋อ-ง ป๎ระ เท๎-ส อ่า ไร ค๎รับ

참고

응대와 동의의 ครับ/ค่ะ
상대방의 설명에 '네'라고 응대할 때 **ครับ**ค๎รับ/**ค่ะ**ค่ะ를 쓸 수 있고, Yes/No 의문문에서 긍정의 대답 시에도 짧게 **ครับ**ค๎รับ/**ค่ะ**ค่ะ로 답할 수 있습니다.

대화 2

프래와	이것은 누구의 볼펜입니까?
존	민호의 것입니다.
프래와	이것은 누구의 공책과 책입니까?
존	그것도 민호의 것입니다.
프래와	이것은 어느 나라의 국기입니까?
존	그것은 태국 국기입니다.

แพรวา **นี่ปากกาของใครคะ**
นี่- ป๊าก- ก้า- ค้อง ใคร ค่ะ

จอห์น **ของมินโฮครับ**
ค้อง มิน โฮ- คร้าบ

แพรวา **นี่สมุดและหนังสือของใครคะ**
นี่- สะ หมุด แหละ หนัง สื่อ- ค้อง ใคร ค่ะ

จอห์น **นั่นก็ของมินโฮครับ**
นั่น ก้อ ค้อง มิน โฮ- คร้าบ

แพรวา **นี่ธงชาติของประเทศอะไรคะ**
นี่- ทง ช้าด- ค้อง ปฺระ เท้ด- อะ ไร ค่ะ

จอห์น **นั่นธงชาติประเทศไทยครับ**
นั่น ทง ช้าด- ปฺระ เท้ด- ไทย คร้าบ

새로운 단어

- **สมุด** 공책
- **หนังสือ** 책
- **ธงชาติ** 국기
- **ประเทศ** 나라, 국가
- **และ** 그리고
- **ก็** ~도, 역시

새로운 표현

นี่ปากกาของใคร
이것은 누구의 볼펜입니까?

นี่สมุดและหนังสือของใคร
이것은 누구의 공책과 책입니까?

นั่นก็ของมินโฮ 그것도 민호의 것입니다.

대화 Tip

- **ก็ : ~도, 역시**
앞에 나온 문장의 내용을 받아 '주어 + ก็ + 동사'의 형태로 '~ 또한', '~ 역시'의 의미를 표현할 수 있습니다. 이때 ก็는 **เก้า**๊๊로 발음합니다.

참고

소유격 **ของ** ค้อง은 구어체에서 생략이 가능합니다.

นี่หนังสือของดิฉันค่ะ
นี่- นัง สื้อ- ค้อง ดิ ฉัน ค่ะ

= **นี่หนังสือดิฉันค่ะ**
นี่- นัง สื้อ- ดิ ฉัน ค่ะ

이것은 저의 책입니다.

추가 단어

교실 용품

กระดาน 칠판　　**คอมพิวเตอร์** 컴퓨터　　**ดินสอ** 연필

ยางลบ 지우개　　**หนังสือเรียน** 교과서　　**โต๊ะหนังสือ** 책상

일상 용품

นาฬิกา 시계　　**กระจก** 거울　　**โซฟา** 소파

เตียงนอน 침대　　**ถังขยะ** 휴지통, 쓰레기통　　**โทรศัพท์** 전화

มือถือ 휴대폰　　**โต๊ะ** 탁자, 테이블　　**โทรทัศน์** 텔레비전

ตู้เย็น 냉장고　　**แอร์** 에어컨　　**ตู้เสื้อผ้า** 옷장

유용한 표현

다양하게 사용하는 호칭 쿠ㄴ

A 퍼디 씨, 그것은 무엇입니까?
B 이것은 존 씨의 볼펜입니다.

참고

쿠ㄴ은 2인칭 대명사 '당신'으로 사용되지만, 이름이나 직업과 결합하여 '~씨' 또는 '~님'으로 자주 쓰입니다.

A 퍼디, 이게 뭐니?
B 이것은 제 한국어 교재입니다. 아버지.

A 선생님! 그거 뭐예요?
B 이거는 커피예요.

연습 문제  แบบฝึกหัด

문법

1. 그림을 보고 다음 중 알맞은 것을 골라 [보기]와 같이 답하세요.

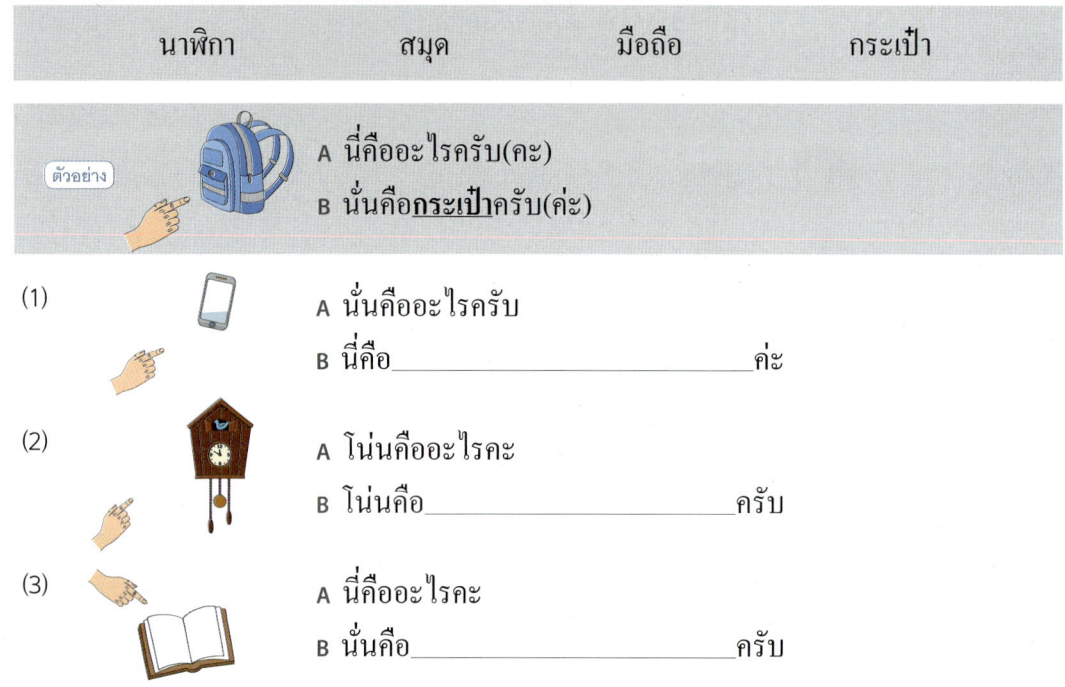

2. 그림을 보고 [보기]와 같이 빈칸에 알맞은 지시 대명사를 넣으세요.

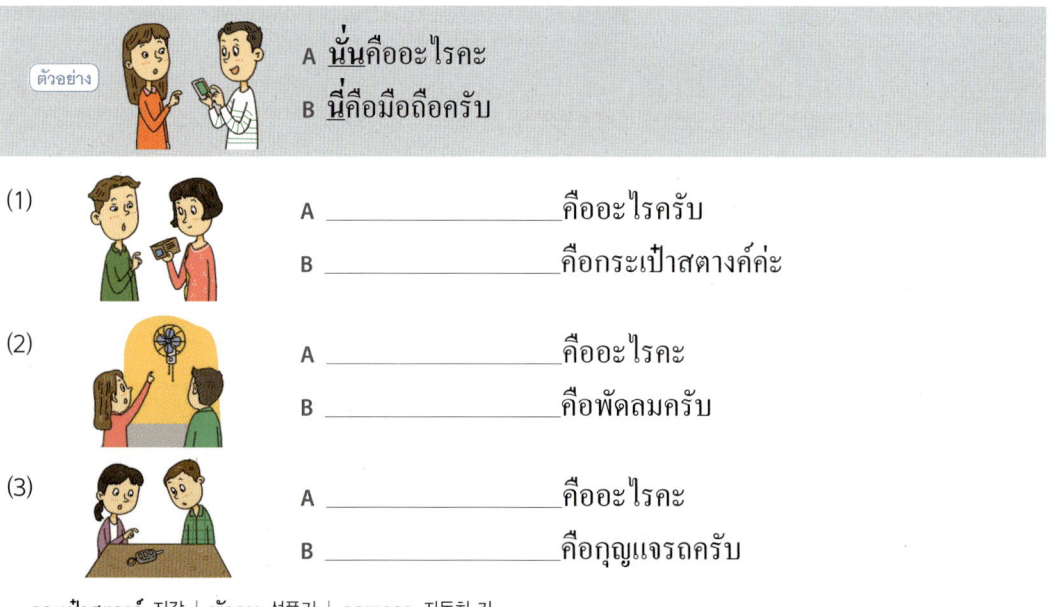

▶ **กระเป๋าสตางค์** 지갑 | **พัดลม** 선풍기 | **กุญแจรถ** 자동차 키

듣기

- CD를 듣고 물건의 주인을 찾아 연결하세요.

(1) 　(2) 　(3) 　(4)

① 퍼디　② 선생님　③ 존　④ 민호

읽기

- 다음 대화를 읽고 질문에 답하세요.

ผู้ชาย　ⓐ_____ห้องทำงานของคุณครับ

ผู้หญิง　ⓑ_____นี่อะไรคะ

ผู้ชาย　ⓒ_____แท็บเล็ตของคุณครับ

ผู้หญิง　โน่นⓓ_____คะ

ผู้ชาย　ⓔ_____เครื่องถ่ายเอกสารครับ

ผู้หญิง　ค่ะ

(1) 빈칸 ⓑ에 들어갈 알맞은 말을 고르세요.
　① ขอบคุณค่ะ　② สวัสดีครับ　③ คุณชื่ออะไรครับ　④ ขอโทษครับ

(2) 빈칸 ⓓ에 들어갈 알맞은 말을 고르세요.
　① ห้องอะไร　② โต๊ะอะไร　③ เครื่องอะไร　④ หนังสืออะไร

(3) ⓐ, ⓒ, ⓔ에 들어갈 지시 대명사를 순서대로 나열한 것을 고르세요.
　① นี่ - นั่น - โน่น　② นั่น - นี่ - โน่น　③ นี่ - โน่น - นั่น　④ โน่น - นั่น - นี่

▶ แท็บเล็ต 태블릿 ｜ เครื่องถ่ายเอกสาร 복사기

코끼리의 나라 태국

코끼리는 태국을 대표하는 상징입니다. 현재의 태국 국기인 통뜨라이롱ธงไตรรงค์이 공식 국기로 사용되기 시작한 1917년 이전까지 태국의 국기는 붉은 바탕에 흰 코끼리가 있는 모양이었습니다. 백상(白象, ช้างเผือก)이라 불리는 흰 코끼리는 태국의 역사와 문화에서 대단히 중요한 역할을 보여 줍니다. 일반 코끼리와는 다르게 흰색에 가까운 피부, 눈동자, 발톱을 지닌 백상은 매우 희귀하기 때문에(사실은 일종의 돌연변이임) 그 주인에게 행운을 가져다주는 동물로 여겨졌고, 왕을 보좌하는 상징물이 되었습니다.

이러한 믿음은 태국뿐만 아니라 이웃나라인 미얀마, 라오스, 캄보디아에서도 신봉되었는데, 왕의 재위 기간에 왕실에 몇 마리의 백상이 있는지가 왕의 힘과 권위를 말해 주는 척도가 되었고, 더불어 왕국의 평화와 번영을 상징하는 것이 되었습니다. 이러한 전통은 부처의 탄생 신화에서 백상이 지혜와 순수의 상징인 연꽃을 마야부인에게 주었다는 전설에서 기인합니다. 코끼리는 영광, 용기, 관용을 상징하는 동물로서 과거 태국에서 코끼리는 왕실 권위의 상징으로 전쟁에서 왕실 마차에 이용되었으며, 태국과 마찬가지로 흰 코끼리를 길조로 여기는 믿음을 가지고 있는 미얀마와의 사이에서 전쟁의 구실이 되기도 했습니다.

또 태국인들은 태국 지형이 코끼리 머리를 닮았다고도 말합니다. 이처럼 코끼리는 지형적 특징과 함께 전통적인 믿음으로 태국을 상징하는 동물이 되었습니다.

 **통뜨라이롱**: 태국 국기 이름으로 통ธง은 '기', 뜨라이ไตร는 '3', 롱รงค์은 '색'을 의미하여, 말 그대로 삼색기(三色旗)를 뜻합니다. 삼색기에 사용되는 세 가지 색 중 맨 위와 아래의 적색은 국민을, 중간의 흰색은 종교를, 가운데 청색은 국왕을 상징합니다. '불교가 국왕을 보위하고 국민의 피로 이 둘을 수호한다'는 의미로 태국의 국가 정신을 보여 줍니다. 라마 6세(1910~1925) 재위 당시인 1917년 제1차 세계 대전에 연합군의 일원으로 참전한 태국군과 함께 최초로 세계인들에게 알려졌습니다.

บทที่ 03

คุณมาจากที่ไหนคะ
당신은 어디에서 왔습니까?

- 자동사 구문: 주어 + 동사
- 위치를 나타내는 표현: จาก + 장소
- 의문사 (ที่)ไหน
- 이동 동사 ไป/มา + 동사
- 연속된 두 동작의 선후 관계를 나타내는 แล้ว

주요 구문 & 문법
โครงสร้างประโยคและไวยากรณ์ที่สำคัญ

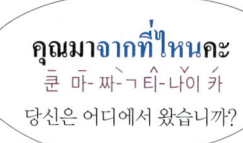

มา 오다

● **자동사 구문: 주어 + 동사**

태국어에서는 주어 다음에 동사가 위치하여 주어의 동작이나 상태를 서술합니다.

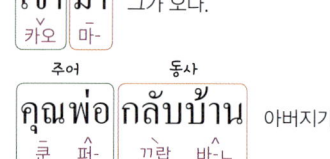
그가 오다.

กลับบ้าน 귀가하다

아버지가 귀가하신다.

● **위치를 나타내는 표현: จาก + 장소**

'จาก + 장소'는 '~에서', '~부터'를 표현합니다.

ดิฉันมา**จาก**บ้าน 저는 집에서 왔어요.
ดิ ฉัน มา- จ่าก บ้า-น

บ้าน 집

ผมมา**จาก**ประเทศไทย 저는 태국에서 왔어요.
ผม มา- จ่าก ปรา เท̂ส ทา이

● **의문사 (ที่)ไหน**

ที่ไหน 티-나이는 '어디'에 해당하는 의문사로서, 평서문과 동일한 구조에서 '어디'에 해당하는 위치에 넣어 주면 의문문이 됩니다. 구어체에서는 ที่ 티-를 생략할 수 있습니다.

A บ้านของคุณอยู่**ที่ไหน**ครับ 당신의 집은 어디에 있습니까?
   บ้า-น ค̌ɔ-ŋ คุน ยู- ที- 나이 크랍

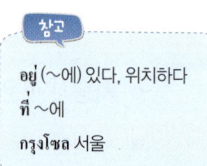
อยู่ (~에) 있다, 위치하다
ที่ ~에
กรุงโซล 서울

B บ้านของดิฉันอยู่ที่กรุงโซลค่ะ 저의 집은 서울에 있습니다.
   บ้า-น ค̌ɔ-ŋ ดิ ฉัน ยู- ที- กรุง 쏘-ㄴ 카

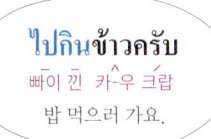
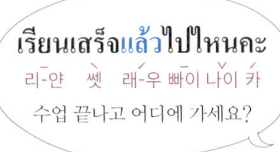

ไปกินข้าวครับ
빠이 낀 카-우 크랍
밥 먹으러 가요.

เรียนเสร็จแล้วไปไหนคะ
리-얀 쎗 래-우 빠이 나이 카
수업 끝나고 어디에 가세요?

참고
เรียน 배우다, 공부하다
เสร็จ 끝나다
ไป 가다
กิน 먹다
ข้าว 밥

● **이동 동사 ไป/มา + 동사**

대표적인 이동 동사 **ไป**빠이와 **มา**마-가 동사와 결합하여 '~하러 가다/오다'를 표현합니다.

ไปพบเพื่อน 친구를 만나러 가다.
빠이 폽 프-안

เธอ**ไป**เรียน 그녀는 수업하러 갑니다.
트ㅓ- 빠이 리-얀

มาอ่านหนังสือที่ห้องสมุด 도서관에 책 읽으러 오다.
마- 아-ㄴ 낭 쓰- 티- 허-ㅇ 싸 뭇

참고
• 장소 전치사 ที่
 '~에', '~에서'의 의미입니다. 위치 또는 방향을 의미하는 '~에'로 사용될 경우 주로 생략합니다.
 เขาไป(ที่)ห้องสมุด 그는 도서관에 갑니다.
 카오 빠이 (티-) 허-ㅇ 싸 뭇
 ดิฉันไป(ที่)ห้องน้ำค่ะ 저는 화장실에 가요.
 디 찬 빠이 (티-) 허-ㅇ 남 카
• พบ 만나다

● **연속된 두 동작의 선후 관계를 나타내는 แล้ว**

두 개의 동사 또는 문장이 **แล้ว**래-우로 연결될 경우 **แล้ว**래-우는 앞선 동사의 동작이 완료됨과 함께 뒤에 오는 동사의 동작이 이어서 일어남을 의미합니다.

> 동사₁ + แล้ว + 동사₂

เรียนเสร็จ**แล้ว**ไปไหน 수업이 끝나고 어디 갑니까?
리-얀 쎗 래-우 빠이 나이

กินข้าวเสร็จ**แล้ว**ไปเรียน 밥을 먹고 나서 수업하러 갑니다.
낀 카-우 쎗 래-우 빠이 리-얀

ทำการบ้านเสร็จ**แล้ว**เล่นเกมคอมพิวเตอร์ 숙제를 다 하고 나서 컴퓨터 게임을 합니다.
탐 까-ㄴ 바-ㄴ 쎗 래-우 레-ㄴ 께-ㅁ 커-ㅁ 피우 뜨ㅓ-

참고
ทำ ~하다, 만들다
การบ้าน 숙제
เล่น 놀다, 게임하다
เกม 게임

대화 1

프래와	민호 씨는 어디에서 왔어요?
민호	저는 한국에서 왔습니다.
프래와	그러면 존 씨는요? 어디에서 왔어요?
존	저는 미국에서 왔습니다.
프래와	민호 씨와 존 씨는 저녁에 어디 가요?
민호	영화 보러 갑니다.

แพรวา คุณมินโฮมาจากที่ไหนคะ
쿤 민 호- 마- 짜-ㄱ 티- 나이 카

มินโฮ ผมมาจากประเทศเกาหลีครับ
폼 마- 짜-ㄱ 쁘라 테-ㅅ 까오 리- 크랍

แพรวา แล้วคุณจอห์นล่ะคะ มาจากที่ไหนคะ
래-우 쿤 쩌-ㄴ 라 카 마- 짜-ㄱ 티- 나이 카

จอห์น ผมมาจากประเทศอเมริกาครับ
폼 마- 짜-ㄱ 쁘라 테-ㅅ 아 메-리 까 크랍

แพรวา คุณมินโฮและคุณจอห์นตอนเย็นไปไหนคะ
쿤 민 호- 래 쿤 쩌-ㄴ 떠-ㄴ 옌 빠이 나이 카

มินโฮ ไปดูหนังครับ
빠이 두- 낭 크랍

새로운 단어

และ 그리고
ตอนเย็น 저녁에
ดู 보다
หนัง 영화

새로운 표현

มาจากที่ไหน 어디에서 왔어요?
แล้ว....ล่ะ 그러면 ~은/는요?
ไปดูหนัง 영화 보러 가다

대화 Tip

- 국적을 물어볼 때는 **ที่ไหน**(어디)와 **ประเทศอะไร**(어느 나라)를 동일한 의미로 사용할 수 있습니다.

  คุณจอห์นมาจากที่ไหน 존 씨는 어디에서 왔습니까?
  쿤 쩌-ㄴ 마- 짜-ㄱ 티- 나이

  คุณจอห์นมาจากประเทศอะไร 존 씨는 어느 나라에서 왔습니까?
  쿤 쩌-ㄴ 마- 짜-ㄱ 쁘라 테-ㅅ 아 라이

대화 2

บทสนทนา 2

พรุ่งนี้ไปไหนครับ

ไปทำงานที่บริษัทครับ

민호	존 씨. 오후에 어디 가요?
존	친구 만나러 가요.
민호	친구 만나러 어디에 가요?
존	커피숍이에요.
민호	내일은 어디 가요?
존	회사에 일하러 가요.

มินโฮ คุณจอห์นครับ ตอนบ่ายไปไหนครับ
     คุน   จอ̂-น ครับ ตอ̄-น บา̀ย ไป นา̌ย ครับ

จอห์น ไปเจอเพื่อนครับ
     ไป จอ̄- พื̂อน ครับ

มินโฮ ไปเจอเพื่อนที่ไหนครับ
     ไป จอ̄- พื̂อน ที̂- นา̌ย ครับ

จอห์น ที่ร้านกาแฟครับ
     ที̂- ร้า-น กา- แฟ(f)- ครับ

มินโฮ พรุ่งนี้ไปไหนครับ
     พรุ̂ง นี́- ไป นา̌ย ครับ

จอห์น ไปทำงานที่บริษัทครับ
     ไป ทำ งา-น ที̂- บอ̌ริ สั̀ด ครับ

새로운 단어

ตอนบ่าย 오후에
เจอ 만나다
เพื่อน 친구
ร้านกาแฟ 커피숍
พรุ่งนี้ 내일
ทำงาน 일하다
บริษัท 회사

새로운 표현

ไปเจอเพื่อน 친구 만나러 가다
ไปทำงาน 일하러 가다

대화 Tip

- 시간을 나타내는 표현

ตอนเช้า 아침에	**ตอนบ่าย** 오후에	**ตอนเย็น** 저녁에
ตอ̄-น ช้าว	ตอ̄-น บ่าย	ตอ̄-น เย็น
เมื่อวานนี้ 어제	**วันนี้** 오늘	**พรุ่งนี้** 내일
เมื̂อ วา-น นี́-	วัน นี́-	พรุ̂ง นี́-

참고

ตอน은 시간을 나타낼 때 사용하는 표현으로, '~에'를 의미하는 전치사입니다.

บทที่ **03**   53

추가 단어

장소

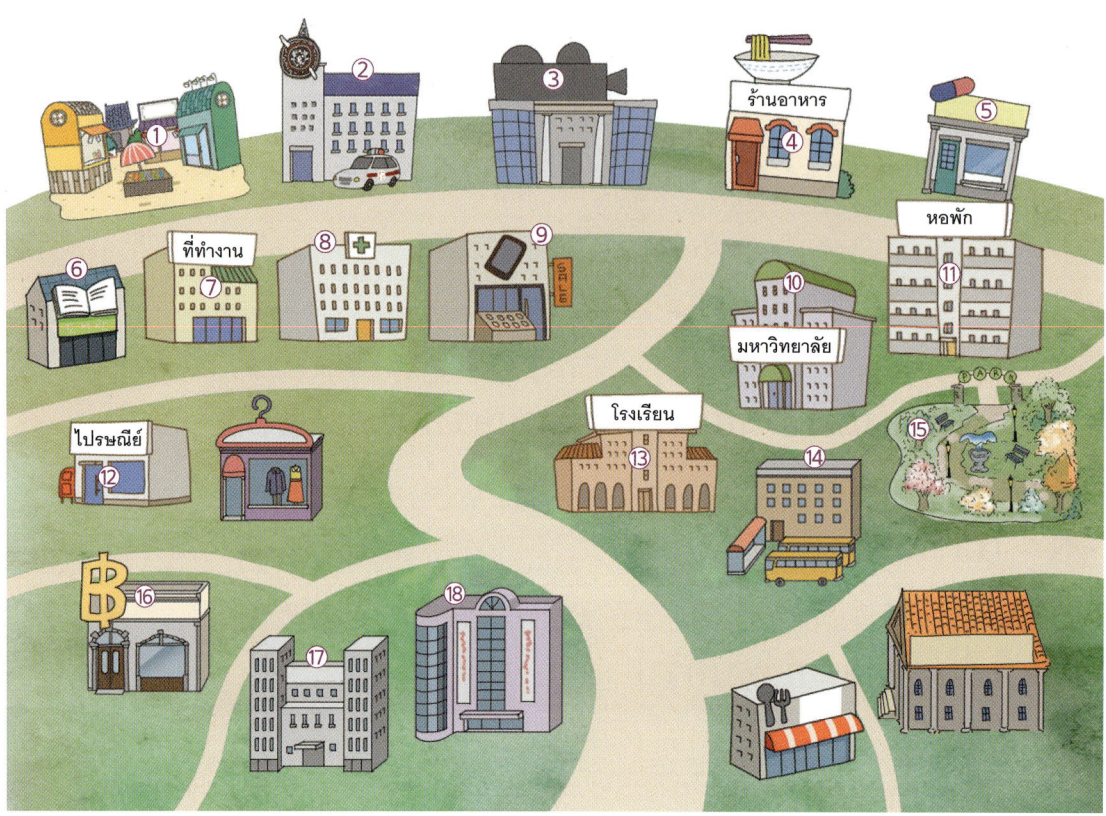

① **ตลาด** 시장

② **สถานีตำรวจ** 경찰서

③ **โรงหนัง** 영화관

④ **ร้านอาหาร** 식당

⑤ **ร้านขายยา** 약국

⑥ **ร้านขายหนังสือ** 서점

⑦ **ที่ทำงาน** 사무실

⑧ **โรงพยาบาล** 병원

⑨ **ร้านขายของ** 상점

⑩ **มหาวิทยาลัย** 대학교

⑪ **หอพัก** 기숙사

⑫ **ไปรษณีย์** 우체국

⑬ **โรงเรียน** 학교

⑭ **ป้ายรถเมล์** 버스 정류장

⑮ **สวนสาธารณะ** 공원

⑯ **ธนาคาร** 은행

⑰ **โรงแรม** 호텔

⑱ **ห้างสรรพสินค้า** 백화점

유용한 표현

สำนวนที่เป็นประโยชน์

장소 관련 물음과 표현

A 어디에서 왔어요?
B 한국에서 왔어요.

A 선생님의 집은 어디에 있습니까?
B 제 집은 쑤쿰윗에 있습니다.

A 당신은 여기 뭐 하러 왔습니까?
B 저는 물건을 사러 왔습니다.

▶ ทำ ~하다 | ที่นี่ 여기, 이곳 | ซื้อ 사다 | ของ 물건

참고

ของ 커ㅇ이 명사로 사용될 때는 '물건'을 의미합니다.

บทที่ **03** 55

연습 문제

문법

1 그림을 보고 다음 중 알맞은 것을 골라 보기와 같이 답하세요.

ประเทศไทย   ประเทศญี่ปุ่น   ประเทศเวียดนาม   ประเทศมาเลเซีย

ตัวอย่าง
A คุณมาจากที่ไหนคะ
B ผมมาจาก**ประเทศไทย**ครับ

(1) A คุณมาจากที่ไหนคะ
B ผมมาจาก_____ครับ

(2) A คุณมาจากที่ไหนครับ
B ดิฉันมาจาก_____ค่ะ

(3) A คุณมาจากที่ไหนครับ
B ดิฉันมาจาก_____ค่ะ

2 그림을 보고 보기와 같이 알맞은 표현을 골라 문장을 완성하세요.

ตัวอย่าง
A คุณมินโฮไปไหนคะ
B (เขา / เธอ) ไป (เรียน / สอน) ค่ะ

(1) A คุณจอห์นไปไหนคะ
B (เขา / เธอ) ไป (ทำงาน / เที่ยว) ค่ะ

(2) A คุณพอดีไปไหนคะ
B (เขา / เธอ) ไป (ร้องเพลง / ดูหนัง) ค่ะ

(3) A พอใจไปไหนคะ
B (เขา / เธอ) ไป (กินข้าว / ดื่มกาแฟ) ค่ะ

▶ **ร้องเพลง** 노래를 부르다 | **ดื่ม** 마시다

듣기

● CD를 듣고 누가 어디에 가는지 연결하세요.

(1) จอห์น　　　•　　　　　　　　　•　① ธนาคาร

(2) คุณครู　　　•　　　　　　　　　•　② ห้องน้ำ

(3) พอดี　　　 •　　　　　　　　　•　③ สถานีตำรวจ

(4) มินโฮ　　　•　　　　　　　　　•　④ บริษัท

읽기

● 다음 글을 읽고 질문에 답하세요.

> คุณมินโฮมาจากประเทศเกาหลี
> คุณจอห์นมาจากประเทศอเมริกา
> ตอนบ่ายคุณจอห์นไปเจอเพื่อนที่ร้านกาแฟ
> ตอนเย็นคุณจอห์นและคุณมินโฮไปดูหนัง
> พรุ่งนี้คุณจอห์น ⓐ_____ ทำงานที่บริษัท

(1) 민호와 존은 어디에서 왔나요?
　① 한국, 중국　　② 미국, 일본　　③ 중국, 미국　　④ 한국, 미국

(2) 오후에 친구를 만나러 갈 사람은 누구인가요?
　① 민호　　② 존　　③ 선생님　　④ 민호와 존

(3) 빈칸 ⓐ에 들어갈 말을 고르세요.
　① เป็น　　② นี่　　③ ไป　　④ จาก

태국인의 복식 문화

오늘날 태국인들은 우리와 마찬가지로 서양식 의상을 입으며, 중요한 행사 때만 전통 의상을 입습니다. 전통 의상은 크게 왕족 및 귀족용과 일반 평민용의 두 가지로 나뉩니다. 서양 문물의 영향을 받기 전 태국 일반 평민들은 무더운 날씨의 영향으로 남녀 모두 파눙ผ้านุ่ง이라 부르는 천 하나로 이루어진 편안하고 간편한 복장을 추구했으며, 신발도 신지 않았습니다. 남성의 경우, 상의를 입지 않고 허리 아래쪽을 천으로 둘렀습니다. 여성의 경우에는 상의로 외출 시에는 넓고 긴 천인 사바이สไบ를 두르고, 집에서는 파탭ผ้าแถบ이라고 부르는 전통식 가슴 가리개를 가슴에 둘렀습니다. 하의는 남녀 모두 천의 끝단을 막대 모양으로 감아 앞에서 다리 사이로 보내 허리 뒤로 끼워 넣는 쫑끄라벤โจงกระเบน 스타일로 입었습니다. 반면 왕족 및 귀족의 경우 평민의 의상과 달리 옷감이 두껍고 장식이 화려합니다.

라마 4세(1851~1868) 때부터 본격적으로 서양의 영향을 받기 시작했고, 복식 문화도 영향을 받아 변화하기 시작했습니다. 피분 쏭크람 수상 때에 이르러 국가주의를 표방하며 근대화를 위한 다양한 정책을 실시했는데, 이의 일환으로 복식 관련 법령이 제정되어 기존에 입던 쫑끄라벤을 입지 못하게 하고 긴바지나 긴치마를 입고, 신발을 신고, 또한 상의는 어깨나 상체를 드러내지 않도록 하였으며, 특히 여성들에게 외출 시 모자의 착용을 권장했습니다. 태국은 더운 나라임에도 불구하고 복장을 중시하는 경향을 보이는데, 평민의 차림이 단순하고 간편한 옷차림인 것에 비해 높은 계층일수록 옷이 두꺼워지고 장식도 화려해지며, 가리는 부분이 많아집니다. 복장의 차이가 계층이나 계급의 차이를 상징하게 되어 복장에 더 중요성과 가치를 두게 된 것으로 여겨집니다.

이와 같은 태국의 복식 문화는 태국에서 사원이나 왕궁을 방문할 때 입구에서 복장을 단속하는 것에서도 찾아볼 수 있습니다. 반바지나 민소매 또는 슬리퍼 차림은 출입이 제한되며, 남성은 긴 바지를, 여성은 치마를 입는 것이 기본입니다. 이러한 사실을 모르고 방문한 관광객들을 위해 임시로 옷을 빌려주는 서비스가 있습니다.

태국에서는 유치원생부터 대학생들까지 학생들은 모두 교복을 착용합니다. 유치원생부터 고등학생까지는 학교별로 지정된 교복을 착용합니다. 대학생들의 교복은 학교별로 다르지 않고 단정한 표준 복장인데, 남학생은 흰 긴소매 셔츠에 검은색 또는 군청색 바지를, 여학생은 흰 반팔 셔츠에 검은색 또는 군청색 치마를 착용합니다. 여기에 각 학교의 로고가 새겨진 단추와 배지, 허리띠 버클을 착용하여 소속 학교의 학생임을 나타냅니다. 여학생들의 경우 학년이 올라갈수록 치마가 타이트해지고 짧아지는 경향을 보이기도 하며, 셔츠를 타이트하게 줄여 입기도 합니다.

บทที่ 04

คุณมีพี่น้องไหมครับ
당신은 형제가 있습니까?

- 소유 표현 동사 มี
- 타동사 구문: 주어 + 동사 + 목적어
- 의문 조사 ไหม
- 부정사 ไม่
- 소유의 부정 ไม่มี

주요 구문 & 문법
โครงสร้างประโยคและไวยากรณ์ที่สำคัญ

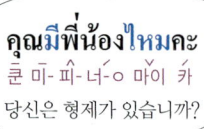
คุณมีพี่น้องไหมคะ
쿤 미- 피̂- 너́-ㅇ 마́이 카̂
당신은 형제가 있습니까?

มีครับ ผมมีน้องสาวหนึ่งคนครับ
미- 크랍 폼 미- 너́-ㅇ 싸̌-우 능 콘 크랍
네, 있어요. 저는 여동생 한 명 있어요.

> 참고
> หนึ่ง 1, 하나

● **소유 표현 동사 มี**

'주어가 ~을/를 가지고 있다' 또는 '~이/가 있다'를 표현하며, 목적어를 동반합니다.

มีพี่น้อง 형제가 있다.
미- 피̂- 너́-ㅇ

มีน้องสาว 여동생이 있다.
미- 너́-ㅇ 싸̌-우

มีปากกา 볼펜이 있다.
미- 빠̀-ㄱ 까-

> 참고
> พี่น้อง 형제
> น้องสาว 여동생

● **타동사 구문: 주어 + 동사 + 목적어**

태국어는 '주어 + 동사 + 목적어' 구조를 가지며, 주어 다음에 타동사가 올 경우 동사 다음에 목적어가 위치합니다.

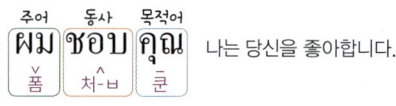
나는 당신을 좋아합니다.

민호는 형이 있습니다.

> 참고
> 태국에서 형제, 자매의 호칭은 화자의 성별과 상관없이 형제의 나이와 성별에 따라 부릅니다.
> พี่ชาย 피̂- 차-이 형/오빠, พี่สาว 피̂- 싸̌-우 누나/언니,
> น้องชาย 너́-ㅇ 차-이 남동생, น้องสาว 너́-ㅇ 싸̌-우 여동생

● **의문 조사 ไหม**

ไหม 마́이는 '~입니까?'로 주로 사전 정보 없이 궁금한 내용을 묻거나 상대방의 의사를 물어볼 때 사용하는 의문 조사입니다. 문장의 구성은 답을 얻고자 하는 내용으로 문장을 완성한 뒤, 문장의 맨 끝에 ไหม 마́이를 위치하여 의문문을 완성합니다. 대답은 물음에 사용된 동사를 사용하여 '네/아니요'로 합니다.

> 1과 참조

	질문	주어 + 동사 + ไหม	A มีเรียนไหม 수업이 있습니까? 미- 리-얀 마́이
대답	긍정	동사	B มีครับ/ค่ะ = ครับ/ค่ะ 네, 있습니다. 미- 크랍 카̂ 크랍 카̂
	부정	ไม่ + 동사	ไม่มีครับ/ค่ะ = ไม่ครับ/ค่ะ 아니요, 없습니다. 마̂이 미- 크랍 카̂ 마̂이 크랍 카̂

> 참고
> 의문 조사 ไหม 마́이를 이용한 의문문에서 대답을 짧게 할 경우 긍정은 ครับ 크랍/ค่ะ 카̂로, 부정은 ไม่ครับ 마̂이 크랍/ไม่ค่ะ 마̂이 카̂로 대답할 수 있습니다.

● **부정사 ไม่**

태국어에서 상태 동사나 동작 동사를 부정할 때는 동사 앞에 부정사 ไม่마이를 붙여서 표현합니다.

평서문	부정문
ผมไปโรงเรียน 나는 학교에 간다. 폼 빠이로-ㅇ 리-얀	ผมไม่ไปโรงเรียน 나는 학교에 안 간다. 폼 마이빠이로-ㅇ 리-얀
คุณพ่ออยู่ที่บ้าน 아버지가 집에 계신다. 쿤 퍼- 유-티- 바-ㄴ	คุณพ่อไม่อยู่ที่บ้าน 아버지가 집에 안 계신다. 쿤 퍼- 마이 유-티- 바-ㄴ
เธอสวย 그녀는 예쁘다. 트ㅓ- 쑤-아이	เธอไม่สวย 그녀는 안 예쁘다. 트ㅓ- 마이쑤-아이
เขาสูง 그는 키가 크다. 카오 쑤-ㅇ	เขาไม่สูง 그는 키가 안 크다. 카오 마이쑤-ㅇ

> **주의**
>
> 지정사 구문의 부정은 ไม่ใช่마이 차이를 사용합니다.
> ผมเป็นคนเกาหลี 저는 한국인입니다.
> 폼 뻰 콘 까오 리-
> → ผมไม่ใช่คนเกาหลี 저는 한국인이 아닙니다.
> 폼 마이 차이 콘 까오 리-

● **소유의 부정 ไม่มี**

'가지고 있다' 또는 '~이/가 있다'의 มี미-의 앞에 부정사 ไม่마이를 결합하면 '가지고 있지 않다', 즉 '없다'는 것을 의미합니다.

ไม่มีนัด 약속이 없다.
마이 미- 낫

ไม่มีพี่น้อง 형제가 없다.
마이 미-피- 너-ㅇ

> **참고**
>
> **อยู่ vs มี**
>
> • อยู่ + (ที่) + 장소: ~에 있다
> ตอนนี้ผมอยู่ที่บ้าน 지금 나는 집에 있다.
> 떠-ㄴ 니- 폼 유- 티- 바-ㄴ
> เธอไม่อยู่ที่ห้องเรียน 그녀는 교실에 없다.
> 트ㅓ- 마이 유- 티- 허-ㅇ 리-얀
>
> • มี + 목적어: ~을/를 가지고 있다
> เขามีรถ 그는 차가 있다.
> 카오 미- 롯
> ดิฉันไม่มีเงิน 나는 돈이 없다.
> 디 찬 마이 미- 응으ㅓ-ㄴ

대화 1

존	어제 린의 오빠가 중국에서 왔지요?
퍼디	네, 오늘 린은 오빠와 놀러 가요.
존	정말 좋겠네요. 당신은 형제가 있습니까?
퍼디	있습니다.
존	몇 명 있습니까?
퍼디	저는 여동생 한 명 있어요. 그녀는 대학생이에요.

จอห์น **เมื่อวานพี่ชายของหลินมาจากจีนใช่ไหมครับ**
므어완 피-차-이 커-ㅇ 린 마-짜-ㄱ 찌-ㄴ 차이 마이 크랍

พอดี **ใช่ครับ วันนี้หลินไปเที่ยวกับพี่ชายครับ**
차이 크랍 완 니- 린 빠이 티-야우 깝 피-차-이 크랍

จอห์น **ดีจังเลยครับ คุณมีพี่น้องไหมครับ**
디- 짱 르ㅓ-이 크랍 쿤 미- 피- 너-ㅇ 마이 크랍

พอดี **มีครับ**
미- 크랍

จอห์น **มีกี่คนครับ**
미- 끼- 콘 크랍

พอดี **มีน้องสาวหนึ่งคน เป็นนักศึกษาครับ**
미- 너-ㅇ 싸-우 능 콘 뻰 낙 쓱 싸- 크랍

새로운 단어

เมื่อวาน 어제
พี่ชาย 형
ไปเที่ยว 놀러 가다
กับ ~와/과
ดี 좋다
กี่ 몇
น้องสาว 여동생
คน 명(사람을 셀 때)
นักศึกษา 대학생

새로운 표현

จังเลย 정말, 진짜
มีพี่น้องไหม 형제가 있습니까?
มี(พี่น้อง)กี่คน (형제가) 몇 명 있습니까?

대화 Tip

• '**กี่** + 분류사'를 활용한 의문문

กี่끼-는 '몇'을 의미하는 의문 형용사로 '**กี่**끼- + 분류사'의 형태로 개수를 묻는 의문문을 만들 수 있습니다. **กี่**끼-를 사용하여 물어볼 때는 반드시 알맞은 분류사를 필요로 합니다.

질문	กี่ + 분류사	A **คุณมีพี่น้องกี่คนคะ** 당신은 형제가 몇 명 있습니까? 쿤 미- 피- 너-ㅇ 끼- 콘 카
대답	명사 + 숫자 + 분류사	B **ผมมีน้องสาวหนึ่งคนครับ** 저는 여동생 한 명 있습니다. 폼 미- 너-ㅇ 싸-우 능 콘 크랍

참고

ใช่ไหม차이 마이는 화자가 사전에 알고 있는 정보나 근거를 바탕으로 가지고 있는 내용에 대한 확인을 하는 데 사용하는 의문조사로서 **หรือ**르-와 마찬가지로 확인을 요구하는 의문문입니다.

질문: 주어 + เป็น + 명사 + ใช่ไหม ~그렇지요?/맞지요?

대답: ใช่/ไม่ใช่ 네./아니요.

대화 2

บทสนทนา 2

퍼디	존 씨, 여기는 제 여동생입니다. 이름은 퍼짜이입니다.
존	안녕하세요? 퍼짜이(동생).
퍼짜이	안녕하세요? 존 오빠. 만나서 반갑습니다. 저는 대학생이에요.
존	나는 대학생이 아닙니다. 회사원입니다.
퍼짜이	존 오빠는 형제가 있으세요?
존	없어요. 나는 외동입니다.

พอดี คุณจอห์น นี่น้องสาวผม ชื่อพอใจครับ

จอห์น สวัสดีครับ น้องพอใจ

พอใจ สวัสดีค่ะ พี่จอห์น ยินดีที่ได้รู้จักค่ะ
หนูเป็นนักศึกษาค่ะ

จอห์น พี่ไม่ใช่นักศึกษา เป็นพนักงานบริษัทครับ

พอใจ พี่จอห์นมีพี่น้องไหมคะ

จอห์น ไม่มีครับ พี่เป็นลูกคนเดียวครับ

새로운 단어

น้อง 동생
พี่ 손윗사람 (형/누나/오빠/언니)
หนู 1인칭 대명사 '저'(보통 여자들이 손윗사람에게 자신을 낮춰 부르는 말)

새로운 표현

นี่น้องสาวผมครับ 여기는 제 여동생입니다.
ยินดีที่ได้รู้จัก 만나서 반갑습니다.
เป็นลูกคนเดียว 외동입니다.

대화 Tip

● 친족어를 사용하여 자신과 상대방을 지칭하기
태국에서는 손윗사람과 손아랫사람이 대화할 때, 자신과 상대방을 지칭하는 인칭 대명사를 사용하는 대신 연장자는 자신을 'พี่피-'로, 아랫사람을 'น้อง너-ㅇ' 또는 'น้อง너-ㅇ + 이름'으로, 아랫사람은 연장자를 'พี่피-' 또는 'พี่피- + 이름'으로 부릅니다.

추가 단어

คำศัพท์เพิ่มเติม 🔊035

가족 호칭

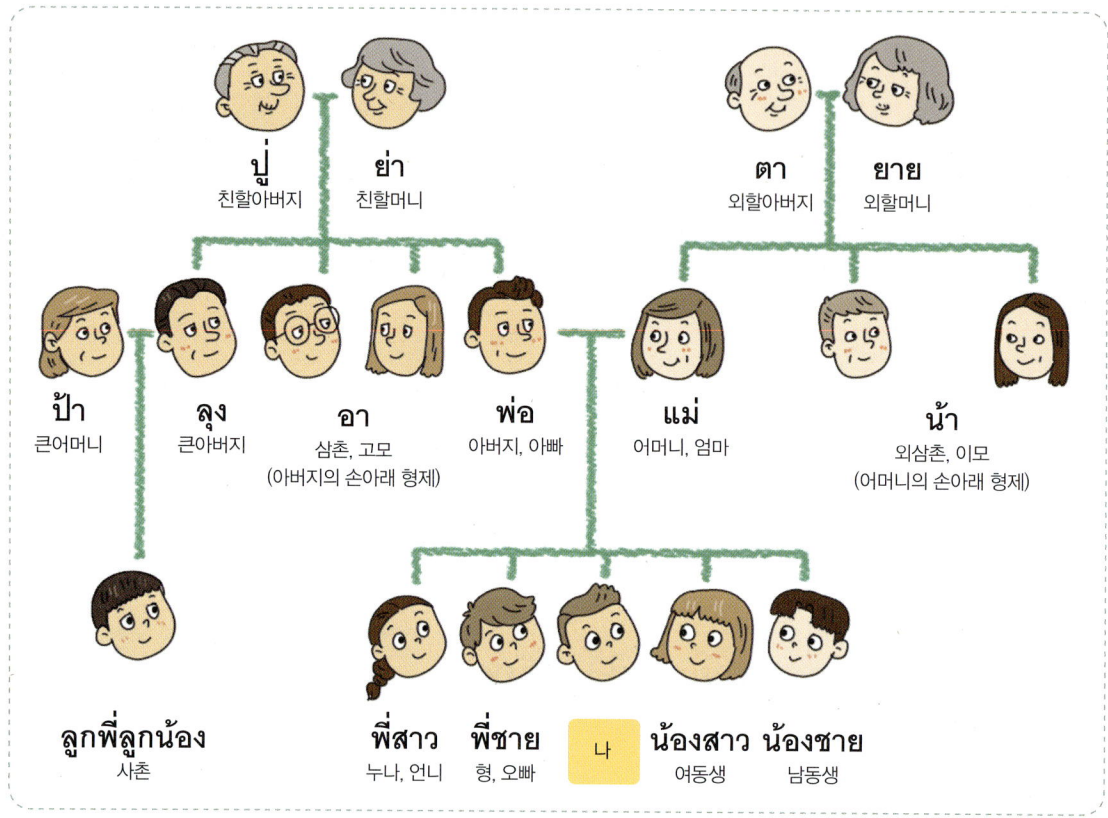

> **참고**
> ลุง은 큰아버지, 큰 외삼촌 등 부모님의 손위 남자 형제를 나타내며, ป้า는 큰어머니, 큰 고모, 큰 이모 등 부모님의 손위 여자 형제를 가리킵니다. ลุง과 ป้า가 부모님의 손위 남자/여자 형제를 나타내는 것에 반해, อา는 아버지의 손아래 형제를, น้า는 어머니의 손아래 형제를 나타냅니다.

기타 가족 호칭

สามี 남편   **ภรรยา** 아내   **หลาน** 손자, 조카

유용한 표현

사ำนวนที่เป็นประโยชน์

미/이제 기본 활용한 의문문

A 당신은 태국 친구가 있습니까?
B 있습니다.

A 당신은 형제가 없습니까?
B 있습니다. 여동생 한 명 있습니다.

A 당신은 돈이 얼마나 있습니까?
B 500바트 있습니다.

▶ เงิน 돈 | เท่าไร 얼마

연습 문제

문법

1 다음 그림에 알맞은 대화를 찾아 번호를 쓰세요.

(1)  (   )   (2)  (   )   (3)  (   )

① A คุณมีพี่น้องไหมครับ
   B มีค่ะ มีน้องชาย 1 คนค่ะ

② A คุณมีพี่น้องไหมครับ
   B มีค่ะ มีน้องสาว 2 คนค่ะ

③ A คุณมีพี่น้องไหมคะ
   B มีครับ มีพี่ชาย 1 คนและพี่สาว 1 คนครับ

2 그림을 보고 무엇이 없는지 보기와 같이 단어를 골라 문장을 완성하세요.

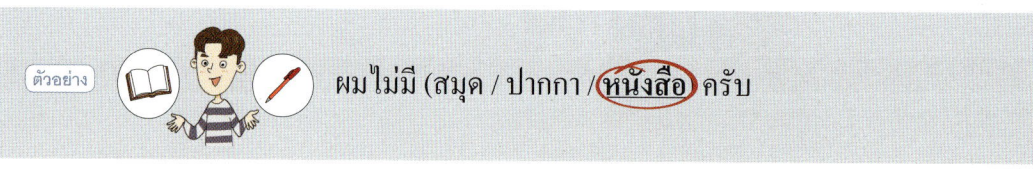

(1)  ผมไม่มี (โทรทัศน์ / คอมพิวเตอร์ / ตู้เย็น) ครับ

(2)  ผมไม่มี (มือถือ / นาฬิกา / กระเป๋า) ครับ

(3)  ผมไม่มี (โต๊ะหนังสือ / เก้าอี้ / โซฟา) ครับ

듣기

- CD를 듣고 질문에 답하세요. 🎧037

    (1) 퍼짜이는 누구의 여동생인가요?
        ① พอดี　　　② นับดาว　　　③ มินโฮ　　　④ คุณครู

    (2) 린은 누구의 친구인가요?
        ① คุณครู　　　② พอใจ　　　③ นับดาว　　　④ มินโฮและจอห์น

    (3) 프래와는 누구의 선생님인가요?
        ① พอดี　　　② จอห์น　　　③ พอดีและจอห์น　　　④ มินโฮ จอห์น และหลิน

읽기

- 다음 글을 읽고 질문에 답하세요.

> มินโฮมีพี่ชาย พี่ชายของมินโฮมาจากประเทศเกาหลี พอดีมีน้องสาวหนึ่งคนชื่อพอใจ พอใจเป็นนักศึกษา จอห์น ⓐ_____ พี่น้อง เป็นลูกคนเดียว

(1) 퍼짜이는 누구인가요?
   ① 민호의 여동생　　② 민호의 남동생　　③ 퍼디의 여동생　　④ 존의 남동생

(2) 형이 있는 사람은 누구인가요?
   ① 민호　　　② 퍼디　　　③ 퍼짜이　　　④ 존

(3) 빈칸 ⓐ에 들어갈 말을 고르세요.
   ① มี　　　② ไม่มี　　　③ เป็น　　　④ ไม่ใช่

태국인의 이름

태국인의 이름은 우리나라와 일본, 중국 등 동아시아에서 성이 앞에 오는 것과는 달리 서양식으로 '이름+성(ชื่อ+นามสกุล)'으로 되어 있습니다. 원래 태국인들은 성이 없었고, 부르는 이름만 있었는데, 라마 6세(1910~1925)가 다른 나라와 마찬가지로 성을 만들어 사용하도록 했습니다. 이는 1913년 7월 1일부터 시행이 되었으며, 왕은 여러 가문에 '국왕이 하사하신 성'이라 불리는 6,432개의 성을 하사했습니다. 태국의 첫 번째 성은 쑤쿰สุขุม입니다. 국왕에게 성을 하사 받은 가족 외에 일반 백성들은 가족의 수장 이름을 따서 성으로 사용하기도 했고, 가족들이 사는 지역명을 가져와 성으로 사용하기도 했으며, 좋은 뜻을 가진 단어들을 조합해 성으로 만들기도 했습니다.

태국인들의 본명(ชื่อจริง)은 일반적으로 길이가 깁니다. 성을 사용하기 전 태국 사람들의 이름은 대부분 단음절어로 부르기 쉬웠으나 점차 이름이 길어지고 읽고 쓰는 것, 기억하고 발음하는 것이 어려워졌습니다. 그래서 일상생활에서는 가족들이나 친구, 지인들 간에 쉽게 부르는 데 사용하는 츠렌ชื่อเล่น, 즉 닉네임을 본명 대신 사용합니다. 예를 들면, 태국 전 총리 탁씬 친나왓ทักษิณ ชินวัตร의 닉네임은 매우แม้ว이고, 유명 여배우 팟차라파 차이츠아พัชราภา ไชยเชื้อ는 암อั้ม, 아라야 하게이트อารยา เอ ฮาร์เก็ต에게는 춈푸ชมพู라는 닉네임 있습니다. 닉네임으로는 대부분 1음절 또는 2음절로 발음하기 쉬운 단어를 사용하거나 뜻이 없는 의성어나 의태어를 쓰기도 합니다. 시대의 변화에 따라 신조어를 사용하기도 하고, 외국어의 영향으로 여러 언어에서 온 단어로 닉네임을 짓기도 합니다. 공식적인 자리나 공문서 등에는 당연히 본명을 사용하지만, 신문의 헤드라인이나 TV 프로그램에서는 본명보다는 닉네임을 사용합니다.

태국 사람들은 공식적으로 성별에 따라 이름 앞에 호칭을 붙이는데, 남성일 경우 나이นาย, 미혼 여성일 경우 낭싸우นางสาว, 기혼 여성일 경우 낭นาง을 붙입니다. 15세 미만의 아동과 청소년 역시 성별에 따라 소년, 소녀의 의미의 덱차이เด็กชาย, 덱잉เด็กหญิง을 붙입니다. 예전에는 여성이 결혼을 하면 남편의 성을 따라야만 하는 것이 법으로 규정되어 있었으나 2008년 성차별 방지법에 따라 여성이 원래 성과 남편의 성 가운데 선택할 수 있게 되었고, 혼인 관계와 상관없이 여성 본인의 뜻에 따라 이름 앞에 낭นาง 또는 낭싸우นางสาว를 선택하여 붙일 수 있게 되었습니다.

> 공식적인 통계 자료는 아니지만 태국 문화부 조사와 최근 5년간 온라인에서 수집한 자료를 바탕으로 가장 선호하는 닉네임 상위 10개를 보면 다음과 같습니다.
> 1위: 메이, 2위: 플로이, 3위: 낸, 4위: 아이, 5위: 뱅, 6위: 마이, 남, 7위: 파, 8위: 니우, 9위: 볼 10위: 비어

บทที่ 05

เพื่อนคนนั้นใจดีครับ
그 친구는 친절합니다.

- 명사 + 분류사 + 지시 형용사(นี้, นั้น, โน้น)
- 상태 동사 구문: 주어 + 상태 동사
- 상태, 성격을 묻는 เป็นอย่างไร
- 의문사 의문문

주요 구문 & 문법
โครงสร้างประโยคและไวยากรณ์ที่สำคัญ

ใจดี 친절하다

● **명사 + 분류사 + 지시 형용사(이, 그, 저)**

태국어에는 셀 수 있는 명사와 함께 쓰이는 다양한 분류사가 발달하여 있습니다. 따라서 셀 수 있는 명사를 지칭할 때는 해당 명사에 알맞은 분류사를 함께 사용하여 명사를 표현합니다. 분류사는 지시 형용사가 올 때 생략되기도 합니다.

 이 개
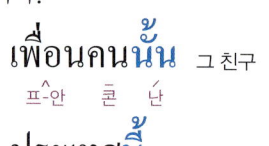 그 친구

รถคัน**โน้น** 저 차
롯 칸 노-ㄴ

ประเทศ**นี้** 이 나라
쁘라 테-ㅅ 니-

주의
지시 대명사 นี่(이것), นั่น(그것), โน่น(저것)을 지시 형용사와 혼동하지 않도록 주의하세요.

이	그	저
นี้ 니-	นั้น 난	โน้น 노-ㄴ

참고
หมา 개
ตัว 마리 (동물 셀 때)
รถ 차
คัน 대 (차 셀 때)

● **상태 동사 구문: 주어 + 상태 동사**

태국어에서 주어의 상태나 성질 등을 나타내는 '~이/가 어떠하다'라는 표현을 할 때 '주어 + 상태 동사'로 나타냅니다. 상태 동사가 명사 뒤에 올 경우에는 명사를 수식하는 형용사의 역할을 합니다.

 그 친구는 친절하다.
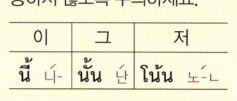 그녀는 예쁘다.

● **상태, 성격에 대해 묻는 เป็นอย่างไร**

주어의 상태나 성격에 대해 물을 때는 '~이/가 어때요?/어떻습니까?'를 의미하는 '주어 + **เป็นอย่างไร** 뻰 야-ㅇ라이'의 구문을 사용합니다.

A หนังสือเล่มนี้**เป็นอย่างไร** 이 책은 어떻습니까?
낭 쓰- 레-ㅁ 니- 뻰 야-ㅇ 라이

B หนังสือเล่มนี้สนุก 이 책은 재미있습니다.
낭 쓰- 레-ㅁ 니- 싸 눅

A แอปเปิ้ลลูกนี้**เป็นอย่างไร** 이 사과는 어떻습니까?
앱 쁘ㅓㄹ루-ㄱ 니- 뻰 야-ㅇ 라이

B แอปเปิ้ลลูกนี้หวาน 이 사과는 달아요.
앱 쁘ㅓㄹ루-ㄱ 니- 와-ㄴ

참고
• แอปเปิ้ล은 외래어 차용어로 태국어의 발음 규칙을 따르지 않고 두 음절 모두 단모음으로 발음하면서 각각 3성과 2성으로, 즉 '앱쁘ㅓㄹ'으로 발음합니다.
• สนุก 재미있다
แอปเปิ้ล 사과
หวาน (맛이) 달다

의문사 의문문

태국어에서는 다양한 의문사를 이용하여 의문문을 만들 수 있습니다. 의문사는 문장 내에서 얻고자 하는 정보가 들어가야 할 자리에 위치합니다.

ใคร 누구 크라이	คุณมากับ**ใคร** 당신은 누구와 왔습니까? 쿤 마- 깝 크라이 **ใคร**สอนภาษาไทย 누가 태국어를 가르칩니까? 크라이 싸-ㄴ 파-싸- 타이	참고 เมื่อไร는 เมื่อไหร่라고도 쓰는데, 이는 실제로 발음을 할 때 'ㅁ-아 라이'로 발음하는 것이 더 자연스러움을 반영했기 때문입니다.
เมื่อไร 언제 ㅁ-아라이	เขาไปประเทศไทย**เมื่อไร** 그는 언제 태국에 갑니까? 카오 빠이 쁘라 테-ㅅ 타이 ㅁ-아 라이 คุณมีนัดกับเพื่อน**เมื่อไร** 당신은 언제 친구와 약속이 있습니까? 쿤 미- 낫 깝 프-안 ㅁ-아 라이	
ที่ไหน 어디 티- 나이	บ้านของคุณอยู่**ที่ไหน** 당신의 집은 어디에 있습니까? 바-ㄴ 커-ㅇ 쿤 유- 티- 나이 คุณมาจาก**ที่ไหน** 당신은 어디에서 왔습니까? 쿤 마- 짜-ㄱ 티- 나이	
อะไร 무엇 아 라이	นี่คือ**อะไร** 이것은 무엇입니까? 니- 크- 아 라이 คุณซื้อ**อะไร**ที่ตลาด 당신은 시장에서 무엇을 삽니까? 쿤 쓰- 아 라이 티-따 라-ㅅ	
อย่างไร 어떻게 야-ㅇ 라이	คุณไปทำงาน**อย่างไร** 당신은 어떻게 출근합니까(일하러 갑니까)? 쿤 빠이 탐 응아-ㄴ 야-ㅇ 라이 กินอาหารนี้**อย่างไร** 이 음식을 어떻게 먹습니까? 낀 아- 하-ㄴ 니- 야-ㅇ 라이	
ทำไม 왜 탐 마이	**ทำไม**คุณมาสาย 당신은 왜 늦게 왔습니까? 탐 마이 쿤 마- 싸-이 **ทำไม**คุณไม่กินข้าว 당신은 왜 밥을 안 먹습니까? 탐 마이 쿤 마이 낀 카-우	

대화 1

บทสนทนา 1

เรียนภาษาไทยเป็นอย่างไรคะ

ยากแต่สนุกมากครับ

납다우	누가 전화했어요?
존	태국 친구요.
납다우	그 친구는 어때요?
존	그 친구는 친절해요.
납다우	태국어 공부는 어때요?
존	어렵지만 아주 재미있어요..

นับดาว **ใคร โทรมาคะ**
크라이 토- 마- 카

จอห์น **เพื่อนคนไทยครับ**
프^안 콘 타이 크랍

นับดาว **เพื่อนคนนั้นเป็นอย่างไรคะ**
프^안 콘 난 뺀 야`-ㅇ 라이 카

จอห์น **เพื่อนคนนั้นใจดีครับ**
프^안 콘 난 짜이 디- 크랍

นับดาว **เรียนภาษาไทยเป็นอย่างไรคะ**
리-얀 파- 싸- 타이 뺀 야`-ㅇ 라이 카

จอห์น **ยากแต่สนุกมากครับ**
야^-ㄱ 때- 싸 눅 마^-ㄱ 크랍

새로운 단어

โทรมา 전화 오다
ยาก 어렵다
มาก 많이, 매우, 아주

새로운 표현

... เป็นอย่างไร ~어떻습니까?/어때요?

대화 Tip

- 역접 접속사 แต่: 그러나, 하지만

  เรียนภาษาไทยยากแต่สนุกมาก 태국어를 배우는 것은 어렵지만 아주 재미있다.
  리-얀 파- 싸- 타이 야^-ㄱ 때- 싸 눅 마^-ㄱ

  ผมชอบอาหารไทยแต่ไม่ชอบเผ็ด 나는 태국 음식을 좋아하지만 매운 것을 좋아하지 않는다.
  폼 처^-ㅂ 아- 하-ㄴ 타이 때- 마이 처^-ㅂ 펫

대화 2

납다우	어떤 책이 재미있습니까?
존	이 책이요.
납다우	그럼 이 책은 어때요?
존	그 책 역시 아주 재미있어요. 태국 관광 책입니다.
납다우	어떤 관광지가 가장 아름답습니까?
존	푸켓이 가장 아름답습니다.

นับดาว   หนังสือเล่มไหนสนุกคะ
     낭̌ 쓰̌-레̂ㅁ 나이̌ 싸̀눅̀ 카́

จอห์น   เล่มนี้ครับ
     레̂ㅁ 니́- 크랍́

นับดาว   แล้วเล่มนี้เป็นอย่างไรคะ
     래́우 레̂ㅁ 니́- 뻰 야̀-ㅇ 라이 카́

จอห์น   เล่มนั้นก็สนุกมากครับ
     레̂ㅁ 난́ 꺼̂ 싸̀눅̀ 마̂ㄱ 크랍́

     เป็นหนังสือสถานที่ท่องเที่ยวไทยครับ
     뻰 낭̌ 쓰̌- 싸̀타̌-ㄴ 티̂- 터̂-ㅇ 티̂-야우 타이 크랍́

นับดาว   สถานที่ท่องเที่ยวที่ไหนสวยที่สุดคะ
     싸̀타̌-ㄴ 티̂- 터̂-ㅇ 티̂-야우 티̂- 나이̌ 쑤̌-아이 티̂-쑷̀ 카́

จอห์น   ภูเก็ตสวยที่สุดครับ
     푸- 껫̀ 쑤̌-아이 티̂-쑷̀ 크랍́

새로운 단어

หนังสือ 책
เล่ม 권 (책 셀 때)
ไหน 어느, 어떤
สถานที่ท่องเที่ยว 관광지
สวย 아름답다, 예쁘다
ภูเก็ต 푸켓 (태국의 지명)
ที่สุด 가장, 최고로

새로운 표현

หนังสือเล่มไหนสนุก 어떤 책이 재미있습니까?
ที่ไหนสวยที่สุด 어디가 가장 아름답습니까?

대화 Tip

● **최상급 표현 ที่สุด**
ที่สุด 티̂-쑷̀ 은 '가장 ~하다'에서 '가장'의 의미로, '상태 동사 + ที่สุด 티̂-쑷̀' 으로 표현합니다.

หนังสือเล่มนี้สนุกที่สุด 이 책이 가장 재미있다.
   낭̌ 쓰̌-레̂ㅁ니́-싸̀눅̀ 티̂-쑷̀

อันไหนแพงที่สุด 어떤 게 제일 비싸요?
   안 나이̌ 패-ㅇ 티̂-쑷̀

참고

장소를 나타내는 표현

이곳(여기)	그곳(거기)	저곳(저기)
ที่นี่	ที่นั่น	ที่โน่น
티̂-니̂-	티̂-난̂	티̂-노̂-ㄴ

추가 단어

분류사

คน	사람 (사람, 명)	คน 1 คน 사람 한 명
ท่าน	사람 (분)	อาจารย์ 1 ท่าน 교수님 한 분
ตัว	동물, 의자, 옷 (마리, 개)	หมา 1 ตัว 개 한 마리
เครื่อง	기계류, 전화 (대)	คอมพิวเตอร์ 1 เครื่อง 컴퓨터 한 대
เล่ม	책, 공책, 칼 (권, 자루)	หนังสือ 1 เล่ม 책 한 권
ลูก	과일, 공 등 둥글게 생긴 것 (개)	แอปเปิ้ล 1 ลูก 사과 한 개
หลัง	집, 건물 (채, 동)	บ้าน 1 หลัง 집 한 채
ขวด	병 (병)	เบียร์ 1 ขวด 맥주 한 병
แก้ว	컵, 유리잔 (잔, 컵)	น้ำ 1 แก้ว 물 한 잔
จาน	접시 (접시)	ข้าว 1 จาน 밥 한 그릇
คัน	자동차, 우산, 숟가락 (대, 개)	รถ 1 คัน 차 한 대
แผ่น	종이, 유리, CD, DVD (장)	กระดาษ 1 แผ่น 종이 한 장
ต้น	나무 (그루)	ต้นไม้ 1 ต้น 나무 한 그루
ด้าม	볼펜, 칼 (자루)	ปากกา 1 ด้าม 볼펜 한 자루
แท่ง	연필, 양초 (자루, 개)	ดินสอ 1 แท่ง 연필 한 자루
อัน	특징적 형태를 가지지 않은 물건 (개)	ยางลบ 1 อัน 지우개 한 개
คู่	짝으로 이루어진 것 (켤레, 쌍, 짝)	รองเท้า 1 คู่ 신발 한 켤레
ชั้น	건물의 층, 등급 (층, 급)	ตึก 3 ชั้น 건물 삼 층
ดอก	꽃 (송이)	กุหลาบ 1 ดอก 장미 한 송이
ชิ้น	사물의 일부분 (조각, 쪽, 토막)	พิซซ่า 1 ชิ้น 피자 한 조각
ชุด	한 벌 또는 세트로 된 것 (벌, 세트)	เสื้อผ้า 1 ชุด 옷 한 벌
ห้อง	방 (개, 실)	ห้องนอน 2 ห้อง 침실 두 개
อย่าง	물건의 종류 (가지, 종류)	อาหาร 3 อย่าง 음식 세 가지
ใบ	접시, 종이, 나뭇잎, 모자, 가방 (개, 잎, 장)	ตั๋ว 2 ใบ 표 두 장

>
> 모든 셀 수 있는 명사는 분류사를 필요로 합니다. 태국어의 모든 명사는 특정한 분류사를 가집니다. 예컨대 사람을 셀 때는 คน콘(명), 동물을 셀 때는 ตัว뚜-아(마리) 등을 사용합니다.

유용한 표현

지시 형용사를 활용한 표현

A 어떤 책이 당신의 것입니까?
B 이 책이요.

참고

ไหนใน는 '어느', '무슨', '어떤'을 의미하는 의문 형용사로 분류사와 결합하여 의문사의 기능을 합니다.

เพื่อนคนไหนเป็นคนอเมริกัน
프̂-안 콘 나̌이 뻰 콘 아메̄-리깐
어떤 친구가 미국인입니까?

A 당신의 개는 어떤 것입니까?
B 저것이요.

주의

장소를 묻는 데 사용하는 의문사 ที่ไหน티̂-나̌이는 구어체에서 ที่티̂-가 생략된 ไหน나̌이의 형태로만 사용하기도 하는데, 장소의 의문사 ไหน나̌이와 '어느', '무슨'에 해당하는 의문 형용사 ไหน나̌이를 혼동하지 말아야 합니다.

คุณไป(ที่)ไหน 당신은 어디에 갑니까?
쿤빠이(티̂-)나̌이   (장소 의문사)

คุณชอบอันไหน 당신은 어떤 것을 좋아하십니까?
쿤 처̂-ㅂ 안 나̌이   (의문 형용사)

A 그 가방은 누구의 것입니까?
B 그 가방은 선생님의 것입니다.

연습 문제

แบบฝึกหัด

문법

1 그림을 보고 보기 와 빈칸에 알맞은 단어를 넣어 문장을 완성하세요.

| แผ่น | ตัว | ด้าม | แก้ว | เล่ม |

ตัวอย่าง ผมอ่านหนังสือ 3 **เล่ม**

(1) ดิฉันซื้อปากกา 2 _____

(2) ดิฉันดื่มนม 1 _____

(3) ดิฉันเลี้ยงหมา 4 _____

(4) ดิฉันเขียนกระดาษ 6 _____

2 다음 단어를 사용하여 우리말에 맞게 태국어 문장을 완성하세요.

| หลัง | สนุก | เปรี้ยว | ท่าน | เล่ม | ใจดี | ลูก | ใหญ่ |

(1) 이 선생님은 친절해요. → อาจารย์_____นี้_____

(2) 이 책은 재미있어요. → หนังสือ_____นี้_____

(3) 이 귤은 셔요. → ส้ม_____นี้_____

(4) 이 집은 커요. → บ้าน_____นี้_____

▶ **เปรี้ยว** (맛이) 시다 | **ส้ม** 귤 | **ใหญ่** 크다

76 내게는 특별한 태국어를 부탁해

듣기

● CD를 듣고 빈칸에 들어갈 알맞은 상태 동사를 고르세요.

| สนุก | ดี | อร่อย | ใจดี | สวย |

(1) ทะเล_____
(2) เพื่อน_____
(3) อาหาร_____
(4) หนัง_____
(5) อากาศ_____

읽기

● 다음 대화를 읽고 빈칸에 들어갈 알맞은 어휘를 고르세요.

นับดาว หนังสือประวัติศาสตร์(1)_____สนุกคะ

จอห์น เล่มนี้ครับ

นับดาว แล้ว(2)_____เป็นอย่างไรคะ

จอห์น เล่มนี้ก็สนุกมากครับ เป็นหนังสือแนะนำโบราณสถานของประเทศไทยครับ

นับดาว (3)_____น่าสนใจที่สุดคะ

จอห์น (4)_____น่าสนใจที่สุดครับ

| เล่มนี้ | เล่มไหน | ที่นี่ | ที่ไหน |

▶ ประวัติศาสตร์ 역사 | แนะนำ 소개하다 | โบราณสถาน 유적지 | น่าสนใจ 흥미롭다

บทที่ **05** 77

태국의 기후

태국은 일 년 내내 더운 날씨여서 '상하(常夏)의 나라'라고 부릅니다. 우기와 건기가 뚜렷이 구별되는 특징을 지닌 열대 사바나 기후로 연평균 기온은 18~34℃입니다. 동남아시아 인도차이나반도의 중심에 위치한 지리적 환경으로 인해 남서 계절풍과 북동 계절풍의 영향을 받습니다.

남서 계절풍	북동 계절풍
열대 계절풍대의 여름 계절풍으로 인도양으로부터 수증기와 습기가 태국으로 유입되어 우기가 됩니다.	열대 계절풍대의 겨울 계절풍으로 남중국해로부터 차가운 기운과 건조한 바람이 불어와 건기가 됩니다.

이 두 계절풍의 영향으로 태국은 여름(ฤดูร้อน), 우기(ฤดูฝน), 겨울(ฤดูหนาว)의 세 계절이 있습니다. 태국인들은 농담으로 덥고, 매우 덥고, 가장 더운 세 계절이 있다고도 합니다. 남북으로 긴 지형적 특징을 가진 태국에서 양면에 바다가 있는 남부의 경우, 북동 계절풍의 영향으로 비가 많이 내려서 여름과 우기만 있습니다.

태국의 계절

여름	2월 중순 ~ 5월 중순
우기	5월 중순 ~ 10월 중순
건기	10월 중순 ~ 2월 중순

지난 2016년 4월 매헝썬 แม่ฮ่องสอน 지방의 온도가 44.6℃를 기록하여 기상 관측 이래 최고 기온인 우따라딧 อุตรดิตถ์ 지방의 44.5℃(1960년)를 넘겼습니다. 오늘날 전 세계에서 나타나는 지구 온난화 현상은 태국도 비껴가지 못하고, 가장 더운 4월의 평균 기온이 점점 올라가는 양상을 보이고 있습니다.

บทที่ 06

เขากำลังทำอะไรอยู่คะ
그는 무엇을 하고 있습니까?

- 현재 또는 과거 진행 표현: กำลัง + 동사 + อยู่
- 부분 부정 ไม่ค่อย
- 관계 대명사 ที่
- 선택 의문문 หรือเปล่า

주요 구문 & 문법
โครงสร้างประโยคและไวยากรณ์ที่สำคัญ

● **현재 또는 과거 진행 표현: กำลัง + 동사 + อยู่**

조동사 **กำลัง**은 동사 앞에 위치하며, 진행의 의미를 나타냅니다. 또한 동작 동사와 상태 동사 모두와 결합합니다. 진행을 나타내는 또 다른 보조 동사로 후행 동사 **อยู่**가 있는데, 우리말에 대응시키면 **กำลัง**은 '~하는 중이다', **อยู่**는 '~하고 있다'와 같은 표현이며, 이 둘이 함께 쓰이기도 합니다. 상태 동사와 결합할 때는 그러한 상태에 놓여 있음을 나타냅니다.

동작 동사

เขากำลังทำอะไรอยู่ 그는 무엇을 하고 있습니까?
ผมกำลังทำการบ้านอยู่ 나는 지금 숙제를 하는 중이다.
ดิฉันกำลังกินแตงโมอยู่ 저는 수박을 먹고 있습니다.
คุณพ่อกำลังอ่านหนังสืออยู่ 아버지는 책을 읽고 있습니다.

상태 동사

กำลังหิวอยู่ (현재) 배가 고픈 상태이다. / 지금 배고프다.
กำลังยุ่งอยู่ (현재) 바쁜 상태이다. / 지금 바쁘다.

이동을 나타내는 **ไป**(가다)나 **มา**(오다)와 같은 동사를 **กำลัง**과 함께 사용할 때, 대부분의 경우 **อยู่**를 생략합니다.

เธอกำลังมา 그녀가 오는 중이다.   ผมกำลังไปมหาวิทยาลัย 저는 대학교에 가는 중입니다.

กำลัง과 **อยู่** 중에서 하나는 생략이 가능합니다.

เขากำลังกินข้าวอยู่ 그는 밥을 먹고 있는 중입니다.   = เขากำลังกินข้าว 그는 밥을 먹는 중입니다.
                                                    = เขากินข้าวอยู่ 그는 밥을 먹고 있습니다.

현재를 나타내는 시간 부사와 함께 사용할 때는 **กำลัง**과 **อยู่** 모두 생략이 가능합니다.

เขากำลังกินข้าวอยู่ 그는 밥을 먹고 있는 중입니다.   = ตอนนี้เขากินข้าว 그는 지금 밥을 먹습니다.

● **부분 부정 ไม่ค่อย**

부분 부정 ไม่ค่อย는 동작 동사와 상태 동사 모두와 결합하며, 동작 동사와 결합할 때는 '거의 ~하지 않다'는 의미로, 상태 동사와 결합할 때는 '별로 ~하지 않다'는 의미로 사용됩니다.

ลูก<u>ไม่</u>กินข้าว 아이(자녀)가 밥을 안 먹는다. → ลูก<u>ไม่ค่อย</u>กินข้าว 아이(자녀)가 밥을 거의 안 먹는다.

อากาศ<u>ไม่</u>หนาว 날씨가 춥지 않다. → อากาศ<u>ไม่ค่อย</u>หนาว 날씨가 별로 안 춥다.

> 참고
> อากาศ 날씨
> หนาว 춥다

● **관계 대명사 ที่**

명사의 의미를 확장하고자 할 때, 명사 다음에 'ที่ + 수식어'를 위치하여 명사구를 만들 수 있습니다.

อาหาร<u>ที่</u>ผมกำลังกินอยู่อร่อย 내가 지금 먹고 있는 음식이 맛있다.

ผมไม่ชอบอาหาร<u>ที่</u>เผ็ดครับ 나는 매운 음식을 좋아하지 않습니다.

> 참고
> อาหาร 음식
> อร่อย 맛있다

'명사 + ที่ + 형용사' 구문의 경우 ที่ 생략이 가능합니다.

คุณแม่ไม่ชอบอากาศ<u>ที่</u>หนาว = คุณแม่ไม่ชอบอากาศหนาว
어머니는 추운 날씨를 좋아하지 않습니다.

● **선택 의문문 หรือเปล่า**

'문장 + **หรือเปล่า**'에서 **เปล่า**는 문장의 내용 전체를 부정하는 '아니다'를 의미합니다. 따라서 이 표현은 '~입니까?' 또는 '(앞 문장의 내용이) 아닙니까?'를 의미하고, 답할 때는 **หรือ**를 기준으로 앞에 위치한 문장과 뒤에 위치한 앞 문장에 대한 부정인 **เปล่า** 중 하나를 선택하여 합니다. **หรือเปล่า**는 구어체에서 사용하고, 공식적인 경우에는 **หรือไม่**를 사용합니다.

A มีแฟน**หรือเปล่า** 애인이 있습니까? (or 없습니까?)

B มี 있습니다. / **เปล่า** ไม่มีแฟน 아니요, 애인이 없습니다.

A อร่อย**หรือเปล่า** 맛있어요? (or 맛없어요?)

B อร่อย 맛있어요. / **เปล่า** ไม่อร่อย 아니요, 맛없어요.

> 참고
> 실제 태국인들이 대화를 나눌 때에는 다음과 같은 발음의 변화가 발생합니다.
> ไหม → มั้ย   หรือ → เหรอ
> หรือเปล่า → รึเปล่า
> (더 비격식적일 경우 รึป่าว로 쓰기도 합니다.)

대화 1

บทสนทนา 1

คุณกำลังยุ่งอยู่หรือเปล่าครับ

ไม่ค่อยยุ่งค่ะ
กำลังส่งอีเมลอยู่ค่ะ

린	여보세요! 준수. 무슨 일 있어요?
준수	당신 지금 바빠요?
린	별로 안 바빠요. 이메일 보내고 있는 중이에요.
준수	고객한테 이메일 보내는 중이에요?
린	아니요, 친구한테 이메일 보내고 있었어요.
준수	그래요? 지금 제가 당신 회사 근처로 가고 있어요.
린	정말요?

หลิน	ฮัลโหล จุนซู มีอะไรหรือคะ
จุนซู	คุณกำลังยุ่งอยู่หรือเปล่าครับ
หลิน	ไม่ค่อยยุ่งค่ะ กำลังส่งอีเมลอยู่ค่ะ
จุนซู	กำลังส่งอีเมลถึงลูกค้าอยู่หรือครับ
หลิน	ไม่ใช่ค่ะ กำลังส่งอีเมลถึงเพื่อนอยู่ค่ะ
จุนซู	หรือครับ ตอนนี้ผมกำลังไปแถวบริษัทคุณครับ
หลิน	จริงหรือคะ

새로운 단어

ฮัลโหล 여보세요
ส่ง 보내다
อีเมล 이메일
ลูกค้า 고객, 손님
แถว 근처, 주변
ถึง ~에게
บริษัท 회사
จริง 정말이다, 사실이다

새로운 표현

กำลังยุ่งอยู่หรือเปล่า 지금 바빠요?
มีอะไรหรือคะ 무슨 일 있어요?
ไม่ค่อยยุ่ง 별로 안 바빠요.
หรือ 그래요?
จริงหรือ 정말요?

대화 Tip

- **คุณเป็นคนไทยหรือ**(당신은 태국인입니까?), **คุณไม่สบายหรือ**(당신 아파요?)에서 보듯이 의문 조사 **หรือ**는 어느 정도 알고 있는 사실을 바탕으로 상대방에게 확인을 요구하는 물음에 사용됩니다. 앞 문장의 내용에 대해 '정말요?'라고 사실 확인을 하고자 할 때는 **จริงหรือ**로 물을 수 있으며, **หรือ**가 단독으로 오면 '그래요?'라고 앞 문장 내용에 대한 확인을 나타냅니다.

주의

이메일(e-mail)은 태국어로 **อีเมล**로 표기하고, '이-메우-'로 발음합니다.

대화 2

บทสนทนา 2

린	어서 오세요. 이게 제 책상이에요.
준수	서류가 정말 많네요.
린	네, 회의 준비 중이에요.
준수	제가 과자를 좀 가져왔어요.
린	정말 고마워요. 마침 배가 고팠어요.
준수	이건 제 어머니께서 직접 만드신 과자예요.

หลิน	เชิญค่ะ นี่โต๊ะทำงานของดิฉันค่ะ
จุนซู	เอกสารเยอะจังครับ
หลิน	ค่ะ กำลังเตรียมการประชุมอยู่ค่ะ
จุนซู	ผมเอาขนมมาฝากครับ
หลิน	ขอบคุณมากค่ะ กำลังหิวอยู่พอดีค่ะ
จุนซู	นี่เป็นขนมที่คุณแม่ผมทำเองครับ

새로운 단어

โต๊ะทำงาน (업무용) 책상
เอกสาร 서류
เยอะ 많다
จัง 정말, 아주
เตรียม 준비하다
การประชุม 회의
ขนม 과자
ฝาก 맡기다
หิว 배고프다
พอดี 마침, 때마침
เอง 직접, 스스로

새로운 표현

นี่โต๊ะทำงานของดิฉัน 이것은 제 책상입니다.
กำลังเตรียมการประชุมอยู่ 회의 준비 중이다.
เอา...มาฝาก ~을/를 가져오다
กำลังหิวอยู่พอดี 마침 배가 고픈 참이었다.

대화 Tip

• **มาก** vs **เยอะ**

'많이', '많다'라는 동일한 의미이나 เยอะ는 주로 구어체로 사용됩니다. 또한 เยอะ는 상태 동사나 부사를 수식할 수 없습니다.

	มาก	เยอะ
동사	เขากิน**มาก** 그는 많이 먹는다. เขามีเงิน**มาก** 그는 돈이 많다.	เขากิน**เยอะ** 그는 많이 먹는다. เขามีเงิน**เยอะ** 그는 돈이 많다.
상태 동사	เขาสูง**มาก** 그는 키가 많이 크다.	เขาสูงเยอะ (x)
부사	เขาเรียนเก่ง**มาก** 그는 공부를 아주 잘한다.	เขาเรียนเก่งเยอะ (x)

참고

ฝาก은 일반적으로 '맡기다'를 의미하지만, 누군가를 보러 가거나 남의 집을 방문하면서 무엇을 (사)가지고 가는 경우에도 사용합니다.

추가 단어

คำศัพท์เพิ่มเติม

자주 쓰이는 동작 동사

ทำงาน
일하다

เรียน
배우다

ฟัง
듣다

พูด
말하다

อ่าน
읽다

เขียน
쓰다, 적다

เดิน
걷다

นอน
눕다, 자다

ตื่น
일어나다, 깨다

อาบน้ำ
목욕하다

แปรงฟัน
이를 닦다

กินข้าว
밥을 먹다

ดื่มน้ำ
물을 마시다

ดูหนัง
영화를 보다

ไปเที่ยว
놀러 가다

ร้องเพลง
노래를 부르다

ออกกำลังกาย
운동하다

เล่นกีฬา
운동하다

เล่นเกม
게임을 하다

เล่นเปียโน
피아노를 치다

ขับรถ
운전하다

ทำความสะอาด
청소하다

> **참고**
> ออกกำลังกาย는 건강을 위해 조깅, 헬스 등의 운동을 하는 것을 의미하며, เล่นกีฬา는 각종 스포츠를 즐기는 것을 의미합니다.

유용한 표현

สำนวนที่เป็นประโยชน์

전화 통화

A 린! 저 준수예요.
B 준수예요? 무슨 일 있어요?

A 뭐 하는 중이세요?
  통화하기 괜찮으세요?
B 점심 먹고 있는 중이에요.
  통화 가능합니다.

> **참고**
>
> **가능의 표현 'ได้'**
> '주어 + 동사 + ได้'를 사용하여 '~을/를 할 수 있다'는 가능의 표현을 할 수 있습니다.
> A พรุ่งนี้คุณมาได้ไหม
>   내일 당신은 올 수 있습니까?
> B ผมมาได้ 저는 올 수 있습니다.

A 안녕하세요, 선생님. 저 퍼디예요.
  지금 통화 괜찮으십니까?
B 퍼디, 선생님이 운전 중이에요. 15분 후에 다시 전화 줄 수 있을까요?

บทที่ 06

연습 문제
แบบฝึกหัด

문법

1 그림을 보고 보기 와 같이 답하세요.

ตัวอย่าง
A กำลังทำอะไรอยู่คะ
B กำลัง<u>เล่นฟุตบอล</u>อยู่ครับ

(1) A กำลังทำอะไรอยู่คะ
B กำลัง_____อยู่ครับ

(2) A กำลังทำอะไรอยู่คะ
B กำลัง_____อยู่ครับ

(3) A กำลังทำอะไรอยู่คะ
B กำลัง_____อยู่ครับ

2 그림을 보고 빈칸에 알맞은 단어를 넣어 문장을 완성하세요.

ตัวอย่าง
พอดีกำลัง<u>กินอาหาร</u>ที่คุณแม่ทำ

(1) จอห์นกำลัง_____ที่คุณครูสั่ง

(2) หลินกำลัง_____ที่จุนซูให้

(3) จุนซูกำลัง_____ที่หลินทำงาน

▶ **สั่ง** 시키다, 명령하다 | **ให้** 주다

듣기

- CD를 듣고 누가 어떤 행동을 하고 있는지 연결하세요.

(1) 선생님   (2) 존   (3) 준수   (4) 린   (5) 민호

① ② ③ ④ ⑤

읽기

- 다음은 대화를 읽고 질문에 답하세요.

หลิน   ⓐ_____นี่โต๊ะทำงานของดิฉันค่ะ

จุนซู   เอกสารเยอะจังครับ

หลิน   ค่ะ ⓑ_____เตรียมการประชุมอยู่ค่ะ

จุนซู   ผมเอาผลไม้มาฝากครับ

หลิน   ขอบคุณมากค่ะ กำลังหิว ⓒ_____พอดีค่ะ

จุนซู   นี่เป็นผลไม้ ⓓ_____คุณแม่ผมปลูกเองครับ

(1) 빈칸 ⓐ에 들어갈 알맞은 말을 고르세요.

① ขอบคุณครับ   ② เชิญค่ะ   ③ คุณชื่ออะไรครับ   ④ ทำอะไรอยู่คะ

(2) ⓑ, ⓒ, ⓓ에 들어갈 말을 쓰세요.

ⓑ _____   ⓒ _____   ⓓ _____

▶ ผลไม้ 과일 | ปลูก 심다, 재배하다

Inside 태국

똠얌꿍, 세계인을 매료시킨 태국의 문화

똠얌꿍, 먹어 보셨나요?

똠얌꿍은 프랑스의 부야베스, 중국의 샥스핀과 함께 세계 3대 수프로 꼽힐 만큼 전 세계적으로 그 명성을 자랑하는 태국의 대표 음식입니다. 태국어로 똠ต้ม은 '끓이다', 얌ยำ은 '시고 매운 음식', 꿍กุ้ง은 새우를 의미해서, 똠얌꿍은 새우를 넣어 끓인 시큼하고 매콤한 국입니다. 말 그대로 시큼하고 매콤한 맛을 그 특징으로 하는데, 다른 나라에서는 찾아볼 수 없는 독특한 맛이 똠얌꿍의 특색입니다.

태국 음식의 맛을 한 마디로 표현하면 'Hot & Spicy'라고 할 수 있는데, 맵고 강한 맛을 자랑합니다. '똠얌꿍'으로 대표되는 태국 요리는 향신료를 자유롭게 사용하여 그 독특한 맛이 일품이며, 매운맛, 짠맛, 신맛, 단맛 등 여러 맛이 한 가지 요리에 같이 들어 있는 것이 특징입니다. 따라서 시고, 달고, 맵고, 싱겁고, 아삭하고, 부드럽고, 촉촉하고 건조한 양극의 맛이 오묘하게 조화를 이루고 있습니다.

똠얌꿍, 보셨나요?

▲ 영화 "똠얌꿍" 시사회

똠얌꿍은 음식 이름일 뿐만 아니라 영화 제목이기도 합니다. 영화 "똠얌꿍"은 우리나라에서는 "옹박: 두 번째 미션"이라는 제목으로 소개되어 화려한 태국 전통 무예의 정수를 보여 준 영화입니다. 이 영화는 태국의 코끼리가 국제적 범죄 조직에 의해 밀매되는 과정과 코끼리를 찾기 위해 남자 주인공이 조상 대대로 전수받은 전통 무예인 무에타이를 사용하여 적들과 혈투를 벌이는 내용입니다. 영화 옹박 시리즈를 비롯하여 이종 격투기가 유행하는 요즘 무에타이라는 말은 우리에게 그리 낯설지 않은 단어가 되었습니다. 무에타이 또는 타이 복싱이라 불리는 이 태국의 전통 무예는 오래 전부터 태국의 전사들이 신체의 각 부분을 사용하여 적을 공격하고 자신을 방어할 수 있는 훈련을 하던 것에서 유래했습니다. 이렇듯 전사들의 무예에서 발전한 무에타이는 자신을 보호하기 위해 맨손으로 싸울 수 있는 태국 고유의 호신술이자 무예로서 현재 세계인들에게 사랑받는 스포츠가 되었습니다.

บทที่ 07

ทานข้าวเช้าหรือยังครับ
아침 식사 하셨어요?

- 선택 의문문 (แล้ว)หรือยัง
- 경험의 조동사 เคย
- 가다의 경어 표현 ทาน, รับประทาน

주요 구문 & 문법
โครงสร้างประโยคและไวยากรณ์ที่สำคัญ

ทานข้าวเช้า**หรือยัง**ครับ
아침 식사하셨어요? (아직이에요?)

กิน**แล้ว**ค่ะ
먹었습니다.

● **선택 의문문 (แล้ว)หรือยัง**

과거의 행위에 대한 물음으로, '(이미) ~했어요?' 또는 '아직인가요?'를 의미하는 선택 의문문입니다. **แล้ว**는 문장의 끝에 위치하여 완료형을 만드는데, 구어체에서는 대부분 생략합니다. 대답은 이미 완료한 행위를 '동사 + **แล้ว**'로 답하거나 **ยัง**(아직 안 했다) 중 선택합니다.

질문	문장 + (แล้ว) + หรือยัง
대답	동사 + แล้ว 또는 ยัง (+ ไม่ + 동사)

대답할 때 긍정의 경우 목적어 생략이 가능합니다.

A กิน**ข้าว**หรือยังคะ 밥을 먹었습니까?

B กิน(ข้าว)**แล้ว**ค่ะ (밥을) 먹었어요.

부정의 경우 짧게 **ยัง**으로만 답할 수 있습니다.

A หิวหรือยังคะ 배가 고픈가요?

B **ยัง**ค่ะ 아직이요. / **ยังไม่หิว**ค่ะ 아직 배가 고프지 않아요.

동작 동사	อ่านหนังสือ 책을 읽다	A อ่านหนังสือหรือยัง 책 읽었어요? B อ่านหนังสือ**แล้ว** 책 읽었어요. / **ยังไม่อ่าน**หนังสือ 아직 책 안 읽었어요.
상태 동사	อิ่ม 배부르다	A อิ่มหรือยัง 배불러요? B อิ่ม**แล้ว** 배불러요. / **ยังไม่อิ่ม** 아직 배 안 불러요.
มี	มีแฟน 애인이 있다	A มีแฟนหรือยัง 애인 있어요? B มีแฟน**แล้ว** 애인 있어요. / **ยังไม่มี**แฟน 아직 애인 없어요.

- ### 경험의 조동사 เคย

เคย는 과거의 경험을 나타내는 조동사로 동작 동사나 상태 동사와 결합하여 '~한 적이 있다'는 의미를 표현합니다. 부정은 เคย 앞에 ไม่를 붙입니다.

	เคย + 동작 동사, 상태 동사	
동작동사	**กินทุเรียน** 두리안을 먹다	**เคย**กินทุเรียน 두리안을 먹은 적이 있다. ไม่**เคย**กินทุเรียน 두리안을 먹은 적이 없다.
상태동사	**อ้วน** 뚱뚱하다	**เคย**อ้วน 뚱뚱했던 적이 있다. ไม่**เคย**อ้วน 뚱뚱했던 적이 없다.
มี	**มีแฟน** 애인이 있다	**เคย**มีแฟน 애인이 있던 적이 있다. ไม่**เคย**มีแฟน 애인이 있던 적이 없다.
เป็น	**เป็นนักกีฬา** 운동선수이다	**เคย**เป็นนักกีฬา 운동선수였던 적이 있다. ไม่**เคย**เป็นนักกีฬา 운동선수였던 적이 없다.

'~한 적이 있습니까?' 하고 경험을 물을 때는 'เคย + 동사 + ไหม' 형태를 사용하며 긍정일 때는 เคย, 부정일 때는 ยังไม่เคย 또는 ไม่เคย로 답합니다.

A **เคย**ไปประเทศไทย**ไหม** 태국에 가 본 적이 있습니까?

B เคย 있습니다.

ยังไม่เคย 아직 없습니다. / ไม่เคย 없습니다.

> **참고**
> 과거의 경험을 나타내는 เคย 외에 '~해 오다'를 의미하는 '동사 + มา'의 형태도 과거 및 과거완료에 해당합니다.
> **กินข้าวมา**หรือยัง 밥 먹고 왔습니까?
> **กินข้าวมา**แล้ว 밥 먹고 왔습니다.

- ### กิน의 경어 표현 ทาน, รับประทาน

กิน, ทาน, รับประทาน 모두 '먹다'는 의미의 동사인데, กิน은 '먹다', ทาน과 รับประทาน은 '드시다'에 해당하는 경어입니다. 태국어에는 존대 표현을 위한 어형 변화가 없어 단어로 정중함의 뜻을 더합니다. 따라서 자신에 대해 말할 때나 친구나 아랫사람과 이야기할 때는 **กิน**을, 상대방 또는 손윗사람과 이야기할 때는 **ทาน**이나 **รับประทาน**을 사용합니다.

대화

บทสนทนา 1

민호	린, 점심 먹었어요?
린	먹었어요. 친구하고 같이 학생 식당에 가서 먹었어요. 민호 씨는요?
민호	저도 먹었습니다. 배가 아주 부릅니다. 선생님, 점심 식사 하셨습니까?
프래와	아직 안 먹었어요. 하지만 괜찮아요. 배가 별로 안 고파요.
민호	저 학생 식당에서 사 온 촘푸 있어요. 선생님도 좀 드세요.
프래와	고마워요. 같이 먹어요.

มินโฮ	หลินครับ กินข้าวกลางวันหรือยังครับ
หลิน	กินแล้วค่ะ ไปกินกับเพื่อนที่โรงอาหาร แล้วคุณมินโฮล่ะคะ
มินโฮ	ผมก็กินแล้วครับ อิ่มมากเลยครับ คุณครูครับ ทานอาหารกลางวันหรือยังครับ
แพรวา	ยังไม่กินเลยค่ะ แต่ไม่เป็นไรค่ะ ไม่ค่อยหิวค่ะ
มินโฮ	ผมมีชมพู่ที่ซื้อมาจากโรงอาหารครับ คุณครูทานหน่อยครับ
แพรวา	ขอบคุณมากค่ะ ทานด้วยกันค่ะ

새로운 단어

ข้าวกลางวัน 점심
โรงอาหาร 학생 식당, 교내 식당
อิ่ม 배부르다
เลย 강조의 어조사
อาหารกลางวัน 점심 식사
ชมพู่ 로즈애플 (과일 이름)
ซื้อ 사다
หน่อย 좀
ด้วยกัน 같이, 함께

새로운 표현

กินข้าวกลางวันหรือยัง 점심 먹었어요?
กินแล้ว (이미) 먹었다.
แล้วคุณมินโฮล่ะ 민호씨는요?
อิ่มมากเลย 배가 아주 부르다.
ยังไม่กินเลย 아직 안 먹었어요.
ไม่เป็นไร 괜찮다.

대화 Tip

- **แล้ว...ล่ะ: ~은/는요?**
이미 말한 문장의 내용과 동일한 내용을 상대방에게 되물을 때 사용합니다.
A ผมเป็นนักศึกษา **แล้วคุณล่ะ**ครับ 저는 대학생입니다. 당신은요?
B ดิฉันเป็นพนักงานบริษัทค่ะ 저는 회사원입니다.

참고

매끼 식사를 나타내는 말은 ข้าว(밥) 또는 อาหาร(음식)에 각각 아침, 한낮, 저녁을 의미하는 เช้า, กลางวัน, เย็น 을 결합하여 표현합니다.
ข้าวเช้า, อาหารเช้า 아침 식사
ข้าวกลางวัน, อาหารกลางวัน 점심 식사
ข้าวเย็น, อาหานเย็น 저녁 식사

대화 2

บทสนทนา 2　049

프래와	여러분, 숙제 해 오셨어요?
민호	해 왔습니다.
존	저는 아직 못 끝냈습니다. 왜냐하면 어젯밤에 일이 많이 바빴어요.
프래와	괜찮아요. 린, 어제 어디 갔다 왔어요?
린	어제 저는 수업에 안 왔어요. 정말 죄송해요.
프래와	괜찮아요.
린	어제 회사에서 회의가 있었어요.

แพรวา	ทุกคน ทำการบ้านมาหรือเปล่าคะ
มินโฮ	ทำมาแล้วครับ
จอห์น	ผมทำยังไม่เสร็จครับ เพราะเมื่อคืนงานยุ่งมากครับ
แพรวา	ไม่เป็นไรค่ะ หลินคะ เมื่อวานไปไหนมาคะ
หลิน	เมื่อวานดิฉันไม่ได้มาเรียนค่ะ ขอโทษมากค่ะ
แพรวา	ไม่เป็นไรค่ะ
หลิน	เมื่อวานมีประชุมที่บริษัทค่ะ

새로운 단어

การบ้าน 숙제
เสร็จ 끝내다, 끝마치다
เมื่อคืน 어젯밤
งาน 일
ยุ่ง 바쁘다
ประชุม 회의, 회의하다

새로운 표현

ทำการบ้านมาหรือเปล่า 숙제를 해 왔습니까?
ทำมาแล้ว 해 왔다.
ผมทำยังไม่เสร็จ 저는 아직 못 끝냈습니다.
เมื่อคืนงานยุ่งมาก 어젯밤에 일이 많이 바빴어요.
เมื่อวานไปไหนมา 어제 어디 갔다 왔어요?

대화 Tip

● 과거 표현: ได้ + 동작 동사

단순히 과거에 한 일을 나타내는 ได้는 주로 동작 동사와 쓰이며, 부정형으로도 많이 쓰입니다. 상태 동사 또는 มี, อยาก, ชอบ과 같은 동사와 함께 쓰지 않으며, 과거에 한 행위에 대해 '했다', '안 했다'는 것만을 말합니다.

	긍정문	부정문
มาเรียน 공부하러 오다	เมื่อวานได้มาเรียน 어제 공부하러 왔다.	เมื่อวานไม่ได้มาเรียน 어제 공부하러 안 왔다.
ไปเที่ยว 놀러 가다	ปิดเทอมได้ไปเที่ยว 방학에 놀러 갔다.	ปิดเทอมไม่ได้ไปเที่ยว 방학에 놀러 가지 않았다.
กินข้าวเช้า 아침을 먹다	ได้กินข้าวเช้า 아침을 먹었다.	ไม่ได้กินข้าวเช้า 아침을 안 먹었다.

추가 단어

คำศัพท์เพิ่มเติม

과일

แก้วมังกร 용과	เงาะ 람부탄	ทุเรียน 두리안	ฝรั่ง 구아바
มะม่วง 망고	มะพร้าว 야자, 코코넛	มะละกอ 파파야	ลิ้นจี่ 리치
แคนตาลูป 칸탈루프	ชมพู่ 로즈 애플	มังคุด 망고스틴	ลำไย 용안
ส้มโอ 포멜로	กล้วย 바나나	ส้มเขียวหวาน 귤	แอปเปิ้ล 사과
องุ่น 포도	สตรอว์เบอร์รี 딸기	แตงโม 수박	สับปะรด 파인애플

유용한 표현

도착 유무를 확인하거나 늦게 오는 경우

A 준수 왔어요?
B 아직 안 왔습니다.

A 존 씨! 어제 어디 갔다 왔어요?
B 어제 저는 일이 무척 바빴습니다.
   안 와서 죄송합니다.

죄송한데...: ~해서 죄송합니다
사과하는 원인이나 이유를 관계 대명사 ที่
를 사용하여 서술합니다.

A 왜 늦게 왔어요?
B 아침에 차가 많이 막혔어요.
   정말 죄송해요.

▶ **사양** 늦다 | **รถติด** 차가 막히다

연습 문제

แบบฝึกหัด

문법

1 그림을 보고 보기와 같이 대화를 만드세요.

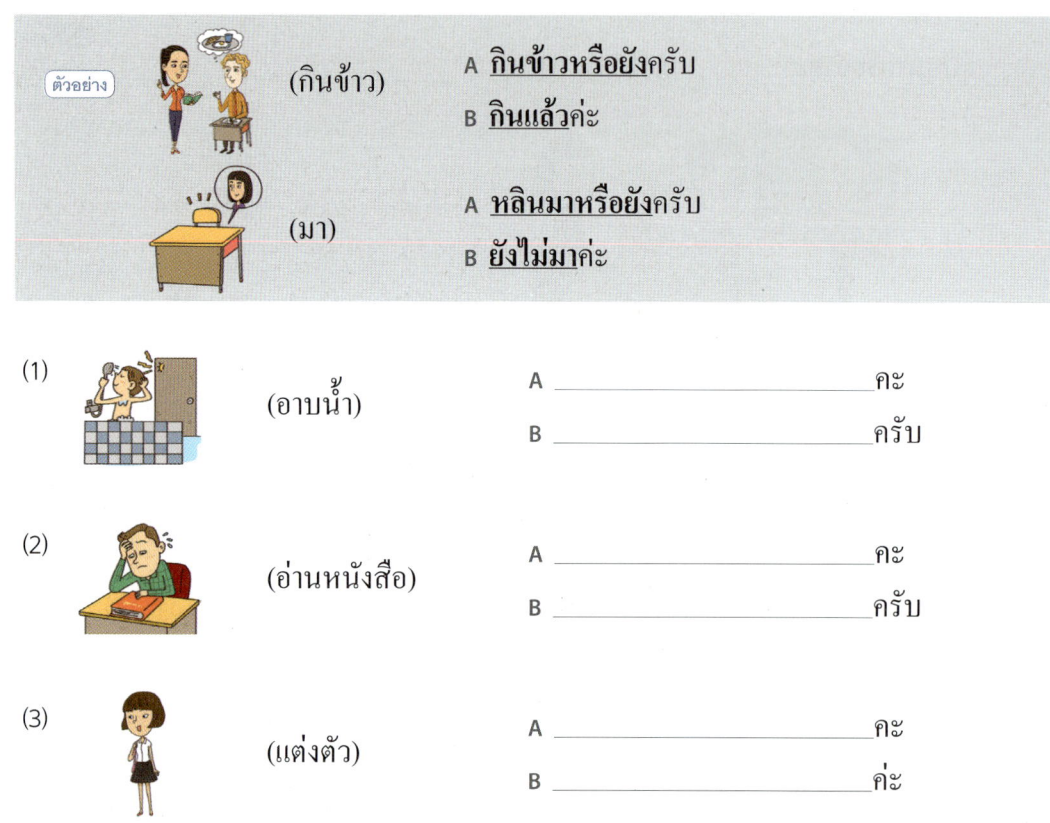

(1) (อาบน้ำ)
A _____ คะ
B _____ ครับ

(2) (อ่านหนังสือ)
A _____ คะ
B _____ ครับ

(3) (แต่งตัว)
A _____ คะ
B _____ ค่ะ

2 다음 단어들을 배열하여 경험에 대한 대화를 만드세요.

| ตัวอย่าง | A วัด / เคย / ไป / ไหม
B เคย / วัด / ไป | → | A คุณ<u>เคย</u>ไป<u>วัด</u>ไหมคะ 사원에 가 본 적이 있나요?
B ผม<u>เคย</u>ไป<u>วัด</u>ครับ 사원에 가 본 적이 있어요. |

(1) A เรียน / ภาษาจีน / เคย / ไหม → A คุณ_____ คะ
   B เคย / ไม่ / ภาษาจีน / เรียน   B ผม_____ ครับ

(2) A กิน / อาหารเกาหลี / ไหม / เคย → A คุณ_____ คะ
   B เคย / อาหารเกาหลี / กิน   B ผม_____ ครับ

(3) A หนังไทย / ดู / ไหม / เคย → A คุณ_____ ครับ
   B ดู / เคย / ไม่ / หนังไทย   B ดิฉัน_____ ค่ะ

듣기

- CD를 듣고 주어진 내용이 맞으면 O, 틀리면 X 표시하세요. 〔052〕

    (1) เมื่อวานมินโฮไม่ได้กินข้าวเช้า ( )
    (2) เดือนที่แล้วพอใจได้ไปดูหนัง ( )
    (3) เมื่อเช้าจุนซูได้สระผม ( )
    (4) สัปดาห์ที่แล้วแพรวาได้สอนภาษาไทยนักเรียน ( )
    (5) เมื่อวานใบหม่อนมาเรียน ( )

    ▸ **สระผม** 머리를 감다 | **สัปดาห์ที่แล้ว** 지난주 | **สอน** 가르치다

읽기

- 다음은 대화를 읽고 질문에 답하세요.

คุณครู	ทุกคน อ่านหนังสือมาหรือเปล่าคะ
มินโฮ	อ่านมาแล้วครับ
จอห์น	ผมอ่านยังไม่เสร็จครับ เพราะเมื่อคืนงานยุ่งมากครับ
คุณครู	ไม่เป็นไรค่ะ
หลิน	สัปดาห์ที่แล้วหนูไม่ได้มาเรียนค่ะ ขอโทษมาก ๆ ค่ะ
คุณครู	ไม่เป็นไรค่ะ สัปดาห์ที่แล้วไปไหนมาคะ
หลิน	สัปดาห์ที่แล้วมีงานที่บ้านค่ะ

    (1) ใครอ่านหนังสือมาแล้ว
       ① มินโฮ ② จอห์น ③ หลิน ④ ทุกคน
    (2) เมื่อคืนใครงานยุ่ง
       ① มินโฮ ② คุณครู ③ หลิน ④ จอห์น
    (3) หลินไม่ได้มาเรียนเมื่อไร
       ① วันนี้ ② เมื่อวาน ③ วันก่อน ④ สัปดาห์ที่แล้ว
    (4) ทำไมหลินไม่ได้มาเรียน
       ① มีนัดกับเพื่อน ② ไม่สบาย ③ มีงานที่บ้าน ④ ไปดูหนัง

    ▸ **นัด** 약속 | **ไม่สบาย** 아프다

Inside 태국

열대 과일의 천국

태국은 망고, 두리안, 망고스틴, 파인애플, 파파야, 바나나 등 다양한 열대 과일을 연중 즐길 수 있는 열대 과일의 천국입니다. 이 외에도 람부탄, 구아바, 로즈애플 등 우리나라에서는 흔히 볼 수 없는 열대 과일이 사시사철 풍성합니다.

이 중에서도 과일의 왕이라 불리는 두리안은 '지옥의 냄새, 천국의 맛'으로 잘 알려져 있습니다. 비록 그 냄새가 고약하여 호텔이나 비행기 내부에 반입조차 금지되어 있을 정도지만, 한번 그 맛에 빠지면 두리안을 먹기 위해 다시 태국을 찾을 정도로 매력적인 맛으로 알려져 있습니다. 특히, 두리안 철(6월)이 되면 태국의 유명 호텔, 백화점, 야시장 등에서 두리안 페스티벌이라는 이름으로 행사를 열거나 두리안 뷔페를 운영하는데, 한참 전에 예약이 다 찰 정도로 매우 성행합니다. 최근 태국에서 한국의 빙수가 유행하면서 두리안 빙수도 등장하여 인기를 끌고 있습니다.

두리안과 함께 과일의 여왕이라 불리는 망고스틴도 유명합니다. 우리가 흔히 아는 바나나도 종류가 많은데, 종류에 따라 구워 먹기도 하고, 튀겨 먹기도 하고, 각종 디저트류로 만들어 먹는 등 먹는 방식도 매우 다양합니다.

태국에서는 과일을 여러 가지 디저트류로 만들어서 즐기는데, 그 중에서도 태국어로 '카우니야우마무앙 ข้าวเหนียวมะม่วง' 이라 불리는 '망고 찹쌀밥'이 매우 유명합니다. 코코넛밀크와 설탕, 소금을 넣어 고소하고 달달하고 짭짤한 찹쌀밥에 잘 익은 망고 과육을 함께 먹으면 그 단맛이 배가 되어 디저트의 정석을 보여 줍니다.

1월	2월	3월	4월	5월	6월
잭프루트 (카눈 ขนุน)	파파야 (말라꺼 มะละกอ)	망고 (마무앙 มะม่วง)	파인애플 (쌉빠롯 สับปะรด)	망고스틴 (망쿳 มังคุด)	두리안 (투리얀 ทุเรียน)

7월	8월	9월	10월	11월	12월
람부탄 (응어 เงาะ)	포멜로 (쏨오 ส้มโอ)	커스타드 애플 (너이나 น้อยหน่า)	귤 (쏨키야우완 ส้มเขียวหวาน)	수박 (땡모 แตงโม)	바나나 (끄루아이험 กล้วยหอม)

บทที่ 08

ไปดูหนังด้วยกันไหมครับ
같이 영화 보러 갈래요?

- 청유형 표현 ด้วยกันไหม
- 화자의 의견을 제시하는 어조사 นะ
- 어조사 ค่ะ/ครับ의 생략
- 미래, 의도, 추측을 나타내는 จะ
- 이유를 묻거나 제시하는 표현 เพราะ, จึง

주요 구문 & 문법

โครงสร้างประโยคและไวยากรณ์ที่สำคัญ

พรุ่งนี้ไปดูหนัง**ด้วยกันไหม**
내일 같이 영화 보러 갈까요?

ไป คุณเลือกหนัง**นะ**
가요. 당신이 영화를 고르세요.

참고
พรุ่งนี้ 내일
เลือก 고르다, 선택하다
หนัง 영화

● **청유형 표현 ด้วยกันไหม**

กัน 이나 ด้วยกัน은 복수형으로 '같이 ~하다'라는 의미입니다. 상대방에게 제안이나 권유를 할 때, 의문사 ไหม를 붙여 의문문으로 '~할까요?', '좋을까요?' 또는 '~합시다'의 의미로 사용할 수 있습니다.

ผมกับเพื่อนไปเที่ยวประเทศไทย**ด้วยกัน** 저와 친구는 같이 태국에 갑니다.

ไปกินข้าว**ด้วยกันไหม** 같이 밥 먹으러 갈래요?

● **화자의 의견을 제시하는 어조사 นะ**

'~네요', '~합시다'를 의미합니다. 자신의 감정이나 의견을 강조하거나, 상대방을 설득함을 나타내는 어조사로 문장 끝에 위치합니다. 남자는 **นะครับ**, 여자는 **นะคะ**로 말하며, 동일한 기능을 하는 어조사로 เถอะ, เถอะนะ, ซิ, สิ 등이 있습니다.

เสื้อตัวนี้สวย**นะ**คะ 이 옷이 예쁘네요.

วันนี้อากาศหนาว**นะ**ครับ 오늘 날씨가 춥네요.

ไปทานข้าวด้วยกัน**นะ** 같이 밥 먹으러 갑시다. = ไปทานข้าวด้วยกัน**เถอะ**

= ไปทานข้าวด้วยกัน**เถอะนะ**   = ไปทานข้าวด้วยกัน**ซิ**

● **어조사 ค่ะ/ครับ의 생략**

ค่ะ/ครับ은 공손함을 나타내는 어조사에 해당합니다. 일반적인 문장에서는 **ค่ะ/ครับ**을 사용하지 않으며, 친구 간이나 아랫사람에게 쓰는 표현입니다.

สวัสดี<u>ค่ะ</u> 안녕하세요. → สวัสดี 안녕.

ผมมีธุระ<u>ครับ</u> 저는 볼 일이 있습니다. → ผมมีธุระ 나는 볼 일이 있어.

● **미래, 의도, 추측을 나타내는 จะ**

จะ는 동사 앞에 위치하여 화자의 의도나 의지를 나타냅니다. 미래, 의도, 추측을 나타내는 **จะ**(~하겠다, ~할 것이다), **ว่าจะ**(~하려고 하다, ~하기로 하다), **อาจจะ, คงจะ, น่าจะ**(~할 것 같다)로 나눌 수 있습니다.

미래	จะ ~하겠다, ~할 것이다	เขา**จะ**ไปธนาคาร 그는 은행에 갈 것이다. พรุ่งนี้**จะ**หนาว 내일은 추울 것이다.
의도	ว่าจะ ~하려고 하다, ~하기로 하다	เขา**ว่าจะ**ไปธนาคาร 그는 은행에 가려고 한다.
추측	อาจจะ, คงจะ, น่าจะ ~할 것 같다	เขา**อาจจะ**ไม่มา 그는 오지 않을 수도 있다. เขา**คงจะ**ไปธนาคาร 그는 은행에 갈 것 같다. พรุ่งนี้**น่าจะ**หนาว 내일은 추울 것 같다.

● **이유를 묻거나 제시하는 표현 เพราะ, จึง**

'왜?'라고 이유를 묻는 의문문에 대해서는 **เพราะ** 또는 **จึง**을 써서 이유를 설명합니다. 예컨대 '당신은 왜 (무엇 때문에) 태국어를 배웁니까?'라는 물음에 '저는 태국 친구가 있어서 태국어를 배웁니다.'로 답할 때 아래의 세 가지 경우로 표현할 수 있습니다.

A <u>ทำไม</u>คุณเรียนภาษาไทย 당신은 왜 (무엇 때문에) 태국어를 배웁니까?
B ดิฉันมีเพื่อนคนไทย**จึง**เรียนภาษาไทย 저는 태국 친구가 있어서 태국어를 배웁니다.

= A คุณเรียนภาษาไทย**เพราะ**อะไร
  B ดิฉันเรียนภาษาไทย**เพราะ**มีเพื่อนคนไทย

= A **เพราะ**อะไรคุณ**จึง**เรียนภาษาไทย
  B **เพราะ**มีเพื่อนคนไทย ดิฉัน**จึง**เรียนภาษาไทย

대화 1

민호	우리 내일 같이 영화 보러 갈까?
준수	가자. 어느 극장으로 가면 좋을까?
민호	터미널 21에 가는 게 어때? 먹을 것도 많아.
린	나는 찬성이야. 그런데 무슨 영화를 볼까?
민호	요즘 액션 영화, 판타지 영화, 그리고 귀신 영화 모두 있어.
린	코미디 영화하고 로맨스 영화가 더 재미 있어.
준수	여자들은 남자들하고 좋아하는 게 달라.

มินโฮ	พวกเรา พรุ่งนี้ไปดูหนังกันไหม
จุนซู	ไป ไปโรงหนังไหนดี
มินโฮ	ไปเทอร์มินอล 21 ดีไหม ของกินเยอะด้วย
หลิน	เราเห็นด้วย ว่าแต่ จะดูเรื่องอะไรกันดี
มินโฮ	ช่วงนี้มีทั้งหนังแอคชั่น หนังแฟนตาซี แล้วก็หนังผีด้วย
หลิน	หนังตลกกับหนังรักโรแมนติกสนุกกว่า
จุนซู	ผู้หญิงนี่ ชอบไม่เหมือนผู้ชายเลยนะ

새로운 단어

เทอร์มินอล 21 터미널 21 (쇼핑 센터 이름)
ของกิน 먹을 거리
เห็นด้วย 동의하다, 찬성하다
ว่าแต่ 그런데
หนังแอคชั่น 액션 영화
หนังแฟนตาซี 판타지 영화
หนังผี 귀신 영화
หนังตลก 코미디 영화
หนังรักโรแมนติก 로맨스 영화
สนุก 재미있다
ผู้หญิง 여자
ผู้ชาย 남자

새로운 표현

พรุ่งนี้ไปดูหนังกันไหม
내일 같이 영화 보러 갈까?
ไปโรงหนังไหนดี 어느 극장으로 가면 좋을까?
จะดูเรื่องอะไรกันดี 무슨 영화를 볼까?
...สนุกกว่า ~보다 재미있다

참고

접속사 แล้วก็

여러 가지를 나열할 때 접속사로 사용합니다. แล้วก็는 마지막 내용 앞에 붙입니다.

ผมชอบแตงโม สับปะรด แล้วก็ฝรั่ง
나는 수박, 파인애플 그리고 구아바를 좋아한다.

ดิฉันตื่นนอน กินข้าว แล้วก็ไปเรียน
나는 일어나서 밥을 먹고 (그리고) 수업 하러 간다.

대화 Tip

- **비교급 กว่า: 더 어떠하다**

주어 + 상태 동사 + กว่า	**อันนี้สวยกว่า** 이게 더 예쁘다.
주어 + 동사 + 부사 + กว่า	**น้อง ๆ เลือกดีกว่า** 동생들이 고르는 게 더 낫다(좋다).
주어 + 상태 동사 + กว่า + 명사, 대명사	**ประเทศไทยใหญ่กว่าประเทศเกาหลี** 태국이 한국보다 더 크다.

대화 2

바이먼 영화가 아주 재미있었어요.
저 영화 안 본 지 오래됐어요.
퍼디 영화가 많이 웃겼어. 나 영화 내내 웃었어.
바이먼 저는 여자 주인공이 제일 좋아요.
왜냐하면 노래를 정말 잘하기 때문이에요.
퍼짜이 하지만 난 남자 주인공이 좋아. 아주 똑똑해.
퍼디 나는 퍼짜이가 우는 것도 봤어.
퍼짜이 남자 주인공이 불쌍해요.
더 이상 가족들을 못 만나게 되니까요.
퍼디 다음에 우리 또 영화 보러 오자.

พี่เห็นพอใจร้องไห้ด้วย

สงสารพระเอกค่ะ

ใบหม่อน หนังสนุกมากค่ะ
ใบหม่อนไม่ได้ดูหนังนานแล้วค่ะ

พอดี หนังตลกมาก พี่หัวเราะทั้งเรื่องเลย

ใบหม่อน หนูชอบนางเอกที่สุด
เพราะร้องเพลงเก่งมากค่ะ

พอใจ แต่เราชอบพระเอก เพราะฉลาดมาก

พอดี พี่เห็นพอใจร้องไห้ด้วย

พอใจ สงสารพระเอกค่ะ ที่จะไม่ได้เจอครอบครัวอีก

พอดี วันหลังเรามาดูหนังกันอีกนะ

새로운 단어

นาน 오래다, (시간이) 길다
ตลก 웃기다
หัวเราะ 웃다
ทั้ง 모두, 전체
นางเอก 여자 주인공
ร้องเพลง 노래를 부르다
เก่ง 잘하다
พระเอก 남자 주인공
ฉลาด 똑똑하다
เห็น 보다
ร้องไห้ 울다
สงสาร 불쌍하다
วันหลัง 훗날, 다음에
เจอ 만나다
ครอบครัว 가족

새로운 표현

ไม่ได้ดูหนังนานแล้ว
저 영화 안 본 지 오래됐어요.

สงสารพระเอก
남자 주인공이 불쌍해요.

วันหลังเรามาดูหนังกันอีกนะ
다음에 우리 또 영화 보러 오자.

대화 Tip

- **최상급 표현 มากที่สุด/ที่สุด: 가장 ~하다**
  태국어에서 최상급 표현은 상태 동사나 부사 뒤에 ที่สุด을 결합하여 '주어 + 형용사 + ที่สุด' 혹은 '주어 + 동사 + 부사 + ที่สุด' 형태로 표현합니다. 단, รัก, ชอบ 동사의 경우 มาก을 생략하기도 합니다.
  คุณแม่สวยที่สุดครับ 어머니가 가장 아름다우십니다.
  เขากินมากที่สุด 그가 가장 많이 먹었다.
  รักที่สุด 가장 사랑한다.   ชอบที่สุด 가장 좋아한다.

주의

...เลย
문장의 맨 끝에 위치하여 문장 전체의 내용을 강조합니다.

หัวเราะทั้งเรื่องเลย 영화 내내 웃었다.
ร้านอาหารนี้ไม่อร่อยเลย
이 식당은 (정말) 맛이 없다.

추가 단어

คำศัพท์เพิ่มเติม

다양한 상태 동사 ①

รูปร่างหน้าตา 외형

สั้น
짧다

ยาว
길다

อ้วน
뚱뚱하다

ผอม
날씬하다, 마르다

สวย
예쁘다

ดูดี
보기 좋다

หล่อ
잘생기다

น่ารัก
귀엽다

สูง
(키가) 크다

เตี้ย
(키가) 작다

ตัวใหญ่
몸집이 크다

ตัวเล็ก
몸집이 작다

นิสัย 성격

ดุ 무섭다, 사납다	**ขี้เกียจ** 게으르다	**เรียบร้อย** 단정하다	**ร่าเริง** 명랑하다
ใจดี 친절하다	**ใจเย็น** 차분하다	**ใจร้อน** 급하다	**เก่ง** 잘하다
ขยัน 부지런하다	**ดื้อ** 고집스럽다	**ขี้เหนียว** 인색하다	**ซื่อสัตย์** 정직하다

สภาพ 상태

กว้าง 넓다	**แคบ** 좁다	**ใหญ่** 크다	**เล็ก** 작다
หนัก 무겁다	**เบา** 가볍다	**ดี** 좋다	**สะอาด** 깨끗하다
สว่าง 밝다	**มืด** 어둡다	**หนา** 두껍다	**บาง** 얇다

ความรู้สึก 감정

ยาก 어렵다	**ง่าย** 쉽다	**สนุก** 재미있다	**เบื่อ** 지루하다

유용한 표현

สำนวนที่เป็นประโยชน์

여러 상황에서 권유하는 표현

A 내일 쇼핑하러 가자.
B 미안해. 나 시간이 안 돼.

A 오늘 오후에 나 도서관에 갈 거야. 같이 갈까?
B 가자. 나도 마침 책을 빌리러 갈 거야.

▶ **빌리다** | **พอดี** มาช้า

A 다음 주에 우리 집에 숙제하러 가는 거 어때?
B 좋아.

연습 문제
문법

1 그림을 보고 보기와 같이 답하세요.

> ตัวอย่าง ออกกำลังกาย → <u>ไปออกกำลังกายด้วยกันไหม</u>

(1) ดำน้ำ → _____

(2) ร้องเพลง → _____

(3) ตักบาตร → _____

(4) เข้าห้องน้ำ → _____

2 빈칸에 알맞은 단어를 넣어 보기와 같이 질문에 답하세요.

| รถติด | มีนัด | นอนดึก | ชอบดูหนังไทย |

> ตัวอย่าง
> A ทำไมคุณง่วงนอน
> B ผมง่วงนอนเพราะ<u>**นอนดึก**</u>

(1) A ทำไมคุณเรียนภาษาไทย
　　B ดิฉันเรียนภาษาไทยเพราะ_____

(2) A ทำไมคุณมาสาย
　　B ผมมาสายเพราะ_____

(3) A ทำไมคุณรีบไป
　　B ดิฉันรีบไปเพราะ_____

▶ **ง่วงนอน** 졸립다 | **นอนดึก** 늦게 자다 | **รีบ** 서두르다

듣기

● CD를 듣고 바이먼이 오늘 할 일의 순서대로 번호를 써 넣으세요.

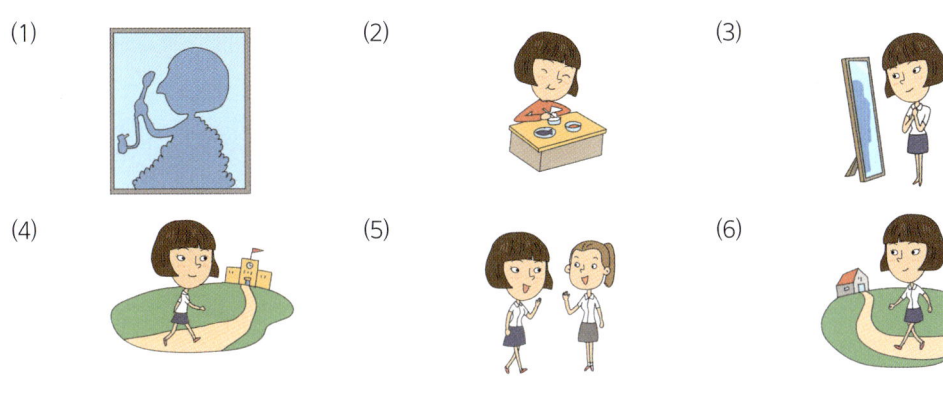

( ) → ( ) → ( ) → ( ) → ( ) → ( )

읽기

● 다음은 대화를 읽고 질문에 답하세요.

พอดี	หนังซึ้ง ⓐ_____
ใบหม่อน	หนูชอบนางเอกที่สุด เพราะเต้นเก่ง ⓑ_____ค่ะ
พอใจ	แต่เราชอบพระเอก เพราะสุขุม ⓒ_____
พอดี	พี่เห็นพอใจร้องไห้ด้วย
พอใจ	สงสารนางเอกค่ะ ที่จะไม่ได้แข่งเต้นอีก
พอดี	วันหลังเรามาดูหนังกันอีกนะ

(1) ⓐ, ⓑ, ⓒ에 공통적으로 들어갈 말을 고르세요.

① กว่า　　② มาก　　③ นิดหน่อย　　④ ที่สุด

(2) 위 대화의 내용과 일치하는 것을 고르세요.

① หนังไม่สนุก
② ใบหม่อนไม่ชอบนางเอก
③ พระเอกเต้นเก่ง
④ นางเอกจะไม่ได้แข่งเต้นอีก

▶ ซึ้ง 감동적이다 | เต้น 춤을 추다 | สุขุม 신중하다 | แข่ง 경쟁하다, 겨루다

Inside 태국

매낙, 영원한 사랑의 전설이 된 귀신

논씨 니미붓 감독의 1999년 작품 "낭낙นางนาก"과 반쫑 삐싼타나꾼 감독의 2013년 작품 "피막… 프라 카농พี่มาก... พระโขนง"은 각각 백만 영화, 천만 영화로 태국 영화사에서 큰 획을 그은 작품입니다. 태국 영화사적 기록 이외에 이 두 영화의 공통점은 '매낙'이라는 태국의 가장 유명한 귀신 이야기를 소재로 했다는 것입니다.

매낙แม่นาค 또는 매낙프라카농은 태국인이라면 모두 아는 만삭인 채로 죽은 여자 귀신의 이름입니다. 전쟁에 나간 남편을 기다리면서 홀로 아기를 낳다가 죽은 낙이 남편을 너무 사랑하여 사후 세계로 가지 못하고 귀신이 되어서도 남편을 사랑하는 이야기입니다. 이 이야기는 1936년에 최초로 영화화된 이래 현재까지 모두 24편의 다양한 장르의 영화로 제작되었으니, 평균 3.2년에 한 편씩 영화로 만들어진 셈입니다. 또한 텔레비전 드라마로 8차례, 라디오 드라마로 10차례, 뮤지컬로 5차례 등 다양한 매체의 작품으로 제작되어 최근까지도 관객들과 만나고 있습니다. 죽음마저도 갈라놓지 못한 남편에 대한 매낙의 견고한 사랑은 사람들을 감동시키는 영원한 사랑의 전설이 되어 현대인에게도 공유되고 있습니다.

'태국 귀신계의 셀럽' 중에서도 가장 유명한 매낙의 이야기는 오랫동안 전해 내려왔는데, 19세기 초에 있었던 실화로 믿어지고 있지만 매낙이 실존 인물인지는 알 수 없습니다. 하지만 매낙의 존재에 대한 믿음은 그녀의 시체가 묻혔다고 전해지는 마하붓 사원의 매낙 사당에서 찾아볼 수 있습니다. 태국이 불교의 나라지만 전통적으로 애니미즘, 즉 여러 가지 영적 존재에 대한 믿음을 가져왔기에, 많은 태국인들이 방콕의 언눗 지역에 위치한 매낙 사당에 가서 복을 구하고, 방생을 하기도 합니다.

▲ 방콕 마하붓 사원의 매낙 사당

บทที่ 09

อยากกินอาหารเกาหลีค่ะ
한국 음식을 먹고 싶어요.

- 희망과 소망을 나타내는 표현 อยาก, อยากให้
- 의무, 필요의 조동사 ต้อง, ควร
- 요청하는 표현 ช่วย...ให้หน่อยได้ไหม
- 역접 접속사 แต่

주요 구문 & 문법
โครงสร้างประโยคและไวยากรณ์ที่สำคัญ

● **희망과 소망을 나타내는 표현 อยาก, อยากให้**

อยาก + 동사 ~하고 싶다

อยากไปเที่ยว 놀러 가고 싶다.
อยากมีเพื่อนคนไทย 태국인 친구를 갖고 싶다.

อยากให้ + 주어 + 동사 ~하게 하고 싶다, ~하기를 바라다

อยากให้คุณมีความสุข 당신이 행복하길 바란다.
อยากให้คุณแม่สุขภาพแข็งแรง 어머니가 건강하길 바란다.

● **의무, 필요의 조동사 ต้อง, ควร**

ต้อง, ควร은 의무, 필요의 조동사로 동사와 결합하여 각각 '~해야만 한다', '~할 필요가 있다'의 의미를 표현합니다.

ต้อง + 동사 ~해야만 한다

ต้องพูดภาษาไทยในห้องเรียน
교실에서는 태국어를 말해야만 한다.

> **참고**
> 부정형 **ไม่ต้อง**은 '~할 필요가 없다', **ไม่ควร**은 '~하지 말아야 한다'를 의미합니다.
> **ไม่ต้อง**เข้าประชุม 회의에 들어갈 필요가 없다.
> **ไม่ควร**เข้าประชุม 회의에 들어가지 말아야 할 것이다.

ควร + 동사 ~할 필요가 있다

ควรพูดภาษาไทยในห้องเรียน
교실에서는 태국어를 말해야 할 것이다.

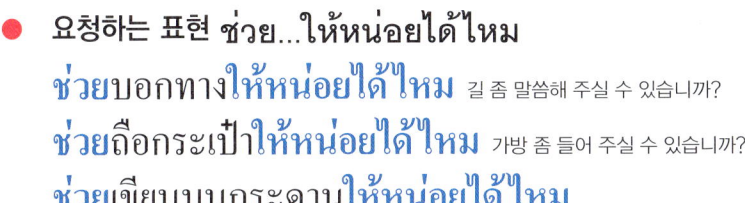

> ช่วยแนะนำอาหารให้หน่อยได้ไหมคะ
> 음식 추천 좀 해 주실 수 있을까요?

> ได้ครับ ผมอยากแนะนำพีบิมบับครับ อร่อยแต่เผ็ดนิดหน่อยครับ
> 가능합니다. 저는 비빔밥을 추천하고 싶습니다. 맛있지만 조금 맵습니다.

● **요청하는 표현 ช่วย...ให้หน่อยได้ไหม**

ช่วยบอกทางให้หน่อยได้ไหม 길 좀 말씀해 주실 수 있습니까?
ช่วยถือกระเป๋าให้หน่อยได้ไหม 가방 좀 들어 주실 수 있습니까?
ช่วยเขียนบนกระดานให้หน่อยได้ไหม
칠판에 좀 써 주실 수 있습니까?

주의

ช่วย가 본동사로 쓰일 때에는 '돕다', '도와주다'라는 의미입니다.

ใครช่วยแม่ทำอาหาร
누가 엄마가 요리하는 것을 도와줍니까?

เขาไม่ช่วยแม่ทำงานบ้าน
그는 엄마가 집안일하는 것을 도와주지 않는다.

● **역접 접속사 แต่**

접속사 แต่는 앞뒤의 문장이 긍정과 부정으로 갈리거나, 서로 대비되거나 상충되는 내용을 연결할 때 사용합니다.

> 문장 + แต่ + 문장

อยากไปเที่ยว   +   ไม่มีเวลา
놀러 가고 싶다.   시간이 없다.

→ อยากไปเที่ยวแต่ไม่มีเวลา
놀러 가고 싶지만 시간이 없다.

คุณแม่ชอบอาหารไทย   +   คุณพ่อชอบอาหารฝรั่ง
어머니는 태국 음식을 좋아한다.   아버지는 서양 음식을 좋아한다.

→ คุณแม่ชอบอาหารไทยแต่คุณพ่อชอบอาหารฝรั่ง
어머니는 태국 음식을 좋아하지만 아버지는 서양 음식을 좋아한다.

พี่ชอบดูหนัง   +   น้องชอบฟังเพลง
형은 영화 보는 것을 좋아한다.   동생은 노래 듣는 것을 좋아한다.

→ พี่ชอบดูหนังแต่น้องชอบฟังเพลง
형은 영화 보는 것을 좋아하지만 동생은 노래 듣는 것을 좋아한다.

대화 1

บทสนทนา 1　058

민호	이번 주말에 뭐 맛있는 거 먹으러 가요.
린	좋아요. 나는 한국 음식을 먹고 싶어요.
민호	그렇다면 쑤쿰윗 지역으로 가야만 해요. 왜냐하면 그쪽에 한국 음식점이 많아요.
린	전화해서 예약해야만 하나요?
민호	전화해서 예약해야 할 거예요. 왜냐하면 사람이 많거든요. 제가 전화번호를 가지고 있어요.

มินโฮ	เสาร์อาทิตย์นี้ไปกินอะไรอร่อย ๆ กันเถอะครับ
หลิน	ดีค่ะ ดิฉันอยากกินอาหารเกาหลีค่ะ
มินโฮ	ถ้าอย่างนั้น ต้องไปแถวสุขุมวิทครับ เพราะแถวนั้นมีร้านอาหารเกาหลีเยอะ
หลิน	ต้องโทรไปจองไหมคะ
มินโฮ	ควรโทรไปจองครับ เพราะคนเยอะ ผมมีเบอร์โทรครับ

새로운 단어

เสาร์อาทิตย์ 주말
อาหารเกาหลี 한국 음식
แถว 근처, 주변
สุขุมวิท 쑤쿰윗 (방콕에 있는 지명)
แถวนั้น 그 근처
ร้านอาหาร 식당
โทรไป 전화를 걸다
จอง 예약하다
เบอร์โทร 전화번호

새로운 표현

เสาร์อาทิตย์นี้ไปกินอะไรอร่อย ๆ กันเถอะ
이번 주말에 뭐 맛있는 거 먹으러 가요.
อยากกิน... ~을/를 먹고 싶다
ต้อง...ไหม ~해야만 하나요?

대화 Tip

- **ถ้าอย่างนั้น**: 그렇다면
  앞 문장을 조건으로 하여 뒤 문장에서 자신의 의견을 나타낼 때 사용합니다.

  A ไปดูหนังกันมั้ย 영화 보러 갈까요?
  B ขอโทษ มีนัดแล้ว 죄송해요. 약속이 있어요.
  A **ถ้าอย่างนั้น** พรุ่งนี้เป็นยังไง 그렇다면 내일은 어떠세요?

  A เย็นนี้คุณว่างมั้ย 오늘 저녁에 당신 한가해요?
  B ว่างค่ะ 한가해요.
  A **ถ้าอย่างนั้น** ไปกินข้าวด้วยกันมั้ย 그렇다면 같이 밥 먹으러 갈래요?

주의

ต้อง vs ควร
ต้องโทรไปจองไหมคะ
전화해서 예약해야만 합니까?
ควรโทรไปจองไหมคะ
전화해서 예약해야 할까요?

대화 2

บทสนทนา 2

คุณอยากทานหมูหรือเนื้อครับ   อะไรก็ได้ค่ะ

민호	당신은 어떤 종류의 음식을 먹고 싶습니까?
린	친구가 여기 불고기가 맛있다고 말했어요.
민호	저 역시 불고기 종류의 음식을 먹고 싶습니다. 당신은 돼지고기와 소고기 중 뭐가 먹고 싶습니까?
린	아무거나 괜찮아요.
민호	그렇다면 종업원에게 물어보는 게 좋겠습니다. 여기요! 추천 좀 해 주실 수 있습니까?
종업원	우리 가게는 돼지갈비가 가장 유명합니다.

มินโฮ	คุณอยากทานอาหารประเภทไหนครับ
หลิน	เพื่อนบอกว่าอาหารประเภทเนื้อย่างที่นี่อร่อยค่ะ
มินโฮ	ผมก็อยากกินอาหารประเภทเนื้อย่างเหมือนกัน คุณอยากทานหมูหรือเนื้อครับ
หลิน	อะไรก็ได้ค่ะ
มินโฮ	ถ้าอย่างนั้น เราถามพนักงานเสิร์ฟดีกว่านะครับ น้องครับ ช่วยแนะนำให้หน่อยได้ไหมครับ
พนักงานเสิร์ฟ	ซี่โครงหมูย่างของร้านเราขึ้นชื่อที่สุดครับ

새로운 단어

ประเภท 종류
ไหน 어느, 어떤, 무슨
บอก 말하다
เนื้อย่าง 불고기
ที่นี่ 여기, 이곳
เหมือนกัน 같다, 마찬가지다
หมู 돼지고기
เนื้อ 소고기
ถาม 묻다, 질문하다
พนักงานเสิร์ฟ (식당) 종업원
ดีกว่า 더 낫다, 더 좋다
ซี่โครงหมูย่าง 돼지갈비
ขึ้นชื่อ 유명하다

새로운 표현

อยากทานอาหารประเภทไหน
어떤 종류의 음식을 먹고 싶습니까?

อะไรก็ได้
아무거나 괜찮아요.

ช่วยแนะนำให้หน่อยได้ไหม
추천 좀 해 주실 수 있습니까?

대화 Tip

- 주어 + 동사 + ว่า + 문장: ว่า 이하라고 ~하다

  ผมคิด**ว่า**เขาจะไม่มา 나는 그가 오지 않을 거라 생각한다.

  คุณครูบอก**ว่า**ต้องส่งการบ้านภายในพรุ่งนี้
  선생님이 내일까지 숙제를 제출해야 한다고 말했다.

- 선택 의문문: A หรือ B

  두 문장이나 구 등을 **หรือ**로 연결하여 둘 중 하나를 선택하도록 묻는 표현입니다.

  จะดื่มกาแฟ**หรือ**ชา 커피를 마시겠습니까? (아니면) 차를 마시겠습니까?

  ไปดูหนัง**หรือ**กลับบ้าน 영화 보러 갈까요? (아니면) 집에 갈까요?

참고

무엇이든 괜찮다 อะไรก็ได้

อะไร, ใคร, ที่ไหน, เมื่อไร 등의 의문사는 부정칭으로 사용될 수 있습니다. 따라서 이때의 อะไร는 '아무거나', '뭐든'의 의미를 지닙니다.

ใครก็ได้ 누구라도 괜찮다.
ที่ไหนก็ได้ 어디든 괜찮다.
เมื่อไรก็ได้ 언제든 괜찮다.

추가 단어

คำศัพท์เพิ่มเติม

조리 방법

ปิ้ง	**ย่าง**	**เผา**	**ต้ม**
(약한 불로) 굽다	(숯불로) 굽다	(직화로) 굽다	끓이다
แกง	**ตุ๋น**	**นึ่ง**	**ทอด**
(천천히) 끓이다	고다	찌다	튀기다
ผัด	**เจียว**	**ยำ**	**ตำ**
(센 불에 빨리) 볶다	(소량의 기름에) 튀기다	무치다	빻다, 찧다

식재료

หมู 돼지고기	**เนื้อ** 소고기	**ไก่** 닭고기
เป็ด 오리고기	**แกะ** 양고기	**ปลา** 생선
กุ้ง 새우	**ปู** 게	**หอย** 조개

> **주의**
> เนื้อ는 원래 '고기', '살'을 의미하는데, 육류의 종류를 말할 때는 '소고기'를 의미합니다.

유용한 표현

สำนวนที่เป็นประโยชน์

식당 종업원과 대화할 때 사용하는 표현

A 안녕하세요. 어서 오세요.
   몇 분이십니까?
B 두 명입니다.

A 뭘로 하시겠습니까?
B 고수를 넣지 않은 새우 볶음밥
   두 그릇하고 물 두 잔 주세요.

▶ ข้าวผัด 볶음밥 | น้ำเปล่า 물(생수)

A 여기요! 물 좀 더 주세요.
B 네, 잠깐만 기다리세요.

▶ รอ 기다리다 | สักครู่ 잠깐, 잠시

A 여기요! 계산 좀 해 주세요.
B 네, 잠깐만 기다리세요.

▶ เช็คบิล 계산하다

บทที่ **09**   115

연습 문제
แบบฝึกหัด

문법

1 그림을 보고 보기 와 같이 무엇을 하고 싶은 것인지 희망 표현으로 나타내세요.

ตัวอย่าง	(ออกกำลังกาย)	<u>อยากออกกำลังกาย</u>
(1)	(ดื่มน้ำ)	_____
(2)	(อ่านหนังสือ)	_____
(3)	(นอน)	_____
(4)	(ไปเที่ยวทะเล)	_____

2 무엇을 해야 하는지 보기 와 같이 문장을 완성하세요.

ดื่มน้ำ	โทรไปจอง	ไปหาหมอ	เปิดแอร์	ใส่เสื้อกันหนาว

ตัวอย่าง ร้อนต้อง<u>เปิดแอร์</u>

(1) ไม่สบายต้อง_____ (2) เผ็ดต้อง_____

(3) หนาวต้อง_____ (4) ร้านอาหารคนเยอะต้อง_____

▶ **เปิดแอร์** 에어컨을 켜다(틀다) | **ไปหาหมอ** 병원에 가다 (의사를 만나러 가다) | **เสื้อกันหนาว** 방한복

듣기

- CD를 듣고 조심해야 할 행위의 순서에 따라 번호를 넣으세요. 062

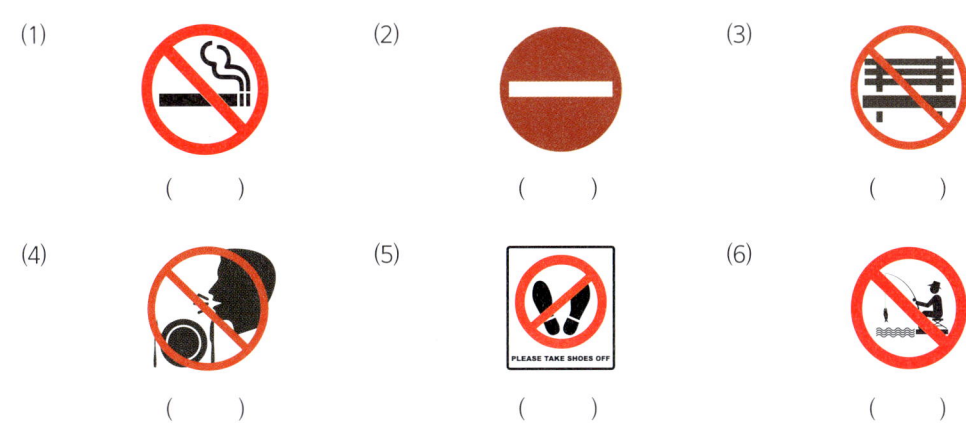

읽기

- 다음은 대화를 읽고 질문에 답하세요.

มินโฮ	คุณอยากทานอาหารประเภทไหนครับ
หลิน	เพื่อนดิฉันเคยบอกว่าอาหารประเภทต้มยำของไทยอร่อยมากค่ะ
มินโฮ	ดีครับ ผมก็อยากกินอาหารประเภทต้มยำเหมือนกัน คุณอยากทานเนื้อหรืออาหารทะเลครับ
หลิน	อะไรก็ได้ค่ะ
มินโฮ	ถ้าอย่างนั้น เราถามพนักงานเสิร์ฟดีกว่านะครับ น้องครับ เราอยากกินอาหารประเภทต้มยำครับ ช่วยแนะนำให้หน่อยได้ไหมครับ
พนักงานเสิร์ฟ	ได้ค่ะ ต้มยำกุ้งของร้านเราขึ้นชื่อที่สุดค่ะ

(1) 린과 민호 두 사람 모두 먹고 싶어 하는 음식은 무엇인가요?
  ① ข้าวผัด   ② ขนม   ③ ต้มยำ   ④ ก๋วยเตี๋ยว

(2) 종업원은 무슨 음식을 추천했나요?
  ① ต้มยำกุ้ง   ② ข้าวผัด   ③ ส้มตำ   ④ ก๋วยเตี๋ยว

▶ **ต้มยำกุ้ง** 똠얌꿍 | **ก๋วยเตี๋ยว** 쌀국수

낀카우낀쁠라, 태국인의 음식 문화

'낀카우낀쁠라마르양กินข้าวกินปลามาหรือยัง'은 말 그대로 '밥과 생선은 먹고 오셨나요?'라는 물음으로 '싸왓디'라는 말을 태국에서 공식적인 인사말로 사용하기 이전에 태국인들이 오가며 이웃들을 만났을 때 대표적으로 사용한 인사말입니다. 우리나라의 '식사하셨어요?'라는 말과 동일한 의미입니다. 이 말에서 태국의 음식 문화가 잘 드러나는데, 바로 '낀카우낀쁠라'라고 하여 굳이 카우(밥)와 쁠라(생선)를 함께 써 주었다는 것입니다. 여기서 우리는 태국인의 주식이 쌀이고, 생선을 주요 음식으로 섭취하였음을 알 수 있습니다.

쌀이 주식인 태국 사람들은 우리와 마찬가지로 밥을 지어 반찬과 함께 먹는 식문화를 가지고 있습니다. 태국의 벼농사는 기원전 3,600년경의 선사 문명을 보여 주는 반치앙 선사 유적지 등에서 그 흔적이 발견되고 있음을 볼 때 매우 오래되었다는 것을 알 수 있으며, 현재 전 경작지의 약 60%가 벼농사로 사용되고 있습니다. 세계적인 쌀 생산국이자 수출국인 태국에서는 여러 가지 품종의 쌀이 재배되고 있는데, 그중에서도 가장 인기 있는 품종은 재스민라이스(Jasmine Rice, ข้าวหอมมะลิ)로 밥을 지으면 향긋한 재스민 꽃 향이 난다고 하여 이름 붙여졌습니다. 태국인들은 쌀을 맨밥뿐 아니라 볶음밥이나 죽의 형태로 먹기도 하고, 쌀을 이용해 면을 만들어 국수로 먹기도 합니다. 북부와 동북부 지방에서는 멥쌀보다는 찹쌀을 더 선호하여 찐 찰밥을 손으로 비벼 반찬과 함께 먹는 것이 일반적입니다.

국토의 삼면이 바다와 접해 있는 태국은 해산물이 풍부할 뿐만 아니라, 북에서 남으로 흐르는 중부 지방의 젖줄 짜오프라야 강을 중심으로 동양의 베니스라고 할 만큼 거미줄처럼 유기적으로 펼쳐져 있는 운하를 근간으로 민물고기도 풍부하여 예로부터 생선은 쌀과 함께 태국인의 식문화의 주축이 되어 왔습니다.

동아시아가 된장, 간장 등 콩을 이용한 발효장을 기본으로 하는 식문화를 가지고 있다면, 태국은 생선 베이스의 어장(魚醬)을 주로 먹는 식문화를 가지고 있습니다. 태국 음식에서 짠맛을 낼 때는 소금이나 간장보다는 어장을 기본적으로 사용합니다. '남쁠라น้ำปลา'라고 부르는 일종의 액젓이 짠맛을 내는 대표적인 양념입니다.

บทที่ 10

ตอนนี้กี่โมงคะ
지금 몇 시입니까?

- 시간을 묻는 표현 กี่โมง
- 시간 표현
- '~부터 ~까지'의 시간을 나타내는 표현 ตั้งแต่...ถึง...
- 시간을 말하는 표현 ...โมง...นาที
- '한낮'을 의미하는 표현 เที่ยง, เที่ยงวัน, กลางวัน

주요 구문 & 문법
โครงสร้างประโยคและไวยากรณ์ที่สำคัญ

● **시간을 묻는 표현 กี่โมง**

กี่는 '몇', โมง은 '시'를 의미하여, กี่โมง은 '몇 시?'라고 시간을 묻는 표현으로 사용됩니다.

A ตอนนี้<u>กี่โมง</u> 지금 몇 시입니까?
B ตอนนี้ <u>9 โมงเช้า</u> 지금 아침 9시입니다.

A คุณตื่นนอน<u>กี่โมง</u> 당신은 몇 시에 일어납니까?
B ผมตื่นนอน <u>6 โมงเช้า</u> 저는 6시에 일어납니다.

A คุณเข้านอน<u>กี่โมง</u> 당신은 몇 시에 잡니까?
B ดิฉันเข้านอน <u>5 ทุ่ม</u> 저는 저는 11시에 잡니다.

> **참고**
> 현재 시간을 물어볼 때 ตอนนี้กี่โมงแล้ว 또는 เวลาเท่าไร도 쓸 수 있습니다.
> ตอนนี้กี่โมงแล้ว 몇 시나 됐니?
> ตอนนี้เวลาเท่าไร 시간이 얼마나 됐어요?

● **시간 표현**

오전과 오후를 12시간으로 나누는 우리말과 달리 태국어의 시간 표현은 다소 복잡합니다.

	กลางวัน 낮			กลางคืน 밤		
ตอนเช้า 아침	6~11시	6~11 โมงเช้า	ตอนค่ำ 저녁	19~21시	1~3 ทุ่ม
ตอนเที่ยง 정오	12시	เที่ยง(วัน)		22~23시	4~5 ทุ่ม
ตอนบ่าย 오후	13시	บ่ายโมง	ตอนดึก 한밤중	0시 (자정)	เที่ยงคืน
	14~16시	บ่าย 2~4 โมง		1~3시	ตี 1~3
ตอนเย็น 이른 저녁	17~18시	5~6 โมงเย็น	ตอนเช้ามืด 새벽	4~5시	ตี 4~5

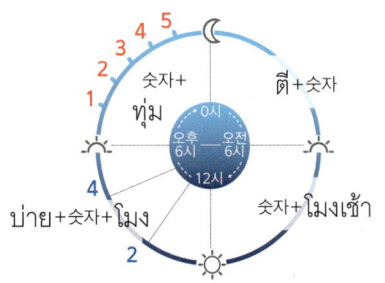

> **참고**
> 태국어에서는 น.로 시간을 표현하기도 합니다. น.는 นาฬิกา의 약자로 시간을 나타내며, นาฬิกา로 발음합니다. 하루를 24시간으로 나누어 공식적으로 표현할 때 사용합니다.
> 1 น. 1시　　2 น. 2시　　12 น. 12시
> 17 น. 17시　　23 น. 23시

ดิฉันมีเรียน<u>ตั้งแต่</u>
9 โมงเช้า<u>ถึง</u>บ่าย 3 โมง 50 นาทีค่ะ
저는 아침 9시부터 오후 3시 50분까지 수업이 있어요.

วันนี้คุณมีเรียน<u>ตั้งแต่</u>กี่โมง<u>ถึง</u>กี่โมงครับ
오늘 당신은 몇 시부터 몇 시까지 수업이 있습니까?

● '~부터 ~까지'의 시간을 나타내는 표현 **ตั้งแต่...ถึง...**

คุณทำงาน<u>ตั้งแต่</u>กี่โมง<u>ถึง</u>กี่โมง 당신은 몇 시부터 몇 시까지 일을 합니까?

ผมทำงาน<u>ตั้งแต่</u> 9 โมงเช้า<u>ถึง</u> 5 โมงเย็น 저는 오전 9시부터 오후 5시까지 일합니다.

● 시간을 말하는 표현 **...โมง...นาที**

7시 10분	07.10 น.	7 โมง 10 นาที
12시 30분	12.30 น.	เที่ยง 30 นาที
오후 1시 45분	13.45 น.	บ่ายโมง 45 นาที
오후 5시 15분	17.15 น.	5 โมง 15 นาที
오후 9시 5분	21.05 น.	3 ทุ่ม 5 นาที

> **주의**
> • 12시 30분의 경우 '반', '1/2'을 의미하는 **ครึ่ง**을 사용하여 **เที่ยงครึ่ง**으로도 사용 가능합니다.
> • 정시를 표현할 때는 시간을 말한 뒤 **ตรง**을 붙여 줍니다.
> 9 โมง<u>ตรง</u> 9시 정각

● '한낮'을 의미하는 표현 **เที่ยง, เที่ยงวัน, กลางวัน**

เที่ยงวัน은 '정오', 낮 12시'를 의미하는데, 구어체에서는 주로 **เที่ยง**을 사용합니다. **กลางวัน**은 낮의 가운데, 즉 '한낮'을 의미합니다. 따라서, '점심 식사'를 표현할 때는 해당 의미로 사용 가능하지만, 시간을 나타내는 표현일 때는 해당 의미로 사용할 수 없습니다.

กินข้าว<u>เที่ยง</u> = กินข้าว<u>กลางวัน</u> 점심을 먹다.

เจอกันตอน<u>เที่ยง</u> 12시에 만나요.

≠ เจอกันตอน<u>กลางวัน</u> 낮에 만나요.

> **참고**
> **เวลา/โมง/ชั่วโมง**
> เวลา는 '시간(time)'을 의미하는 명사이고, โมง은 '~시 (o'clock)'라는 시간을 말할 때 사용하며, ชั่วโมง은 '~시간(hour)', 즉 시간을 셀 때 사용하는 분류사입니다.
> เย็นนี้ คุณมี<u>เวลา</u>ไหม 오늘 저녁에 <u>시간</u> 있어요?
> วันนี้ คุณมีนัด<u>กี่โมง</u> 오늘 약속이 <u>몇 시</u>에 있어요?
> พรุ่งนี้ คุณมีเรียน<u>กี่ชั่วโมง</u> 내일 수업이 <u>몇 시간</u> 있어요?

บทที่ **10** 121

대화 1

퍼짜이	지금 몇 시입니까?
매표소 직원	지금 8시 45분입니다.
퍼짜이	버스가 9시 정각에 출발하는 거 맞지요?
매표소 직원	네, 15분 남았습니다. 서둘러 차에 타세요.
퍼짜이	정말 감사합니다. 치앙마이에 도착하는 데 몇 시간 걸리나요?
매표소 직원	약 9시간 정도요.
퍼짜이	아, 네. 아주 오래 걸리네요.

พอใจ	ตอนนี้กี่โมงคะ
พนักงานขายตั๋ว	ตอนนี้ 8 โมง 45 นาทีค่ะ
พอใจ	รถออก 9 โมงตรงใช่ไหมคะ
พนักงานขายตั๋ว	ใช่ค่ะ เหลือเวลา 15 นาทีค่ะ รีบไปขึ้นรถนะคะ
พอใจ	ขอบคุณมากค่ะ ใช้เวลาเดินทางกี่ชั่วโมงถึงเชียงใหม่คะ
พนักงานขายตั๋ว	ประมาณ 9 ชั่วโมงค่ะ
พอใจ	โอ้โห นานมากเลยค่ะ

새로운 단어

- **ตอนนี้** 지금
- **รถ** 차
- **ออก** 출발하다, 떠나다
- **เหลือ** 남다
- **รีบ** 서두르다
- **ขึ้น** 타다, 오르다
- **ใช้เวลา** 시간이 걸리다
- **เดินทาง** 여행하다
- **ถึง** 도착하다
- **เชียงใหม่** 치앙마이 (태국의 도시 이름)
- **ประมาณ** 약, 정도
- **โอ้โห** 아! (감탄사)
- **นาน** 오래

새로운 표현

- **ตอนนี้กี่โมง** 지금 몇 시입니까?
- **เหลือเวลา 15 นาที** 15분 남았습니다.
- **รีบไปขึ้นรถนะ** 서둘러 차에 타세요.
- **ใช้เวลาเดินทางกี่ชั่วโมงถึง...** ~에 도착하는 데 몇 시간 걸리나요?
- **นานมากเลย** 아주 오래 걸리네요.

대화 Tip

- '~시간 ~분'을 나타내는 ...ชั่วโมง...นาที
  - A วันนี้คุณเรียนกี่ชั่วโมง 오늘 당신은 몇 시간 수업해요?
  - B วันนี้ผมเรียน 1 ชั่วโมง 50 นาที 오늘 저는 1시간 50분 수업해요.
  - A พรุ่งนี้คุณทำงานพิเศษกี่ชั่วโมง 내일 당신은 몇 시간 아르바이트해요?
  - B ทำ 3 ชั่วโมงครึ่ง 3시간 반 합니다.

대화 2

บทสนทนา 2

버스 승무원	승객 여러분! 우리는 여기서 30분간 정차해서 쉬겠습니다. 지금 오후 한 시 반입니다. 모두 2시까지 차로 돌아와 주시기 바랍니다.
퍼짜이	저기요! 우리는 치앙마이에 몇 시쯤 도착할까요?
버스 승무원	오후 6시쯤에요.
퍼짜이	우리가 더이쑤텝에 가려는데, 오늘 갈 수 있을까요?
버스 승무원	내일 가는 게 좋겠어요. 더이쑤텝은 새벽 5시 반부터 오후 7시 반까지 열어요.

พนักงานประจำรถ	ผู้โดยสารคะ เราจะแวะพักที่นี่ 30 นาที ตอนนี้ บ่ายโมงครึ่ง ขอให้กลับมาที่รถภายในเวลาบ่าย 2 โมงค่ะ
พอใจ	พี่คะ เราจะถึงเชียงใหม่ประมาณกี่โมงคะ
พนักงานประจำรถ	ประมาณ 6 โมงเย็นค่ะ
พอใจ	เราจะไปดอยสุเทพ วันนี้จะไปทันไหมคะ
พนักงานประจำรถ	ไปพรุ่งนี้ดีกว่าค่ะ ดอยสุเทพเปิดตั้งแต่ตี 5 ครึ่ง ถึงทุ่มครึ่งค่ะ

새로운 단어

ผู้โดยสาร 승객
แวะ 들르다
พัก 쉬다
ขอให้ ~하시기 바랍니다
กลับ 돌아가다, 돌아오다
ภายใน 안에, 내에
ดอยสุเทพ 더이쑤텝
(치앙마이에 있는 유명한 사원)
ทัน 제때에

새로운 표현

เราจะแวะพักที่นี่ 30 นาที
우리는 여기서 30분간 정차해서 쉬겠습니다.
วันนี้จะไปทันไหม 오늘 갈 수 있을까요?
ไปพรุ่งนี้ดีกว่า 내일 가는 게 좋겠어요.

대화 Tip

- ถ้า + 주어 + 동사...จะ + 동사: 만약/만일 ~라면 ~할 것이다
  ถ้านอนดึก **จะ**ตื่นสาย 늦게 잔다면 늦게 일어날 것이다.
  ถ้าผมไม่เข้าใจ ผม**จะ**ถาม 만약 내가 이해를 못 하면 물어보겠습니다.

- ...ดีกว่า: ~하는 게 더 좋다
  พักผ่อนที่บ้าน**ดีกว่า** 집에서 쉬는 게 (더) 좋겠다.
  ไม่ดื่ม**ดีกว่า** 안 마시는 게 (더) 좋겠다.

추가 단어

시간 부사

	อดีต 과거	ปัจจุบัน 현재	อนาคต 미래
วัน 일	เมื่อวาน 어제	วันนี้ 오늘	พรุ่งนี้ 내일
สัปดาห์ 주	สัปดาห์ที่แล้ว 지난주	สัปดาห์นี้ 이번 주	สัปดาห์หน้า 다음 주
เดือน 달	เดือนที่แล้ว 지난달	เดือนนี้ 이번 달	เดือนหน้า 다음 달
ปี 년	ปีที่แล้ว 작년	ปีนี้ 올해	ปีหน้า 내년
อื่นๆ 기타	เมื่อก่อน 전에 เมื่อเช้า 아침에 (이미 경과한) เมื่อคืน 어젯밤에	ตอนนี้ 지금 เดี๋ยวนี้ 바로 지금 ช่วงนี้ 요즈음	ต่อไป 계속해서, 앞으로 วันหลัง 훗날 วันหน้า 앞날, 향후

유용한 표현

시간·기간을 묻고 답하는 표현

A 이 가게는 몇 시에 열어요?
B 이 가게는 오전 11시에 열어요.

A 비행기가 얼마나 연착됩니까?
B 비행기가 2시간 반 연착됩니다.

A 회사에서 집까지 (시간이) 얼마나 걸려요?
B 회사에서 집까지 (시간이) 한 시간 정도 걸려요.

연습 문제
แบบฝึกหัด

문법

1 보기와 같이 시간에 대해 묻고 답하세요.

> ตัวอย่าง **09:00**
> A ตอนนี้กี่โมง
> B <u>ตอนนี้ 9 โมงเช้า</u>

(1) **10:00** A ตอนนี้กี่โมง
B _____

(2) **15:10** A ตอนนี้กี่โมง
B _____

(3) **20:00** A ตอนนี้กี่โมง
B _____

(4) **01:30** A ตอนนี้กี่โมง
B _____

2 그림을 보고 보기와 같이 시간을 얼마나 걸리는지 묻고 답하세요.

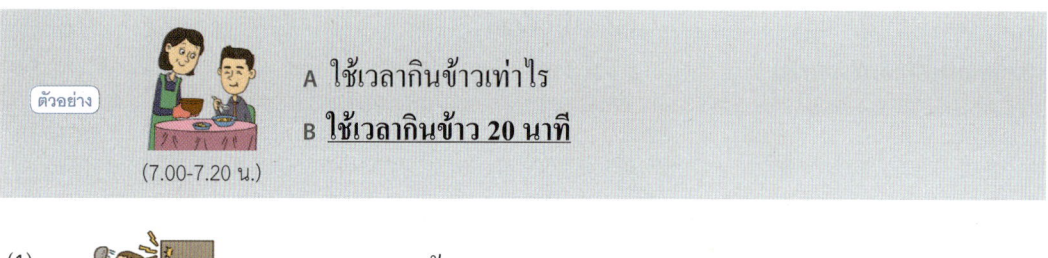

> ตัวอย่าง
> A ใช้เวลากินข้าวเท่าไร
> B <u>ใช้เวลากินข้าว 20 นาที</u>
> (7.00-7.20 น.)

(1)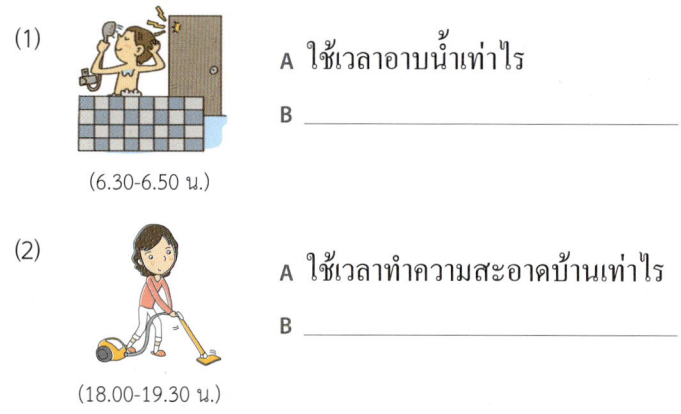
A ใช้เวลาอาบน้ำเท่าไร
B _____
(6.30-6.50 น.)

(2)
A ใช้เวลาทำความสะอาดบ้านเท่าไร
B _____
(18.00-19.30 น.)

(3)
A ใช้เวลาเดินทางมาเรียนเท่าไร
B _____
(8.00-9.15 น.)

듣기

- CD를 듣고 민호가 주말에 다음 행동을 하는 시간이 맞으면 O, 틀리면 X 표시하세요.

    (1) 9.00 น. : ตื่นนอน　　　　　　　　　(　　　)

    (2) 9.00-11.00 น. : เล่นเกม　　　　　　(　　　)

    (3) 12.00 น. : กินข้าว　　　　　　　　　(　　　)

    (4) 13.00-16.00 น. : ดูทีวี　　　　　　(　　　)

    (5) 15.00 น. : อาบน้ำ　　　　　　　　　(　　　)

    (6) 18.30 น. : ทำการบ้าน　　　　　　　(　　　)

읽기

- 다음은 대화를 읽고 질문에 답하세요.

พนักงานประจำรถ	ผู้โดยสารทุกท่านคะ เราจะแวะพักที่นี่ 30 นาทีค่ะ ขอให้ทุกท่านกลับมาที่รถภายในเวลา 11 โมง 30 นาทีค่ะ
พอใจ	พี่คะ เราจะถึงเชียงรายประมาณกี่โมงคะ
พนักงานประจำรถ	ประมาณบ่าย 4 โมงครึ่งค่ะ
พอใจ	เราจะไปวัดร่องขุ่น วันนี้จะไปทันไหมคะ
พนักงานประจำรถ	ไปพรุ่งนี้ดีกว่าค่ะ วัดร่องขุ่นเปิดตั้งแต่ 8 โมงเช้าถึง 5 โมงเย็นค่ะ
พอใจ	ขอบคุณมากค่ะ

    (1) 버스는 휴게소에 몇 시에 도착하나요?

    ① 11 โมงเช้า　　② 11 โมง 20 นาที　　③ บ่าย 2 โมง　　④ บ่าย 2 โมงครึ่ง

    (2) 휴게소에서 치앙라이까지 시간이 얼마나 걸리나요?

    ① 4 ชั่วโมง　　② 5 ชั่วโมง　　③ 4 ชั่วโมง 30 นาที　　④ 5 ชั่วโมง 30 นาที

    (3) 퍼짜이와 바이먼은 언제 렁쿤 사원에 갈 수 있나요?

    ① 6 โมงเช้า　　② เที่ยง　　③ 6 โมงเย็น　　④ 3 ทุ่ม

Inside 태국

태국의 지리와 지역 구분

태국은 인도차이나반도의 중앙에 위치한 국가로, 대륙부 동남아시아의 중심 국가라고 할 수 있습니다. 태국국립지리학회는 공식적으로 태국의 영토를 지형적 여건에 따라 북부, 중부, 동북부, 동부, 서부, 남부의 6개 지역으로 나누고 있습니다. 하지만, 지리적, 문화적 특성을 고려하여 일반적으로 태국의 지역은 북부, 동북부, 중부, 남부의 4개 지역으로 나눌 수 있습니다.

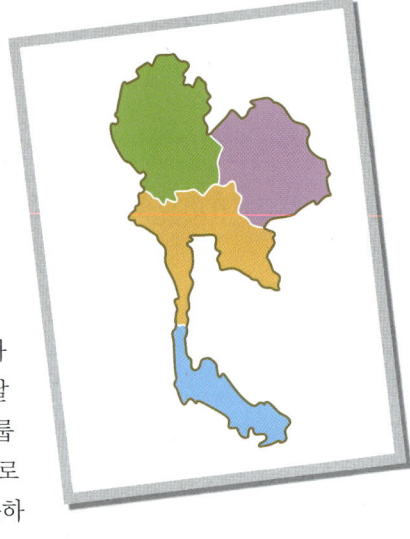

대략적으로 보자면, 북부는 미얀마, 라오스와 국경을 접하고 있는 지역으로 대부분이 산악 지대이고 산간 분지가 발달해 있습니다. 동북부는 메콩강을 경계로 라오스와 국경을 이룹니다. 이 지역은 고지대 평원으로 강수량이 적어 밭농사가 주로 행해집니다. 중부는 광활한 평야 지대로 수도인 방콕을 비롯하여 고도인 아유타야와 쑤코타이가 있습니다. 태국의 젖줄인 짜오프라야강 하류에 형성된 광활한 델타 지대(삼각주)는 태국 제일의 곡창 지대입니다. 남부는 양면이 타이만과 안다만해와 접하고 있으며, 남단은 말레이시아와 국경을 접하고 있습니다. 이러한 자연적, 지리적 환경의 차이로 각 지역은 각기 다른 고유의 주거 문화와 음식 문화를 갖습니다. 이렇듯 다양한 지형적 특징들이 태국을 다채로운 볼거리와 먹거리를 가진 관광 대국으로 만들어 주었습니다.

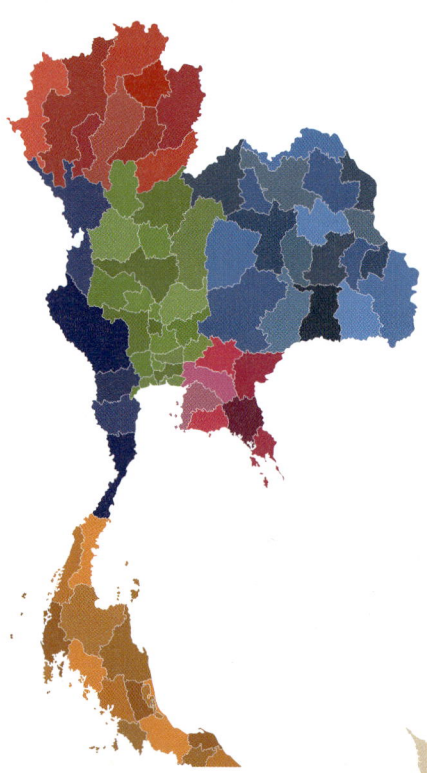

한편 태국의 가장 높은 곳은 치앙마이에 위치한 더이 인타논 ดอยอินทนนท์으로 해발 2,576m를 자랑하며, 최남단은 얄라 주의 베똥 เบตง으로 말레이시아와 국경을 접하고 있습니다.

บทที่ 11

วันนี้วันที่เท่าไร
오늘은 며칠입니까?

- 날짜를 묻는 표현 วันที่เท่าไร
- 날짜를 세는 표현 กี่วัน
- 요일을 묻는 표현 วันอะไร
- 달을 나타내는 표현: เดือน + 달 이름

주요 구문 & 문법
โครงสร้างประโยคและไวยากรณ์ที่สำคัญ

- **날짜를 묻는 표현 วันที่เท่าไร**

    태국어에서 날짜를 나타내는 방식은 '**วัน + ที่ + 숫자**'입니다. **ที่**는 '~번째'를 의미하며, **เท่าไร**는 '얼마'를 의미하는 의문사입니다. 따라서 **วันที่เท่าไร**는 얼마 번째 날, 즉 '며칠입니까?'를 의미합니다. **วันที่ 5** (다섯 번째 날) 역시 한 달 중에서 5번째 날, 즉 5일을 뜻합니다.

    A วันนี้**วันที่เท่าไร** 오늘은 며칠입니까?

    B วันนี้**วันที่** 5 มกราคม 오늘은 1월 5일입니다.

    A วันเกิด**วันที่เท่าไร** 생일이 며칠입니까?

    B วันเกิด**วันที่** 31 มีนาคม 생일이 3월 31일입니다.

    > **주의**
    > 첫 번째를 뜻하는 **ที่หนึ่ง**은 **แรก**으로 대신할 수 있습니다.
    > วันนี้เป็นวัน**ที่หนึ่ง**ที่จะเรียนภาษาไทย
    > = วันนี้เป็นวัน**แรก**ที่จะเรียนภาษาไทย
    > 오늘은 태국어를 배우는 첫 번째 날이다.
    >
    > ลูกคน**ที่หนึ่ง**เป็นผู้ชาย
    > = ลูกคน**แรก**เป็นผู้ชาย 첫 번째 자녀는 남자이다.

- **날짜를 세는 표현 กี่วัน**

    태국어에서 '며칠 동안'이라는 표현은 '몇'을 의미하는 의문 형용사 **กี่**와 날짜를 세는 분류사 **วัน**을 결합하여 **กี่วัน**으로 표현합니다. 이에 대한 답변은 '숫자 + **วัน**'의 형태로 합니다.

    A ไปเที่ยว**กี่วัน** 며칠 놀러 갑니까?

    B ไปเที่ยว 3 **วัน** 3일 놀러 갑니다.

    A สัปดาห์นี้ มีเรียน**กี่วัน** 이번 주에 수업이 며칠 있습니까?

    B มีเรียน 4 **วัน** 수업이 4일 있습니다.

    > **주의**
    > **몇 월 เดือนอะไร**
    > 태국어는 영어와 마찬가지로 매달의 이름이 있습니다. 따라서 몇 월인지 물을 때는 **เดือนอะไร**(무슨 달)로 물어야 합니다. **กี่เดือน**은 '몇 개월'을 의미하는 물음이 됩니다.
    > A เดือนนี้**เดือนอะไร** 이번 달은 몇 월입니까?
    > B เดือนนี้เดือนมกราคม 이번 달은 1월입니다.
    > A คุณเรียนภาษาไทยมา**กี่เดือน**แล้ว
    >   당신은 태국어를 배운 지 몇 개월 됐나요?
    > B สามเดือนแล้ว 삼 개월 됐습니다.

- ### 요일을 묻는 표현 วันอะไร

    태국어에서는 각 요일의 이름이 'วัน + 요일 이름'으로 이루어져 있습니다. 따라서 요일을 물을 때는 'วัน + อะไร (무슨 날)'로 묻습니다. 요일 외에도 무슨 날인지 묻는 표현으로도 사용 가능합니다.

    A วันนี้วันอะไร 오늘은 무슨 요일입니까?
    B วันนี้วันศุกร์ 오늘은 금요일입니다.

    강조가 필요할 때는 เป็น을 쓰며, เป็น은 생략도 가능합니다.

    A วันนี้เป็นวันอะไร 오늘은 무슨 날입니까?
    B วันนี้เป็นวันเลือกตั้ง 오늘은 선거일입니다.

    > **주의**
    > 어느 날, 언제 วันไหน
    > 요일을 묻기보다는 특정한 날의 요일을 묻는 표현으로 사용합니다.
    > A ทำงานพิเศษวันไหน 언제 아르바이트를 해?
    > B วันเสาร์ 토요일에 해.

    > **참고**
    > เลือกตั้ง 선거하다

    요일

일요일	월요일	화요일	수요일	목요일	금요일	토요일
วันอาทิตย์	วันจันทร์	วันอังคาร	วันพุธ	วันพฤหัสบดี*	วันศุกร์	วันเสาร์

    *วันพฤหัสบดี(완 프 르 핫 싸 버 디-)는 구어체에서 วันพฤหัส으로 짧게 말하기도 합니다.

- ### 태국어의 달을 나타내는 표현: เดือน+달 이름

1월	มกราคม (ม.ค.)	5월	พฤษภาคม (พ.ค.)	9월	กันยายน (ก.ย.)
2월	กุมภาพันธ์ (ก.พ.)	6월	มิถุนายน (มิ.ย.)	10월	ตุลาคม (ต.ค.)
3월	มีนาคม (มี.ค.)	7월	กรกฎาคม (ก.ค.)	11월	พฤศจิกายน (พ.ย.)
4월	เมษายน (เม.ย.)	8월	สิงหาคม (ส.ค.)	12월	ธันวาคม (ธ.ค.)

    > **주의**
    > 달의 날짜 수에 따라 끝 음절이 다릅니다. 31일인 달의 끝 음절은 คม이고, 30일인 달의 끝 음절은 ยน입니다. 단, 2월의 끝 음절은 พันธ์입니다. 구어체에서 이 끝 음절은 자주 생략되며, 약어로 쓸 때는 달 이름의 첫 번째 글자와 끝 음절의 첫 번째 글자를 사용합니다.

대화 1

린	이번 달 20일에 너 시간 있어?
민호	20일이 무슨 요일이야?
린	20일은 토요일이야.
민호	토요일에 난 시간이 없어. 아르바이트를 해야 해.
린	그럼 21일 일요일에는?
민호	21일 일요일에 나 시간 있어. 무슨 일 있어?
린	우리 엄마가 중국에서 오셔. 너하고 같이 식사하고 싶어.
민호	좋아. 너희 어머니를 뵙게 되어 정말 기뻐.

หลิน	วันที่ 20 เดือนนี้เธอว่างไหม
มินโฮ	วันที่ 20 เป็นวันอะไร
หลิน	วันที่ 20 เป็นวันเสาร์
มินโฮ	วันเสาร์เราไม่ว่าง ต้องทำงานพิเศษ
หลิน	แล้ววันอาทิตย์ที่ 21 ล่ะ
มินโฮ	วันอาทิตย์ที่ 21 เราว่าง มีอะไร
หลิน	แม่เรามาจากประเทศจีน อยากชวนเธอไปกินข้าวด้วยกัน
มินโฮ	ได้สิ ดีใจจังที่จะได้เจอแม่เธอ

새로운 단어

เธอ 너, 당신 (2인칭 대명사)
งานพิเศษ 아르바이트
ชวน 권하다
ดีใจ 기쁘다

새로운 표현

เป็นวันอะไร 무슨 요일이야?
มีอะไร 무슨 일 있어?
ได้สิ 좋아.

대화 Tip

- ต้อง + 동사: ~해야만 한다
  ต้อง<u>กิน</u>ยาวันละ 3 ครั้ง 하루에 3번 약을 먹어야 한다.
  พรุ่งนี้ คุณต้อง<u>มา</u>ที่นี่ภายใน 9 โมงเช้า 내일 당신은 9시까지 여기에 와야 한다.

- ดีใจจังที่จะได้~: ~할 수 있어서 정말 기쁘다
  ดีใจจังที่จะได้<u>เจอแม่เธอ</u> 네 어머니를 만나게 되어 정말 기쁘다.
  ดีใจจังที่จะได้<u>ไปเที่ยว</u> 놀러 가게 되어 정말 기쁘다.

주의

2인칭 대명사 เธอ

인칭 대명사 เธอ는 3인칭 대명사 '그녀'로 사용됨과 동시에 구어체에서 친구나 아랫사람 등 편한 사이에 '너', '그대'의 2인칭 대명사로도 자주 사용됩니다.

ฉันรักเธอ 난 널 사랑해.
เธอไปไหน 너 어디 가?

대화 2

민호	오늘 날씨가 정말 좋아. 놀러 갈까?
린	오늘 나는 몸이 별로 안 좋아. 내일 갈 수 있을까?
민호	내일은 비가 올 것 같아.
린	그래? 그렇다면 다음 주 토요일 어때?
민호	다음 주 토요일이 며칠이야?
린	10월 1일이야.
민호	10월 1일에 난 마침 시간이 있어.
린	그렇다면 다음 주 토요일에 놀러 가자.

มินโฮ	วันนี้อากาศดีมาก ไปเที่ยวกันไหม
หลิน	วันนี้เราไม่ค่อยสบาย ไปพรุ่งนี้ได้ไหม
มินโฮ	พรุ่งนี้ฝนน่าจะตก
หลิน	งั้นหรือ ถ้าอย่างนั้น วันเสาร์หน้าดีไหม
มินโฮ	วันเสาร์หน้าวันที่เท่าไร
หลิน	วันที่ 1 ตุลาคม
มินโฮ	วันเสาร์ที่ 1 ตุลาคม ผมว่างพอดี
หลิน	ถ้าอย่างนั้น ไปเที่ยววันเสาร์หน้ากันนะ

새로운 단어

อากาศ 날씨
ไปเที่ยว 놀러 가다
สบาย 편안하다
ฝน 비
น่าจะ ~할 것 같다
ตก 떨어지다, 내리다
วันเสาร์หน้า 다음 (주) 토요일
พอดี 마침

새로운 표현

อากาศดี 날씨가 좋아.
ไปเที่ยวกันไหม 놀러 갈까?
ไม่ค่อยสบาย 몸이 별로 안 좋아.
ไปพรุ่งนี้ได้ไหม 내일 갈 수 있을까?
ฝนน่าจะตก 비가 올 것 같아.
งั้นหรือ 그래?
วันเสาร์หน้าดีไหม 다음 주 토요일 어때?

대화 Tip

- **문장 + 디이마이(ดีไหม)**: 좋아?, 어때?, 괜찮아?
  직역하면 '(문장 전체 내용)이/가 좋습니까?'인데, 청유 또는 권유한 것에 대한 상대방의 견해를 물을 때 사용합니다.
  วันเสาร์หน้าดีไหม 다음 주 토요일 괜찮아요?
  เจอกันที่โรงอาหารตอนเที่ยงดีไหม 12시에 학생 식당에서 만나는 거 좋아요?

주의

태국어에서 날짜를 말할 때 요일, 일, 월, 년 순으로 말합니다.

A วันนี้วันที่เท่าไร เดือนอะไรคะ
  오늘은 몇 월 며칠입니까?
B วันนี้วันที่ 25 เดือนธันวาคมค่ะ
  오늘은 12월 25일입니다.

วันพุธที่ 11 เดือนกรกฎาคม ปี 2018
2018년 7월 11일 수요일

추가 단어

다양한 상태 동사 ②

อากาศ 날씨

อากาศดี
날씨가 좋다

อากาศร้อน
날씨가 덥다

อากาศหนาว
날씨가 춥다

อากาศอุ่น
날씨가 따뜻하다

อากาศเย็น
날씨가 선선하다

ฝนตก
비가 오다

มืดครึ้ม
흐리다

หิมะตก
눈이 오다

สภาพการจราจร 교통 상황

รถติด 차가 막히다
รถไม่ติด 차가 안 막히다
คนแน่น 사람이 많다 (복잡하다)
ถนนโล่ง 도로가 한적하다

สภาพร่างกาย 몸 상태

สบายดี 평안하다
ไม่สบาย 아프다
เหนื่อย 피곤하다
ง่วงนอน 졸리다
หิว 배고프다
อิ่ม 배부르다

อารมณ์ 기분

อารมณ์ดี 기분이 좋다
อารมณ์ไม่ดี 기분이 안 좋다
ตื่นเต้น 흥분되다, 떨리다
เครียด 긴장하다, 스트레스를 느끼다

유용한 표현

축하 관련 표현

A 생일 축하합니다.
B 감사합니다.

A 새해 복 많이 받으세요.
B 새해 복 많이 받으세요.

A 축하합니다.
B 감사합니다.

A 유감입니다.
B 감사합니다.

연습문제

แบบฝึกหัด

문법

1 빈칸에 들어갈 알맞은 의문 표현을 아래에서 골라 넣으세요.

| กี่ | ไหน | อะไร | เท่าไร |

(1) A วันนี้วันที่_____
    B วันนี้วันที่ 5 มีนาคม

(2) A เดือนนี้เดือน_____
    B เดือนนี้เดือนธันวาคม

(3) A เดือนกันยายนมี_____วัน
    B เดือนกันยายนมี 30 วัน

(4) A คุณไม่มีเรียนวัน_____
    B ผมไม่มีเรียนวันพุธ

2 다음 글을 읽고 이번 주 무슨 요일에 무엇을 하는지 달력에 쓰세요.

สัปดาห์นี้ ผมทำงานพิเศษวันอาทิตย์ ผมไปเรียนภาษาไทยวันจันทร์
ผมไปเที่ยววันอังคาร คุณแม่มาวันพฤหัส ผมไปงานวันเกิดเพื่อนวันเสาร์

일	월	화	수	목	금	토
		1	2	3	4	5
6 ทำงานพิเศษ	7 (1)_____	8 (2)_____	9	10 (3)_____	11	12 (4)_____
13	14	15	16	17	18	19
20	21	22	23	24	25	26
27	28	29	30	31		

듣기

● CD를 듣고 서로 관련 있는 그림과 문장을 연결하세요.

(1)  · · ① เมื่อวาน

(2)  · · ② สัปดาห์ที่แล้ว

(3)  · · ③ วันที่ 10 มิถุนายน

(4)  · · ④ วันเสาร์อาทิตย์

읽기

● 다음은 글을 읽고 질문에 답하세요.

> วันนี้อากาศดีมาก จึงอยากไปเที่ยวกับเพื่อน
> แต่วันนี้เพื่อนไม่ค่อยสบาย จึงไปเที่ยวไม่ได้
> พรุ่งนี้ฝนน่าจะตก จึงไปเที่ยวพรุ่งนี้ไม่ได้
> วันเสาร์รถติดมาก จึงไปเที่ยววันเสาร์ไม่ได้
> น่าจะไปวันอาทิตย์

(1) 놀러 갈 수 없는 날을 모두 고르세요.

  ① 오늘　　　　② 내일　　　　③ 토요일　　　　④ 일요일

(2) 놀러 갈 수 없는 이유가 아닌 것을 고르세요.

  ① 친구가 아프기 때문이다.　　② 평일이기 때문이다.
  ③ 차가 막히기 때문이다.　　　④ 비가 오기 때문이다.

태국의 전통 축제와 물의 의미

태국의 대표 축제를 들자면 태국의 전통 설날인 쏭끄란สงกรานต์과 끄라통กระทง을 띄우며 소원을 비는 축제인 러이끄라통ลอยกระทง을 들 수 있습니다. 이 두 축제 모두 물과 관련이 깊습니다.

일명 물 축제(water festival)로 알려져 있는 태국 최대의 명절인 쏭끄란은 태국의 전통 새해, 즉 태국의 설날로 양력 4월 13일입니다. 쏭끄란은 일년 내내 더운 상하의 나라 태국에서도 가장 더운 때로 서로 물을 뿌리며 축제를 즐깁니다. 쏭끄란 축제는 아침 일찍 스님께 탁발 공양하는 것을 시작으로 새나 물고기를 방생하고, 조상께 제사 드리고, 웃어른께 세배도 하며, 집에 모셔 둔 불상을 청소하고, 사원을 찾기도 합니다.

쏭끄란 축제의 하이라이트는 바로 물세례라고 할 수 있는데, 오후가 되면 사람들은 남녀노소를 불문하고 재미있게 서로에게 물을 뿌리고 다른 사람의 얼굴에 흰 칠을 해 주면서 축제를 즐깁니다. 이때 물은 나쁜 것을 씻어 내고 흰 칠은 액운을 막아 준다는 의미입니다. 또한 흠뻑 젖도록 물을 뿌려 주는 것은 농사에 충분한 비가 오도록 기원하는 믿음에 따른 것입니다. 따라서 쏭끄란 축제의 '물'은 가장 더운 절기에 물 축제를 즐기며 잠시 더위를 식히고, 나쁜 기운을 쫓아 새해의 무사안위를 기원하는 의미를 담고 있습니다.

러이끄라통은 우기가 끝나고 선선한 날씨의 태국식 음력 12월 보름날 끄라통이라고 하는 바나나 잎으로 만든 조그만 연꽃 모양의 배를 띄우며 보름달 아래서 소원을 비는 축제입니다. 끄라통과 함께 온갖 시름들을 다 떠내려 보내고 즐겁고 유쾌하게 즐기는 축제입니다. 이 축제는 갠지스강의 여신에게 감사를 드리는 브라만교의 의식에서 유래했다고 하며, 끄라통이 불길한 운수들을 모두 가져갈 것이라고 믿으며 물에 띄워 보냅니다.

러이끄라통 축제는 보름달이 뜬 날 저녁에 시작되는데, 해가 지면 각자 자신의 끄라통을 들고 가까운 강과 운하, 연못 등으로 향합니다. 양초와 향에 불을 붙인 후 자신이 희망하는 일들을 마음을 가다듬어 기도하고, 끄라통이 눈에서 멀어질 때까지 떠내려가도록 끄라통을 천천히 물에 내려 놓습니다. 수백, 수천 개의 끄라통이 어둠 속에서 불꽃을 깜박이며 물 위로 열을 지어 떠내려가는 모습은 숨이 막힐 정도로 아름답고 서정적입니다.

이처럼 이 두 축제는 물과 깊은 관련이 있습니다. 물은 정화의 의미로 액운을 씻겨 내거나 가지고 가는 의미를 지닙니다. 더불어 농경 사회에서의 물이 그 중요성을 보여 주는 상징으로서 축제의 장을 통해 구현되고 있다고 볼 수 있습니다.

บทที่ 12

อันนี้เท่าไร
이것은 얼마입니까?

- 가격을 묻는 의문사 เท่าไร
- 태국어 숫자 표현
- '~당'의 의미를 나타내는 단위 표현 ละ
- 상태 강조 표현 ๆ

주요 구문 & 문법
โครงสร้างประโยคและไวยากรณ์ที่สำคัญ

● **가격을 묻는 의문사** เท่าไร

เท่าไร는 '얼마'라는 의미의 의문사입니다. 따라서 시간, 가격, 높이, 무게, 길이, 나이 등 숫자를 답으로 요하는 모든 의문문에 사용될 수 있습니다. 태국어로 가격을 물을 때도 간단히 เท่าไร를 사용합니다.

อันนี้เท่าไรคะ 이거 얼마예요?
ทั้งหมดเท่าไรคะ 전부 얼마예요?
อันนี้ราคาเท่าไรคะ 이거 가격이 얼마예요?

เท่าไร는 กี่บาท(몇 바트)로 바꿀 수 있습니다.

อันนี้เท่าไรคะ = อันนี้กี่บาทคะ 이거 얼마예요?
ทั้งหมดเท่าไรคะ = ทั้งหมดกี่บาทคะ 전부 얼마예요?

> **참고**
>
> • 태국 화폐 단위 บาท
>   태국 화폐는 บาท이며, 약자로 THB라고 표기합니다.
>   동전: 25 สตางค์*, 50 สตางค์, 1 บาท, 2 บาท, 5 บาท, 10 บาท
>   지폐: 20 บาท, 50 บาท, 100 บาท, 500 บาท, 1,000 บาท
>   * 100 สตางค์ = 1บาท
>   A เสื้อตัวนี้(ราคา)เท่าไร 이 옷 얼마예요?
>   B 750 บาท 750바트입니다.
> • ทั้งหมด 전부, 모두

● **태국어 숫자 표현**

태국어로 숫자를 말할 때는 십진법을 사용하며, 일곱 자리(백만 단위)까지가 기본 단위입니다. 다양한 단위의 태국어 숫자를 읽어 봅시다. 예비과 참조

28 ยี่สิบ แปด
532 ห้าร้อย สามสิบ สอง
3,521 สามพัน ห้าร้อย ยี่สิบ เอ็ด
47,200 สี่หมื่น เจ็ดพัน สองร้อย
690,000 หกแสน เก้าหมื่น
2,500,000 สองล้าน ห้าแสน
30,000,000 สามสิบล้าน
185,000,000 หนึ่งร้อยแปดสิบห้าล้าน
3,456,278 สามล้าน สี่แสน ห้าหมื่น หกพัน สองร้อย เจ็ดสิบ แปด

● **'~당'의 의미를 나타내는 단위 표현 ละ**

태국어에서 ละ는 '분류사 + ละ'의 형태로 쓰여 '~당'의 의미를 나타냅니다.

질문	명사 + 분류사 + ละ + เท่าไร	A แตงโมลูกละเท่าไร 수박 한 통에 얼마인가요?
대답	명사 + 분류사 + ละ + 가격	B แตงโมลูกละ 50 บาท 수박 한 통에 50바트입니다.

มะม่วงกิโลกรัมละ 30 บาท 망고 1킬로그램에 30바트입니다.

หนังสือเล่มละ 100 บาท 책 한 권에 100바트입니다.

น้ำดื่มขวดละ 10 บาท 생수 한 병에 10바트입니다.

ข้าวผัดจานละ 40 บาท 볶음밥 한 그릇에 40바트입니다.

> **참고**
> 흥정할 때 쓰는 동사 ลด
> '줄다', '줄이다', '감소하다', '깎다'는 의미의 ลด과 가능의 표현 ได้ไหม가 결합하면 '깎을 수 있습니까?' 의미가 되어 가격 흥정 시 사용할 수 있습니다.
> ลดได้ไหม 깎을 수 있어요?
> ลดให้หน่อยได้ไหม 좀 깎아 줄 수 있어요?

● **상태 강조 표현 ๆ**

상태 동사에 반복 부호 ๆ(**ไม้ยมก**)을 붙이면 그 단어를 두 번 연달아 말하며, 상태의 강조를 나타냅니다. 이때, 단어가 장모음으로 이루어진 경우 첫 번째 음절은 단모음처럼 짧게 발음하고, 두 번째 음절은 원래의 발음대로 발음합니다.

แตงโมหวาน ๆ 아주 단 수박   ข้าวสวยร้อน ๆ 아주 뜨거운 밥

ดอกไม้สวย ๆ 아주 예쁜 꽃   ปลาสด ๆ 싱싱한 생선, 신선한 생선

ผักมาใหม่ ๆ 갓 온 채소   มะม่วงเปรี้ยว ๆ 시큼한 망고

> **참고**
> สด 신선하다, 싱싱하다

셀 수 있는 명사에 반복 부호 ๆ을 붙이면 복수형이 됩니다.

เพื่อน ๆ 친구들   เด็ก ๆ 아이들

대화 1

บทสนทนา 1

바이먼	아주머니! 이 초록색 머리핀 얼마예요?
상인	100바트예요.
바이먼	그럼 빨강색은요?
상인	똑같이 100바트예요.
바이먼	퍼짜이. 너는 초록색이 더 예뻐? 아니면 빨강색이 더 예뻐?
퍼짜이	나는 초록색이 더 예뻐.
바이먼	아주머니! 좀 깎아 줄 수 있어요?
상인	10바트 깎아 줄게요. 그래서 90바트로 해요.

ใบหม่อน ป้าคะ กิ๊ฟสีเขียวอันนี้เท่าไรคะ

แม่ค้า 100 บาทค่ะ

ใบหม่อน แล้วสีแดงล่ะคะ

แม่ค้า 100 บาทเท่ากันค่ะ

ใบหม่อน พอใจ เธอว่าสีเขียวหรือสีแดงสวยกว่า

พอใจ เราว่าสีเขียวสวยกว่า

ใบหม่อน คุณป้าคะ ลดหน่อยได้ไหมคะ

แม่ค้า ลดให้ 10 บาท เหลือ 90 บาทก็แล้วกันค่ะ

새로운 단어

- กิ๊ฟ 머리핀
- สีเขียว 초록색, 녹색
- อันนี้ 이것
- สีแดง 빨강색
- เท่ากัน 똑같다
- ว่า ~(이)라고 말하다
- ก็แล้วกัน ~하기로 하다

새로운 표현

เธอว่าสีเขียวหรือสีแดงสวยกว่า
너는 초록색이 더 예뻐? 아니면 빨강색이 더 예뻐?

ลดหน่อยได้ไหมคะ
좀 깎아 줄 수 있어요?

대화 Tip

- **의견을 나타내는 ว่า**
  직역하면 '~(이)라고 말하다'는 의미의 동사이지만 일반적으로 자신의 견해를 나타낼 때 쓰입니다.
  เราว่าสีเขียวสวยกว่า 나는 초록색이 더 예쁜 것 같아.
  ดิฉันว่าวันนี้อากาศดีกว่าเมื่อวาน 저는 오늘 날씨가 어제보다 좋다고 생각합니다.

- **ก็แล้วกัน: ~하기로 하다**
  90 **บาทก็แล้วกันค่ะ** 90바트로 해요.
  ออกเดินทาง 9 โมงเช้าก็แล้วกัน 아침 9시에 출발하자.

주의

เท่ากัน vs เหมือนกัน

가격, 높이, 길이, 무게 등 수치로 비교하여 동일함을 나타낼 때는 **เท่ากัน**을, 단순히 두 가지 이상의 대상이 같음을 나타낼 때는 **เหมือนกัน**을 사용합니다.

สูง**เท่ากัน** 키가 똑같다.
สูง**เหมือนกัน**
(둘 다) 마찬가지로 (키가) 크다.

대화 2

상인	방금 온 달디단 귤이 킬로에 90바트입니다.
퍼짜이	귤이 정말 맛있어 보이네요. 맛볼 수 있을까요?
상인	되고 말고요. 여기요.
퍼짜이	달아요. 저 2킬로그램 살게요.
상인	로즈애플도 맛있어요. 하시겠어요?
퍼짜이	괜찮습니다. 저는 귤만 살게요.
상인	여기 있어요. 또 오세요.

พ่อค้า ส้มมาใหม่ ๆ หวาน ๆ กิโลละ 90 บาทครับ

พอใจ ส้มน่าอร่อยจังเลยค่ะ ชิมได้ไหมคะ

พ่อค้า ได้สิครับ นี่ครับ

พอใจ หวานดีค่ะ หนูเอาส้ม 2 กิโลค่ะ

พ่อค้า ชมพู่ก็อร่อยนะครับ รับด้วยไหมครับ

พอใจ ไม่เป็นไรค่ะ หนูเอาแต่ส้มค่ะ

พ่อค้า นี่ครับ แล้วมาใหม่นะครับ

새로운 단어

ส้ม 오렌지, 귤
ใหม่ 새롭다
หวาน 달다
กิโล 킬로그램
ชิม 맛보다
ชมพู่ 로즈애플 (과일 이름)
รับ 받다
เอา 택하다, 취하다
แต่ ~만

새로운 표현

น่าอร่อย 맛있어 보이다
ชิมได้ไหมคะ 맛볼 수 있을까요?
หวานดี 달아요.
...รับด้วยไหมครับ ~도 하시겠어요?
เอาแต่ส้มค่ะ 저는 귤만 살게요.
แล้วมาใหม่นะครับ 또 오세요.

대화 Tip

- น่า + 동작 동사, 상태 동사: ~할 만하다, ~스럽다
  น่าอยู่ 지낼 만하다   น่ารัก 사랑스럽다, 귀엽다
  น่ากิน 먹음직스럽다   น่าสนใจ 흥미롭다

- 전치사 แต่: ~만

  주어 + 동사 + แต่ + 명사 (+ เท่านั้น)

  ดิฉันมีแต่พี่สาว ไม่มีพี่ชาย 나는 언니만 있다. 오빠는 없다.
  ร้านอาหารนี้ขายแต่ก๋วยเตี๋ยว(เท่านั้น) 이 식당은 쌀국수만 판다.
  เขากินแต่อาหารเกาหลี 그는 한식만 먹는다.

추가 단어

색깔

สีขาว	흰색	สีดำ	검정색
สีแดง	빨강색	สีเหลือง	노랑색
สีเขียว	녹색	สีเทา	회색
สีทอง	금색	สีเลือดหมู	자주색
สีฟ้า	하늘색	สีน้ำเงิน	파란색, 남색
สีชมพู	분홍색	สีส้ม	주황색
สีน้ำตาล	갈색	สีกากี	카키색
สีเงิน	은색	สีม่วง	보라색

단위를 나타내는 분류사

태국어	한국어	태국어	한국어
ถุง	봉지	โหล	더즌 (12개 묶음)
กล่อง	상자	ลัง	상자
ม้วน	개피, 두루마리	ถาด	판, 쟁반
ลิตร	리터	มัด	묶음, 단
กรัม	그램	เซนติเมตร	센티미터
ขีด	100그램	นิ้ว	인치
กิโล(กรัม)	킬로그램	เมตร	미터

> **참고**
>
> กล่อง과 ลัง은 모두 물건을 담는 상자를 의미하는데, กล่อง은 다양한 모양의 상자로 흔히 보는 종이, 플라스틱, 나무 등으로 만든 각종 크기의 상자를 말합니다. 한편, ลัง은 กล่อง보다 비교적 크고, 주로 네모난 상자를 말합니다. 흔히 과일이나 술병 등을 담는 상자를 말할 때 사용합니다.

유용한 표현

สำนวนที่เป็นประโยชน์

나이, 무게, 키, 거리 묻기

A 나이가 얼마예요?
B 20살입니다.

▶ อายุ 나이

A 무게가 얼마예요?
B 무게가 2킬로입니다.

▶ น้ำหนัก 무게

A 키가 얼마예요?
B 키가 160센티미터예요.

A 거리가 얼마예요?
B 거리가 100킬로미터예요.

▶ ระยะทาง (두 지점 사이의) 거리 | กิโลเมตร 킬로미터

연습 문제
แบบฝึกหัด

문법

1 보기와 같이 กี่을 이용한 표현으로 바꾸세요.

> ตัวอย่าง อันนี้ราคาเท่าไร(บาท) → **อันนี้ราคากี่บาท**

(1) คุณอายุเท่าไร(ปี) → _____

(2) คุณสูงเท่าไร(เซนติเมตร) → _____

(3) คุณหนักเท่าไร(กิโลกรัม) → _____

2 그림을 보고 빈칸에 들어갈 알맞은 단어를 골라 쓰세요.

แดง	เขียว	ฟ้า	ดำ	ขาว

(1) พอใจซื้อกิ๊ฟสี_____

(2) ใบหม่อนซื้อกระเป๋าสี_____

(3) พอดีซื้อกางเกงสี_____

(4) หลินซื้อเสื้อสี_____

(5) มินโฮซื้อสมุดสี_____

듣기

- CD를 듣고 가격을 비교하는 기호(>, <)를 넣으세요.

    (1) ไข่ไก่ ( ) เนื้อหมู

    (2) น้ำปลา ( ) ซีอิ๊ว

    (3) ไก่ ( ) เนื้อวัว

    (4) ต้นหอม ( ) แครอท

    (5) แตงโม ( ) สับปะรด

    ▶ **ไข่ไก่** 계란, 달걀 | **น้ำปลา** 액젓 | **ซีอิ๊ว** 간장 | **ต้นหอม** 파, 쪽파 | **แครอท** 당근

읽기

- 다음은 글을 읽고 질문에 답하세요.

    > พอใจไปตลาด ไปซื้อเนื้อหมู ไข่ไก่ ข้าวสาร น้ำตาล แครอท และส้ม
    > เนื้อหมูไม่ค่อยสด พอใจจึงซื้อไก่ 1 ตัว ราคา 120 บาท
    > ไข่ไก่ราคาฟองละ 5 บาท พอใจซื้อไข่ไก่ครึ่งโหล
    > ข้าวสารราคากิโลละ 40 บาท พอใจซื้อข้าวสาร 2 กิโล
    > น้ำตาลราคาถุงละ 28 บาท พอใจซื้อน้ำตาล 1 ถุง
    > แครอทสวย และส้มหวานดี แต่พอใจซื้อแต่ส้ม

    (1) 퍼짜이가 시장에서 사지 않은 것을 모두 고르세요.

    ① เนื้อหมู ② ไก่ ③ ไข่ไก่ ④ แครอท

    (2) 퍼짜이가 산 것 중에서 틀린 금액을 고르세요.

    ① ไข่ไก่ 30 บาท ② ข้าวสาร 90 บาท
    ③ น้ำตาล 28 บาท ④ ไก่ 120 บาท

    ▶ **ข้าวสาร** 쌀 | **น้ำตาล** 설탕

태국을 상징하는 노란색 꽃, 라차프륵

4월이 되면 태국 전역에서 밝은 노란색의 자그마한 꽃들을 매단 나무들이 한창 꽃망울을 터뜨리는 것을 볼 수 있습니다. 동글동글한 구슬 모양의 노란 꽃망울이 터지면서 하나씩 피고, 이 꽃망울들은 마치 포도송이처럼 나무에서 아래로 치렁치렁 늘어져 달려 있습니다. 밝은 노란색 꽃이 마치 샹들리에의 펜던트처럼 탐스럽게 달려 있는데, 이 꽃이 바로 태국을 상징하는 라차프륵(ราชพฤกษ์, Cassia fistula Linn)입니다. 라차프륵은 태국의 어느 지역에서나 볼 수 있으며, 지역에 따라 쿤คูน, 롬랭ลมแล้ง 등의 이름으로 불리기도 합니다.

옛날부터 태국 사람들은 집의 남서쪽에 라차프륵 나무를 심으면 집안에 복이 들어온다는 믿음을 가졌습니다. 사실 남서향은 오후 내내 햇살을 받기 때문에 태양의 열기를 차단하기 위해 큰 나무를 심어야 했었습니다. 하지만 태국 사람들은 집에 라차프륵 나무를 심어 두면 복과 명예를 갖다 준다고 믿었고, 나무에 영험한 존재가 기거한다고 생각하여 태국인들은 라차프륵을 행운의 나무로 여기게 되었습니다. 그 후에 꽃의 색깔인 노란색이 불교와 국왕의 탄신일인 월요일을 상징하는 색이어서 라차프륵은 성스러운 이미지로 여겨지게 되었으며, 태국을 상징하는 공식 상징물이 되었습니다.

여기서 잠깐!

태국인들의 믿음에 따르면 각 요일마다 수호신이 있으며 이 수호신들은 저마다 상징하는 색을 지니고 있다고 합니다. 이 믿음은 힌두교에서 전래되었으며 점성술과도 관련이 있는데, 자신이 태어난 요일에 해당하는 색이 행운을 갖다 줄 것이라고 믿습니다. 옷도 요일별 색깔에 따라 입기도 합니다.

일요일	월요일	화요일	수요일	목요일	금요일	토요일
빨강색	노랑색	분홍색	초록색	주황색	하늘색	보라색

บทที่ 13

ขอดูเมนูหน่อย
메뉴 좀 보여 주세요.

- 요청, 부탁, 허락의 표현: ขอ + 동사 + หน่อย
- 호칭어 น้อง
- 요청 표현: ขอ + 명사
- 물건의 개수 표현: 명사 + 숫자 + 분류사
- 명령문: กรุณา + 동사

주요 구문 & 문법

โครงสร้างประโยคและไวยากรณ์ที่สำคัญ

- **요청, 부탁, 허락의 표현: ขอ + 동사 + หน่อย**

  'ขอ + 동사 + หน่อย'는 '(제가) ~하게 해 주세요', '좀 ~하겠습니다'를 뜻합니다.

  ขอดูเมนูหน่อยค่ะ 메뉴를 좀 보겠습니다. (메뉴 좀 보여 주세요.)

  ขอถามทางหน่อยค่ะ 길을 좀 묻겠습니다.

  ขอไปหน่อยค่ะ 좀 지나가겠습니다.

  ขอชิมหน่อยค่ะ 맛 좀 보겠습니다.

- **호칭어 น้อง**

  태국 사회에서는 **น้อง**, **พี่**, **คุณ** 등의 친족어나 인칭 대명사를 호칭어로 사용할 수 있습니다. 상점이나 식당에서 종업원을 부를 때 자신보다 연장자로 보이면 **พี่**로, 아랫사람으로 보이면 **น้อง**으로 부르는 경우가 많습니다. '여보세요!'에 해당하는 말은 2인칭 대명사 **คุณ**을 사용합니다. 또는 호칭어 대신에 '죄송합니다', '실례합니다'를 뜻하는 **ขอโทษนะคะ/ครับ**을 사용할 수 있습니다.

  น้องคะ ขอดูเมนูหน่อยค่ะ 여보세요! 메뉴 좀 보여 주세요.

  พี่คะ อันนี้เท่าไรคะ 여보세요! 이거 얼마예요?

  คุณครับ ห้องน้ำอยู่ที่ไหนครับ 여보세요! 화장실이 어디에 있습니까?

  ขอโทษนะคะ แถวนี้มีตู้เอทีเอ็มไหมคะ 실례합니다. 이 근처에 ATM기가 있나요?

- **요청 표현: ขอ + 명사**

'ขอ + 명사'는 '~을/를 주세요'를 의미합니다.

ขอผัดไทย 팟타이 주세요.

ขอน้ำหน่อย 물 좀 주십시오.

- **물건의 개수 표현: 명사 + 숫자 + 분류사**

원칙적으로 태국어에서 명사를 표현할 때, '명사 + 숫자 + 분류사'를 써서 'OO개'를 나타냅니다. 하지만 숫자 1, 즉 한 개를 나타낼 경우, '명사 + 분류사 + **หนึ่ง**'으로 표현이 가능합니다.

น้ำดื่ม 1 ขวด = น้ำดื่มขวดหนึ่ง 물 한 병

กาแฟร้อน 1 แก้ว = กาแฟร้อนแก้วหนึ่ง 뜨거운 커피 한 잔

구어체에서는 분류사 없이 개수만 표현하는 것이 가능합니다.

ขอปูผัดผงกะหรี่ 1 ต้มยำกุ้ง 1 ข้าวสวย 2
뿌팟퐁까리(게 카레 볶음) 하나, 똠얌꿍 하나, 밥 둘 주세요.

> **참고**
> 음식 주문할 때는 '메뉴 + 숫자 + 분류사'로 말합니다.
> ข้าวผัด 1 จาน 볶음밥 한 그릇
> ข้าวสวย 1 จาน/โถ 밥 한 그릇/솥
> ต้มยำกุ้ง 1 ถ้วย/หม้อ 똠얌꿍 한 그릇/냄비
> ก๋วยเตี๋ยว 1 ชาม 쌀국수 한 그릇
> เบียร์ 1 ขวด 맥주 한 병

- **명령문: กรุณา + 동사**

'กรุณา + 동사'는 '~하십시오'라고 정중하게 명령하는 표현입니다.

กรุณารอสักครู่ 잠깐만 기다리세요.

กรุณาบอก 말씀하십시오.

บทที่ **13** 151

대화 1

บทสนทนา 1

ขอโทษนะคะ
ขอดูเมนูหน่อยค่ะ

นี่ค่ะ เมนู

납다우	죄송합니다. 메뉴 좀 보여 주세요.
점원	여기요. 메뉴.
납다우	다 먹음직스럽네요. 그렇죠, 존 오빠?
존	그러게. 여기요! 추천 메뉴가 있습니까?
점원	이 페이지에 우리 가게의 추천 메뉴가 있습니다.
존	뿌팟퐁까리하고 똠얌꿍 괜찮아?
납다우	좋아요. 여기요! 뿌팟퐁까리하고 똠얌꿍 주세요.

นับดาว	ขอโทษนะคะ ขอดูเมนูหน่อยค่ะ
พนักงาน	นี่ค่ะ เมนู
นับดาว	น่ากินทุกอย่างเลย ว่าไหมคะ พี่จอห์น
จอห์น	นั่นสิจ๊ะ น้องครับ มีเมนูแนะนำไหมครับ
พนักงาน	หน้านี้มีเมนูแนะนำของร้านเราค่ะ
จอห์น	สั่งปูผัดผงกะหรี่และต้มยำกุ้งดีไหม
นับดาว	ก็ดีนะคะ พี่คะ ขอปูผัดผงกะหรี่และต้มยำกุ้งค่ะ

새로운 단어

ทุกอย่าง 모든 종류, 모든 것
เมนู 메뉴
แนะนำ 소개하다, 추천하다
หน้า 쪽, 페이지
ร้าน 가게
สั่ง 주문하다
ปูผัดผงกะหรี่ 뿌팟퐁까리
(태국 음식 이름, 게 카레 볶음)
ต้มยำกุ้ง 똠얌꿍
(태국 음식 이름, 태국식 새우 매운탕)

새로운 표현

ขอดูเมนูหน่อย 메뉴 좀 보여 주세요.
น่ากินทุกอย่างเลย 다 먹음직스럽네요.
ว่าไหม 그렇죠?
นั่นสิ 그러게요.
ก็ดีนะ 좋아요.

대화 Tip

- **동의를 구하는 ว่าไหม/นั่นสิ**
  자신의 견해에 대해 상대방도 동의하는지에 대한 의견을 확인할 때 사용합니다. 이에 대한 응답으로 **นั่นสิ**를 사용하며 '그렇지요', '그러네요'를 뜻합니다.

  A น่ากินทุกอย่างเลย **ว่าไหม** 다 먹음직스럽네요. 그렇죠?
  B **นั่นสิ** 그러네요.

  A วันนี้คนเยอะมาก **ว่าไหม** 오늘 사람이 아주 많아요. 그렇죠?
  B **นั่นสิ** 그러네요.

주의

ครับ, ค่ะ/คะ는 손윗사람 또는 공손함을 나타내야 하는 상황에서 사용합니다. 자신보다 아랫사람 또는 친한 사람 사이에서는 ครับ, ค่ะ/คะ 대신에 จ้ะ/จ๊ะ를 사용할 수 있습니다. จ้ะ는 평서문과 부정문에, จ๊ะ는 의문문과 청유문에 사용합니다.

대화 ❷

존	음식이 무척 매워. 시원한 음료를 주문하자.
점원	추가로 음료 주문하시겠어요?
존	콜라 한 병 주세요. 아, 얼음도 주세요.
납다우	그리고 차놈옌 주세요. 달지 않게요.
점원	알겠습니다. 잠깐만 기다리세요.
납다우	저, 잠시 화장실 좀 다녀올게요.
존	그래. 화장실은 저쪽에 있어.

จอห์น	อาหารเผ็ดมาก สั่งเครื่องดื่มเย็น ๆ กันเถอะจ้ะ
พนักงาน	จะรับเครื่องดื่มอะไรเพิ่มไหมคะ
จอห์น	ขอโค้กขวดหนึ่งครับ อ้อ ขอน้ำแข็งด้วยนะครับ
นับดาว	แล้วก็ขอชานมเย็นค่ะ เอาไม่หวานนะคะ
พนักงาน	ได้ค่ะ รอสักครู่นะคะ
นับดาว	นับดาวขอไปเข้าห้องน้ำแป๊บนึงนะคะ
จอห์น	จ้ะ ห้องน้ำอยู่ทางโน้นจ้ะ

새로운 단어

เย็น 시원하다, 차갑다
รับ 받다, 얻다
เพิ่ม 추가하다
เครื่องดื่ม 음료수
โค้ก 콜라
น้ำแข็ง 얼음
ชานมเย็น 차놈옌
(태국식 음료, 아이스 밀크티)
เข้าห้องน้ำ 화장실에 들어가다 (화장실에서 일을 보는 것을 완곡하게 말하는 표현)
แป๊บนึง 잠시
ทางโน้น 저쪽

새로운 표현

ขอ...ด้วยนะคะ ~도 주세요.
เอาไม่หวานนะคะ 달지 않게 해 주세요.
รอสักครู่นะคะ 잠깐만 기다리세요.

대화 Tip

- 두 가지 의미를 가진 **เอา**
  ① 요구를 나타내는 **เอา**
     A จะรับอะไรดีคะ 뭘로 하시겠습니까?
     B ขอส้มตำไทย เอาไม่เผ็ดค่ะ 쏨땀타이(파파야 샐러드) 주세요. 맵지 않게요.
  ② '하겠다', '취하겠다'의 **เอา**
     A เอาน้ำเปล่าหรือโค้กดีคะ 물로 하시겠어요? 콜라로 하시겠어요?
     B เอาน้ำเปล่าดีกว่าค่ะ 물로 하는 게 좋겠어요.

주의

대화할 때 자신의 이름을 1인칭 대명사처럼 사용할 수 있습니다.
นับดาวขอไปเข้าห้องน้ำแป๊บนึงนะคะ
납다우(저) 잠시 화장실 좀 다녀올게요.
หลินจะสั่งหนังสือทางออนไลน์ค่ะ
린은(저는) 책을 온라인으로 주문할 거예요.

추가 단어

คำศัพท์เพิ่มเติม

음식

รสชาติ 음식 맛

หวาน
달다

ขม
쓰다

เค็ม
짜다

จืด
싱겁다

เปรี้ยว
시다

เผ็ด
맵다

เย็น
차갑다

ร้อน
뜨겁다

มัน
기름지다, 고소하다

เลี่ยน
기름기가 많다, 느끼하다

กลมกล่อม
풍미가 있다, 어우러지다

ฝาด
떫다

เครื่องดื่ม 음료수

กาแฟ
커피

โอเลี้ยง
올리양 (태국식 냉커피)

น้ำผลไม้(คั้น)
과일 주스

น้ำปั่น
쉐이크

น้ำอัดลม
탄산음료(청량음료)

สไปร์ท
스프라이트

ชาเขียว
녹차

ชา
차

유용한 표현

สำนวนที่เป็นประโยชน์ 081

식당에서 유용한 표현

A 여기에서 드시나요? 포장해 가시나요?
B 포장해 갑니다.

A 맵지 않게 해 주세요.
B 알겠습니다.

A 여기요! 계산해 주세요.
B 잠깐만 기다리세요.

 참고

เช็คบิล แทน เก็บตังค์หรือ เก็บเงิน ก็ได้ค่ะ

A 여기요. 음식값입니다.
   거스름돈은 필요 없어요.
B 정말 감사합니다.

▶ ทอน 거슬러 주다

บทที่ **13**   155

연습 문제

แบบฝึกหัด

문법

1 우리말에 맞게 단어를 배열하여 문장을 완성하세요.

(1) 팟타이 한 접시 주세요. (หนึ่ง / ผัดไทย / ขอ / จาน)

→ _____

(2) 쌀국수 한 그릇 주세요. (ขอ / หนึ่ง / ก๋วยเตี๋ยว / ชาม)

→ _____

(3) 닭구이 일 인분 주세요. (ไก่ย่าง / ขอ / ที่ / หนึ่ง)

→ _____

(4) 콜라 한 병 주세요. (ขอ / ขวด / โค้ก / หนึ่ง)

→ _____

2 그림을 보고 아래에 주어진 단어를 사용하여 보기 와 같이 대화를 완성하세요.

| เปรี้ยว | เผ็ด | ขม | หวาน | เย็น |

ตัวอย่าง
A น้ำแก้วนี้เป็นอย่างไร
B น้ำแก้วนี้**เย็น**มาก

(1) A กาแฟถ้วยนี้เป็นอย่างไร
B กาแฟถ้วยนี้_____มาก

(2) A มะนาวลูกนี้เป็นอย่างไร
B มะนาวลูกนี้_____มาก

(3) A แอปเปิ้ลลูกนี้เป็นอย่างไร
B แอปเปิ้ลลูกนี้_____มาก

(4) A ต้มยำกุ้งถ้วยนี้เป็นอย่างไร
B ต้มยำกุ้งถ้วยนี้_____มาก

듣기

● CD를 듣고 질문에 답하세요.

(1) 납다우가 고른 메뉴를 모두 고르세요.
  ① ปูผัดผงกะหรี่　　② ต้มยำกุ้ง　　③ ข้าวสวย　　④ ยำวุ้นเส้น

(2) 존은 무엇을 추가로 주문하였습니까?
  ① ปูผัดผงกะหรี่　　② ต้มยำกุ้ง　　③ ข้าวสวย　　④ ยำวุ้นเส้น

(3) 원래 어떤 음식이 맵습니까?
  ① ผัดไทย　　② ต้มยำกุ้ง　　③ ข้าวสวย　　④ ต้มจืด

읽기

● 다음 대화를 읽고 질문에 답하세요.

จอห์น	นับดาว ⓐครับ สั่งเครื่องดื่มกันเถอะ ⓑครับ
พนักงาน	จะรับเครื่องดื่มอะไรดีคะ
จอห์น	ขอน้ำเปล่าแก้วหนึ่งครับ อ้อ ไม่เอาน้ำแข็งนะครับ
นับดาว	แล้วก็ ขอแตงโมปั่นค่ะ เอาไม่หวานนะคะ
พนักงาน	ได้ค่ะ รอสักครู่นะคะ
นับดาว	พี่จอห์นคะ นับดาวขอไปเข้าห้องน้ำแป๊บนึงนะคะ
จอห์น	ⓒครับ ห้องน้ำอยู่ทางโน้น ⓓครับ

(1) จ้ะ와 จ๊ะ를 사용하여 ⓐ, ⓑ, ⓒ, ⓓ를 바꾸세요.

  ⓐ _____　　ⓑ _____　　ⓒ _____　　ⓓ _____

(2) 위 대화의 내용과 일치하는 것을 고르세요.

  ① 존 씨는 얼음물을 마시고 싶다.
  ② 납다우 씨는 달달한 것을 마시고 싶다.
  ③ 종업원이 납다우 씨에게 화장실 가는 방법을 가르쳐 줬다.
  ④ 납다우 씨는 혼자 화장실에 갔다.

열대의 상징 야자수 in 태국

흔히 아열대의 해변의 풍경을 그릴 때 떠오는 것 중 하나가 코코넛, 즉 야자수입니다. 태국에서 야자는 그 열매를 통째로 윗부분에 구멍을 내 주스로 마시고, 완숙한 열매의 속살인 까티กะทิ를 다양한 식재료로 사용하고, 겉껍질은 바가지, 숟가락과 포크, 국자 등 생활용품을 만들어 사용하고, 속껍질과 잎, 줄기를 연료로 사용하는 등 그야말로 버릴 것이 하나 없는 식물입니다.

그중에서도 까티, 즉 코코넛 밀크는 태국 음식에서 빠질 수 없는 가장 중요한 식재료 중 하나입니다. 완숙한 코코넛 열매의 속살을 갈아서 짜낸 즙인 까티는 태국에서 다용도 식재료로 쓰이는데, 향기로운 풍미뿐만 아니라 고소하면서도 달달한 맛을 지니고 있어 깽키야우완แกงเขียวหวาน, 똠얌꿍ต้มยำกุ้ง, 똠카까이ต้มข่าไก่, 맛싸만มัสมั่น, 파냉พะแนง 등의 각종 태국 커리류 및 음식, 그리고 카놈크록ขนมครก, 카놈찬ขนมชั้น, 카놈투아이ขนมถ้วย, 부아러이บัวลอย, 끄루아이부엇치กล้วยบวชชี 등의 전통 디저트의 주요한 재료로 쓰입니다. 코코넛 밀크 아이스크림(ไอศครีมกะทิ)도 즐겨 먹습니다.

까티는 식생활의 중심에 있었던 만큼 관용 표현을 낳기도 하였는데, 바로 '후어까티หัวกะทิ'라는 말입니다. 까티 중에서도 처음 짜낸 까티를 '후아까티'라고 하는데, 이는 무리 중에서 월등히 뛰어난 자, 즉 '군계일학'이라는 은유적인 의미로 쓰입니다.

후식　음료　음식

บทที่ 14

ห้องสมุดอยู่ที่ไหน
도서관이 어디에 있습니까?

- 장소나 위치를 묻는 표현 อยู่ที่ไหน
- 위치를 나타내는 표현
- '어느'를 나타내는 표현: 명사 + ไหน
- 선행 및 후행을 나타내는 표현: 동사₁ + แล้ว + 동사₂

주요 구문 & 문법
โครงสร้างประโยคและไวยากรณ์ที่สำคัญ

- ### 장소나 위치를 묻는 표현 อยู่ที่ไหน

'~에 위치하다'를 의미하는 동사 **อยู่**와 '어디'를 의미하는 의문사 **ที่ไหน**를 결합하여 만드는 의문문으로 장소의 위치를 물을 때 사용합니다. 구어체에서는 주로 **ที่**를 생략한 형태인 **อยู่ไหน**로 말합니다.

บ้าน**อยู่ที่ไหน** 집이 어디에 있어요?

ห้องสมุด**อยู่ไหน** 도서관이 어디에 있어요?

ห้องน้ำ**อยู่ไหน** 화장실이 어디에 있어요?

- ### 위치를 나타내는 표현

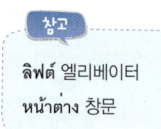

참고
ลิฟต์ 엘리베이터
หน้าต่าง 창문

หน้า 앞	ลิฟต์อยู่**หน้า**ประตู 엘리베이터가 문 앞에 있습니다.
หลัง 뒤	หน้าต่างอยู่**หลัง**เตียง 창문이 침대 뒤에 있습니다.
บน 위	เสื้ออยู่**บน**เตียง 옷이 침대 위에 있어요.
ล่าง/ใต้ 아래/밑	รองเท้าอยู่**ใต้**เก้าอี้ 신발이 의자 밑에 있습니다.
ใน 안	หนังสืออยู่**ใน**กระเป๋า 책이 가방 안에 있습니다.
นอก 밖	ต้นไม้อยู่**นอก**บ้าน 나무가 집 밖에 있습니다.
ข้าง ๆ 옆	กระเป๋าอยู่**ข้าง ๆ** โต๊ะหนังสือ 가방이 책상 옆에 있습니다.

● **'어느'를 나타내는 표현: 명사 + ไหน**

ไหน는 '어느', '무슨', '어떤'을 의미하는 의문 형용사로서, '명사 + ไหน'의 형태로 의문문을 만드는 데 사용할 수 있습니다. 'ทาง + ไหน'는 '어느 길', '어느 쪽'을 의미하는데, 동사 ไป와 결합하여, 찾는 장소로 가는 방법이나 방향을 물을 수 있습니다.

สถานีรถไฟไปทางไหน 기차역은 어느 쪽으로 갑니까?

คุณพักที่โรงแรมไหน 당신은 어느 호텔에 묵습니까?

เธอชอบสีไหน 그녀는 어떤 색을 좋아합니까?

> 참고
> สถานีรถไฟ 기차역
> โรงแรม 호텔

● **선행 및 후행을 나타내는 표현: 동사₁ + แล้ว + 동사₂**

두 개의 동사 또는 두 개의 문장이 แล้ว로 연결될 경우, แล้ว는 접속사로 기능하여 동사₁의 동작이 먼저 일어난 후 동사₂의 동작이 이어서 일어남을 나타냅니다.

ตรงไปแล้วเลี้ยวซ้าย 직진한 후에 좌회전하다.

ไปซื้อของแล้วไปหาเพื่อน 가서 물건을 산 후 친구를 찾아가다.

กินข้าวแล้วไปดื่มกาแฟกันเถอะ 밥을 먹고 나서 커피를 마시러 갑시다.

> **주의**
>
> **정확한 지점을 나타내는 ตรง**
>
> ตรงไป에서 ตรง은 '똑바로'의 뜻으로 '직진하다'를 의미하지만, ตรงสี่แยก에서 ตรง은 '바로 그 지점'을 의미하여, '사거리에서'를 말합니다.
>
> เลี้ยวซ้ายตรงสี่แยก 사거리에서 좌회전하세요.
> เลี้ยวขวาตรงหน้าโรงพยาบาล 병원 (바로) 앞에서 우회전하세요.

대화 1

บทสนทนา 1

린	선생님! 도서관이 어디에 있어요?
프래와	은행 옆에 있어요.
린	병원 뒤에 있는 은행 말이죠?
프래와	맞아요. 걸어서 15분 정도면 도착해요.
린	도서관에 상점이 있나요?
프래와	편의점이 있어요. 1층에 있어요.
린	책을 읽으려면 몇 층에 가야 하나요?
프래와	열람실은 2층과 3층에 있어요.

หลิน คุณครูคะ ห้องสมุดอยู่ที่ไหนคะ

แพรวา อยู่ข้าง ๆ ธนาคารค่ะ

หลิน ธนาคารที่อยู่หลังโรงพยาบาลใช่ไหมคะ

แพรวา ใช่ค่ะ เดินไปประมาณ 15 นาทีถึงค่ะ

หลิน ที่ห้องสมุดมีร้านขายของไหมคะ

แพรวา มีร้านสะดวกซื้อค่ะ อยู่ชั้น 1 ค่ะ

หลิน ถ้าจะอ่านหนังสือ ต้องไปชั้นไหนคะ

แพรวา ห้องอ่านหนังสืออยู่ชั้น 2 และชั้น 3 ค่ะ

새로운 단어

ธนาคาร 은행
โรงพยาบาล 병원
ถึง 도착하다
ร้านขายของ 상점, 가게
ร้านสะดวกซื้อ 편의점
ชั้น 층
อ่านหนังสือ 책을 읽다
ห้องอ่านหนังสือ 열람실

새로운 표현

ห้องสมุดอยู่ที่ไหน 도서관이 어디에 있어요?
อยู่ข้างธนาคาร 은행 옆에 있어요.
อยู่ชั้น 1 1층에 있어요.

대화 Tip

- ที่ + 장소 명사 + มี + 명사: (장소)에 (명사)이/가 있다
  ที่ห้องสมุดมีร้านสะดวกซื้อ 도서관에 편의점이 있습니다.
  ที่มหาวิทยาลัยมีธนาคาร 대학교에 은행이 있습니다.

- ถ้าจะ + 동사 ต้อง + 동사: ~하려면 반드시 ~해야 한다
  ถ้าจะอ่านหนังสือ ต้องไปห้องสมุด 책을 읽으려면 도서관에 가야 합니다.
  ถ้าจะซื้อยา ต้องไปร้านขายยา 약을 사려면 약국에 가야 합니다.

주의

ชั้น 1 = ชั้นที่ 1

태국어에서 '수사 + 분류사'는 기수를, '분류사 + ที่ + 수사'는 서수를 표현합니다. 이때 ที่를 생략할 수 있으므로 순서를 주의해야 합니다. 즉, 1 ชั้น은 '한 층', '일 층'을 의미하고, ชั้น(ที่) 1은 '첫 번째 층', '일 층'을 의미합니다.

บ้านของเราเป็นตึกสองชั้น
우리 집은 2층 건물입니다.

ห้องเรียนของเราอยู่ชั้นสอง
우리 교실은 2층에 있습니다.

대화 2

บทสนทนา 2

바이먼	죄송합니다. 버스 정류장은 어느 쪽으로 가나요?
남자	직진한 뒤에 사거리에서 좌회전하세요.
바이먼	사거리가 멀리 있나요?
남자	안 멀어요. 여기서 600미터 정도예요. 당신은 어디로 갈 건가요?
바이먼	짜뚜짝 공원에 갈 거예요.
남자	그렇다면 걸어가도 돼요. 이쪽으로 곧장 걸어가세요.
바이먼	그래요? 걸으면 시간이 얼마나 걸려요?
남자	10분 정도면 도착해요.

ใบหม่อน ขอโทษค่ะ ป้ายรถเมล์ไปทางไหนคะ

ผู้ชาย ตรงไปแล้วเลี้ยวซ้ายตรงสี่แยกครับ

ใบหม่อน สี่แยกอยู่ไกลไหมคะ

ผู้ชาย ไม่ไกลครับ ประมาณ 600 เมตรจากตรงนี้ครับ คุณจะไปไหนครับ

ใบหม่อน จะไปสวนจตุจักรค่ะ

ผู้ชาย ถ้าอย่างนั้น เดินไปก็ได้ครับ เดินตรงไปทางนี้นะครับ

ใบหม่อน หรือคะ ถ้าเดิน ใช้เวลาประมาณเท่าไรคะ

ผู้ชาย ประมาณ 10 นาทีก็ถึงครับ

새로운 단어

เมตร 미터(meter)
ไกล 멀다
สวนจตุจักร 짜뚜짝 공원
ใช้เวลา 시간이 걸리다
ถึง 도착하다, 도달하다

새로운 표현

ป้ายรถเมล์ไปทางไหน
버스 정류장은 어느 쪽으로 가나요?

ตรงไปแล้วเลี้ยวซ้ายตรงสี่แยก
직진한 뒤에 사거리에서 좌회전하세요.

สี่แยกอยู่ไกลไหม 사거리가 멀리 있나요?

เดินไปก็ได้ 걸어가도 돼요.

เดินตรงไปทางนี้นะ 이쪽으로 곧장 걸어가세요.

대화 Tip

- **เดินไปก็ได้** 걸어가도 된다

'동사/명사 + ก็ได้'는 '~해도 되다', '~도 좋다'를 의미합니다. 앞의 내용을 해도 된다는 표현을 할 때 유용하게 쓸 수 있습니다. 주로 선택해야 하는 제안이나 물음에 대해 '~도 된다'나 '~해도 된다'로 선택 가능한 것을 답할 때 사용합니다.

A **คุณอยากทานอะไร** 당신은 무엇을 먹고 싶나요?
B **อะไรก็ได้** 아무거나 좋습니다. / **อาหารไทยก็ได้** 태국 음식도 좋습니다.

추가 단어 คำศัพท์เพิ่มเติม

운전자 및 보행자에게 필요한 표현

เลี้ยวซ้าย
왼쪽으로 돌다, 좌회전하다

เลี้ยวขวา
오른쪽으로 돌다, 우회전하다

เลี้ยวกลับ
유턴하다

อ้อม
빙 돌아가다

ขึ้น
올라가다

ลง
내려가다

เข้า
들어가다

ออก
나오다

ขึ้นบันได
계단을 오르다

ลงบันได
계단을 내려오다

ขึ้นลิฟต์
엘리베이터를 타다

หลงทาง
길을 잃다, 헤매다

ข้ามถนน
길을 건너다

ข้ามทางม้าลาย
횡단보도를 건너다

ข้ามสะพานลอย
육교를 건너다

รอสัญญาณไฟ
신호등을 기다리다

위치 및 방향

กลาง 가운데	**ต้น** 시작	**สุด** 끝	**ตรงข้าม** 건너편
ตะวันออก 동	**ตะวันตก** 서	**ใต้** 남	**เหนือ** 북
ซ้าย(มือ) 왼편	**ขวา(มือ)** 오른편	**เยื้อง** 대각선상	**ริม** 가장자리

유용한 표현

สำนวนที่เป็นประโยชน์

위치 및 방향을 나타내는 표현

A 제가 시장에 가려는데, 어느 쪽으로 가야 합니까?
B 오른쪽으로 가야 합니다.

B의 추가 표현
ต้องไปทางซ้ายครับ 왼쪽으로 가야 합니다.

A 남자 화장실이 어느 쪽에 있습니까?
B 왼쪽에 있습니다.

B의 추가 표현
อยู่ทางขวาครับ 오른쪽에 있습니다.

A 누가 형이고, 누가 동생입니까?
B 형은 오른편에 있고, 동생은 왼편에 있습니다.

บทที่ **14**

연습 문제

แบบฝึกหัด

문법

1 보기와 같이 빈칸에 알맞은 말을 넣어 문장을 완성하세요.

> ตัวอย่าง   축구장이 학교 안에 있다.
> → สนามฟุตบอลอยู่<u>ใน</u>โรงเรียน

(1) 공원이 집 앞에 있다.
   → สวนสาธารณะอยู่_____บ้าน

(2) 편의점이 병원 뒤에 있다.
   → ร้านสะดวกซื้ออยู่_____โรงพยาบาล

(3) 편의점이 은행 옆에 있다.
   → ร้านสะดวกซื้ออยู่_____ธนาคาร

(4) 약국이 커피숍 위에 있다.
   → ร้านขายยาอยู่_____ร้านกาแฟ

(5) 우체국이 도서관 밑에 있다.
   → ไปรษณีย์อยู่_____ห้องสมุด

▶ **สนามฟุตบอล** 축구장

2 그림을 보고 무엇이 있는지 없는지 알맞게 써 넣으세요.

(1) ที่ชั้น 1 _____ ร้านขายยา

(2) ที่ชั้น 2 _____ ไปรษณีย์

(3) ที่ชั้น 3 _____ ร้านอาหาร

(4) ที่ชั้น 4 _____ ร้านดอกไม้

(5) ที่ชั้น 5 _____ ร้านรองเท้า

▶ **ร้านดอกไม้** 꽃집 | **ร้านรองเท้า** 신발 가게

듣기

● CD를 듣고 내용에 알맞은 그림을 찾아 해당 번호를 써 넣으세요.

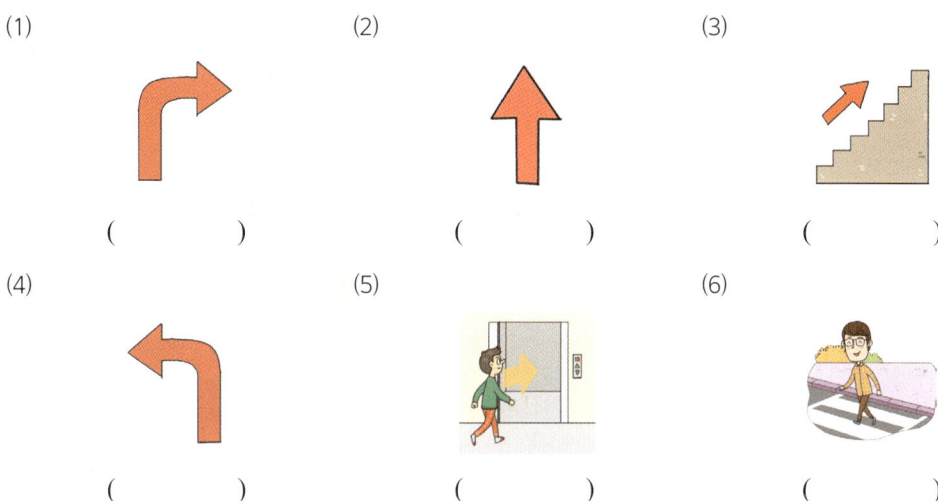

(1) (   ) (2) (   ) (3) (   )
(4) (   ) (5) (   ) (6) (   )

읽기

● 다음은 대화를 읽고 질문에 답하세요.

ใบหม่อน   ขอโทษค่ะ ป้ายรถเมล์ไปทางⓐ_____คะ
ผู้ชาย   ตรงไปแล้วเลี้ยวขวาตรงสี่แยกครับ
ใบหม่อน   สี่แยกอยู่ไกลⓑ_____คะ
ผู้ชาย   ไม่ไกลครับ ประมาณ 700 เมตรจากตรงนี้ครับ คุณจะไปⓒ_____ครับ
ใบหม่อน   จะไปถนนข้าวสารค่ะ
ผู้ชาย   ถ้าอย่างนั้น เดินไปก็ได้ครับ
ใบหม่อน   หรือคะ ถ้าเดิน ใช้เวลาประมาณⓓ_____คะ
ผู้ชาย   ประมาณ 15 นาทีก็ถึงครับ

(1) 위 대화의 내용과 일치하지 않는 것을 모두 고르세요.

① 바이먼 씨는 지하철역을 찾고 있다.　　② 바이먼 씨는 카우산로드에 걸어갈 것이다.
③ 카우산로드는 멀어서 걸어갈 수 없다.　　④ 여기에서 사거리까지는 가깝다.

(2) 빈칸에 알맞은 의문 표현을 모두 쓰세요.

ⓐ _____   ⓑ _____   ⓒ _____   ⓓ _____

บทที่ **14**　167

재미있는 태국의 자동차 번호판 이야기

태국에서는 다양한 색상과 모양의 자동차 번호판을 볼 수 있습니다. 일반 승용차 기준으로 살펴보자면, 가장 일반적인 모양은 흰색 바탕에 검정색 글씨의 번호판입니다. 빨간 바탕에 검정색 글씨로 된 번호판은 태국인들이 흔히 빠이댕(ป้ายแดง, 빨간 표지판)이라 부르는데 정식으로 차량 등록을 하기 전에 신차에 부착하는 임시 표지판입니다. 그래서 '빠이댕=새 차'라는 의미로 사용됩니다.

차량 등록 번호는 일반적으로 태국어 자음 2자와 숫자 4자리 조합으로 구성됩니다. 하단에는 해당 차량을 등록한 짱왓(จังหวัด, 태국 행정 구역 중 가장 큰 단위로, 우리나라의 도에 해당)이 표기되어 있습니다.

만일 이런 조합으로 이루어진 번호판이 아니라면, 또는 흰색 바탕이 아닌 그래픽으로 이루어진 번호판이라면 주로 경매를 통해 비싸게 산 번호판들입니다.

태국인들은 숫자와 관련된 믿음을 통해 복권을 사는데, 신차를 사거나 새 번호판으로 바꾸거나, 또는 사고가 났을 때 액땜 등을 위해 사고가 난 차량 번호로 복권을 사기도 합니다.

태국의 자동차 번호판과 관련해서 또 하나 재미있는 사실은 앞서 말한 태국어 자음 2자의 조합으로 이루어진 단어의 의미가 운전과 관련하여 안 좋은 뜻을 담고 있거나 무례함을 보일 경우 번호판에 등장하지 않는다는 점입니다. 즉, 그 자음 조합으로는 번호판을 부여하지 않는다고 합니다. 예를 들면 งง(어지럽다, 헷갈리다), ตด(방귀), ศพ(시체), ชน(부딪히다, 박다), จน(막다르다, 가난하다) 등이 있습니다. 더불어 시체를 의미하는 단어 ศพ과 동일한 소리를 내는 자음 조합인 สพ, ศบ, ษพ 등도 번호판에 등장하지 않습니다.

บทที่ 15

ช่วยจอดตรงนี้ด้วย

여기 세워 주세요.

- 부탁의 표현: ช่วย + 동사...ด้วย
- 가능의 표현 ได้
- 간접 표현 ...ว่า...
- 서둘러서 ~하다: รีบ + 동사

주요 구문 & 문법
โครงสร้างประโยคและไวยากรณ์ที่สำคัญ

- **부탁의 표현: ช่วย + 동사...ด้วย**

  동사 앞에 **ช่วย**를 붙여 줌으로써 상대방에게 부탁하는 문장을 만들 수 있습니다.

ช่วย + 동사 ... ด้วย

  ช่วยจอดตรงนี้**ด้วย** 여기 세워 주세요.

  ช่วยเลี้ยวขวา**ด้วย** 우회전해 주세요.

  ช่วยเปิดท้ายรถ**ด้วย** 차 트렁크를 열어 주세요.

  > 참고
  > 교통수단 탑승 관련 동사
  > ขึ้น 타다   ลง 내리다
  > จอด 세우다, 주차하다   เปิดท้าย 트렁크를 열다
  > ตรงไป 직진하다   ชะลอ 감속하다
  > ชิดซ้าย 좌측으로 붙다 ชิดขวา 우측으로 붙다
  > เลี้ยวซ้าย 좌회전하다 เลี้ยวขวา 우회전하다
  > ข้าม 건너다   กลับรถ 유턴하다

  > 주의
  > ช่วยด้วย 도와주세요!

- **가능의 표현 ได้**

  태국어에서는 동사 뒤에 **ได้**를 붙이면 '~할 수 있다'는 것을 표현하며, 부정의 경우 '동사 + **ไม่ได้**'를 사용합니다. **ได้/ไม่ได้**는 주로 어떠한 이유, 상황 때문에 '~할 수 있거나 없음'을 의미합니다.

동사 + **ได้** ~할 수 있다	A จอดที่นี่**ได้**ไหม 여기 세울 수 있나요? B จอด**ได้** 네, 세울 수 있어요
동사 + **ไม่ได้** ~할 수 없다	จอด**ไม่ได้** 세울 수 없어요.

  เขาพูดภาษาไทย**ได้** 그는 태국어를 할 수 있어요.

  ผมกินเผ็ด**ไม่ได้** 저는 맵게 먹을 수 없어요.

  ที่นี่สูบบุหรี่**ได้**ไหม 여기에서 담배를 피울 수 있습니까?

  > 참고
  > สูบบุหรี่ 담배 피우다

● **간접 표현 ...ว่า...**

'동사 + ว่า + 문장'의 구조를 가지며, 'ว่า 이하라고 ~하다'를 뜻합니다. **เขียน**(쓰다), **บอก**(말하다), **ถาม**(묻다), **ได้ยิน**(듣다), **คิด**(생각하다), **เข้าใจ**(이해하다) 등의 동사와 자주 쓰입니다.

รถเมล์คันนี้เขียน<u>ว่า</u>ไปตลาดรถไฟ 이 버스는 따랏 롯화이에 간다고 써 있다.

ตำรวจ<u>บอกว่า</u>ข้างหน้ามีอุบัติเหตุ 경찰이 앞쪽에 사고가 났다고 말했다.

โชเฟอร์<u>ถามว่า</u>จะไปไหน 운전기사가 어디에 가냐고 물었다.

ผม<u>ได้ยินว่า</u>วันนี้รถติดมาก 나는 오늘 차가 많이 막힌다고 들었다.

คนส่วนใหญ่<u>คิดว่า</u>ผู้ชายกินมากกว่าผู้หญิง 대부분의 사람들은 남자가 여자보다 더 많이 먹는다고 생각한다.

ดิฉัน<u>เข้าใจว่า</u>คุณพยายามเต็มที่แล้ว 나는 당신이 최선을 다했다고 이해합니다.

참고
โชเฟอร์ 운전기사

● **서둘러서 ~하다: รีบ + 동사**

태국어는 고립어로서 동사의 변형이 없으며, 여러 개의 동사구가 나열될 때도 접사나 연결 어미 없이 어순이나 의미적 조건에 따라 자유롭게 이어집니다. 이를 연속 동사 구문이라고 부르는데, 연속 동사 구문이 많이 나타나는 것이 태국어의 대표적 특성 중 하나입니다. 대표적인 예로 '서두르다'를 의미하는 동사 **รีบ**과 후행 동사가 결합하여 '서둘러서 ~하다'를 표현합니다.

<u>รีบ</u>ขึ้นรถ 서둘러 차에 타다.   <u>รีบ</u>ซื้อตั๋ว 서둘러 표를 사다.

대화 1

บทสนทนา 1

ผู้โดยสารจะลงที่หน้าห้างฯ เลยหรือครับ

ค่ะ ลงได้ไหมคะ

택시기사	승객분 백화점 앞에서 내리시겠습니까?
나리	네, 내릴 수 있나요?
택시기사	제가 오늘 백화점에서 콘서트가 있을 거라 들었습니다.
나리	그래서 차가 막히겠지요?
택시기사	네.
나리	그렇다면 앞쪽 BTS역에 세워 주세요.
택시기사	알겠습니다. 잠시만 기다리세요. 도착했습니다. 요금이 125바트입니다.
나리	여기 있습니다. 감사합니다.

คนขับรถแท็กซี่	ผู้โดยสารจะลงที่หน้าห้างฯ เลยหรือครับ
นารี	ค่ะ ลงได้ไหมคะ
คนขับรถแท็กซี่	ผมได้ยินว่าวันนี้จะมีคอนเสิร์ตที่ห้างฯ
นารี	เพราะฉะนั้น รถน่าจะติดใช่ไหมคะ
คนขับรถแท็กซี่	ใช่ครับ
นารี	ถ้าอย่างนั้น ช่วยจอดตรงสถานีบีทีเอสข้างหน้าด้วยค่ะ
คนขับรถแท็กซี่	ได้ครับ รอสักครู่นะครับ ถึงแล้วครับ ค่าโดยสาร 125 บาทครับ
นารี	นี่ค่ะ ขอบคุณมากค่ะ

새로운 단어

ผู้โดยสาร 승객
ห้างฯ 백화점(ห้างสรรพสินค้า)의 줄임말
คอนเสิร์ต 콘서트
เพราะฉะนั้น 그래서
สถานีบีทีเอส BTS역 (방콕의 지상철역)
ค่าโดยสาร 요금, 운임

새로운 표현

ได้ยินว่า ~라고 들었습니다.
เพราะฉะนั้น 그래서, 그렇게 때문에
รอสักครู่นะครับ 잠시만 기다리세요.

대화 Tip

- **เพราะฉะนั้น ~** : 그렇기 때문에, 그래서
  인과 관계를 나타내는 접속사로 앞선 문장에 대한 결과를 이야기할 때 사용합니다.
  วันนี้มีคอนเสิร์ต เพราะฉะนั้น รถน่าจะติด
  오늘은 콘서트가 있습니다. 그래서 차가 막힐 겁니다.
  วันนี้ฝนตก เพราะฉะนั้น รถน่าจะติด
  오늘은 비가 내립니다. 그래서 차가 막힐 겁니다.

참고

น่าจะ는 '~할 것 같다'는 의미로 상황이나 상태를 추측할 때 사용합니다.
เขาน่าจะมาจากบ้าน
그는 집에서 올 것 같다.
น่าจะเป็นไปได้ 가능할 것 같다.

대화 2

บทสนทนา 2

퍼디	이 버스가 따랏 롯화이에 간다고 써 있어?
민호	써 있어. 우리 서둘러 타자.
버스 승무원	요금은 일인당 14바트입니다.
퍼디	여기요. 두 명입니다.
민호	정말 고마워. 내가 잔돈 준비해 두는 것을 잊었어.
퍼디	괜찮아. 이제 우리 다음 정류장에서 내려. 그리고 나서 MRT를 타야 해.
민호	알겠어. MRT 탈 때는 내가 요금을 낼게.

พอดี	รถเมล์คันนี้เขียนว่าไปตลาดรถไฟหรือเปล่า
มินโฮ	เขียน เรารีบขึ้นกันเถอะ
พนักงานเก็บเงิน	ค่าโดยสารคนละ 14 บาทค่ะ
พอดี	นี่ครับ สองคนครับ
มินโฮ	ขอบใจมากนะ เราลืมเตรียมเงินปลีกไว้
พอดี	ไม่เป็นไร เดี๋ยวเราลงป้ายหน้า แล้วต่อเอ็มอาร์ทีกันนะ
มินโฮ	โอเค ตอนขึ้นเอ็มอาร์ที เราจะจ่ายค่าโดยสารให้เองนะ

새로운 단어

- ตลาดรถไฟ 따랏 롯화이 (방콕에 있는 야시장 이름)
- ขอบใจ 고맙다
- ลืม 잊다, 잊어버리다
- เตรียม 준비하다
- เงินปลีก 잔돈
- ป้าย 정류장, 정거장
- ต่อ 잇다, 계속하다
- เอ็มอาร์ที MRT (방콕의 지하철)
- โอเค 오케이(okay)
- จ่าย 지불하다, (돈을) 내다

새로운 표현

เรารีบขึ้นกันเถอะ 우리 서둘러 타자.
ค่าโดยสารคนละ 14 บาท 요금은 일인당 14바트입니다.
ลืม...ไว้ ~하는 것을 잊어버리다
ตอนขึ้นเอ็มอาร์ที เราจะจ่ายค่าโดยสารให้เองนะ MRT 탈 때는 내가 요금을 낼게.

대화 Tip

- **ลืม + 명사/동사** : ~을/를 잊다, ~하는 것을 잊어버리다
  ลืมแว่นตา 안경을 잊어버리다.
  ลืมใส่แว่นตา 안경 쓰는 것을 잊어버리다.

- 시간 접속사 **ตอน** + 동사: ~할 때
  ตอนลง 내릴 때
  ตอนขึ้น 탈 때

참고

เดี๋ยว는 '이제', '곧', '잠시 후에' 등 찰나의 시간을 의미하는 시간 부사입니다.

เดี๋ยวคุณลงก่อนนะ
곧 당신이 먼저 내리세요.

เดี๋ยวผมลงทีหลัง
제가 나중에 내리겠습니다.

추가 단어

คำศัพท์เพิ่มเติม

교통수단

รถเมล์ / รถบัส / รถประจำทาง
버스

มอร์เตอร์ไซค์
오토바이

รถแท็กซี่
택시

รถสองแถว
썽태우

รถตุ๊ก ๆ (รถสามล้อเครื่อง)
툭툭(삼륜차)

เรือ
배

รถไฟ
기차

เครื่องบิน
비행기

รถไฟใต้ดิน
지하철

เอ็มอาร์ที
MRT(방콕의 지하철)

รถไฟฟ้า
전철

บีทีเอส
BTS(방콕의 지상철)

도로에서 볼 수 있는 것들

สี่แยก 사거리 **สามแยก** 삼거리 **ทางแยก** 교차로
วงเวียน 로터리 **ไฟแดง** 빨간불 **ไฟเขียว** 파란불
ทางด่วน 고속도로 **ทางรถไฟ** 철길, 철로 **สนามบิน** 공항
ป้ายรถเมล์ 버스 정류장 **สถานีรถไฟ** 기차역 **สถานีขนส่ง** 버스 터미널

유용한 표현

대중교통 이용 관련 표현

A 요즘 차가 많이 막힙니다.
  승객분 고속도로를 타시겠습니까?
B 타요.

A 이 버스는 싸남루앙에 갑니까?
B 안 갑니다.
  건너편으로 가서 타셔야 합니다.

▶ ฝั่งตรงข้าม 반대편, 건너편

A 머칫에 갈 거예요. 어느 역에서 환승해야 합니까?
B 싸얌에서요.

연습 문제
แบบฝึกหัด

문법

1. 우리말에 맞게 택시 기사에게 부탁하는 표현으로 단어를 배열하세요.

   (1) 사거리에 세워 주세요. (ด้วย / ค่ะ / ช่วย / ตรงสี่แยก / จอด)
   → _____

   (2) 우회전 해 주세요. (เลี้ยวขวา / ค่ะ / ช่วย / ด้วย)
   → _____

   (3) 차 트렁크를 열어 주세요. (เปิดท้ายรถ / ด้วย / ช่วย / ค่ะ)
   → _____

   (4) 직진해 주세요. (ช่วย / ด้วย / ค่ะ / ตรงไป)
   → _____

   (5) 유턴해 주세요. (กลับรถ / ค่ะ / ช่วย / ด้วย)
   → _____

2. 다음 표현을 보기와 같이 ถามว่า, บอกว่า, ได้ยินว่า를 사용하여 간접 표현 문장으로 바꾸세요.

   ตัวอย่าง   โชเฟอร์ จะขึ้นทางด่วนไหมครับ
   → โชเฟอร์<u>ถามว่าจะขึ้นทางด่วนไหม</u>

   (1) โชเฟอร์ วันนี้รถติดมากครับ
   → โชเฟอร์_____

   (2) โชเฟอร์ จะไปไหนครับ
   → โชเฟอร์_____

   (3) คุณพ่อ ตอนนี้คุณย่าไม่สบาย
   เพื่อน จริงหรือคะ
   → เพื่อน_____

듣기

- CD를 듣고 내용에 알맞은 그림을 찾아 해당 번호를 써 넣으세요.

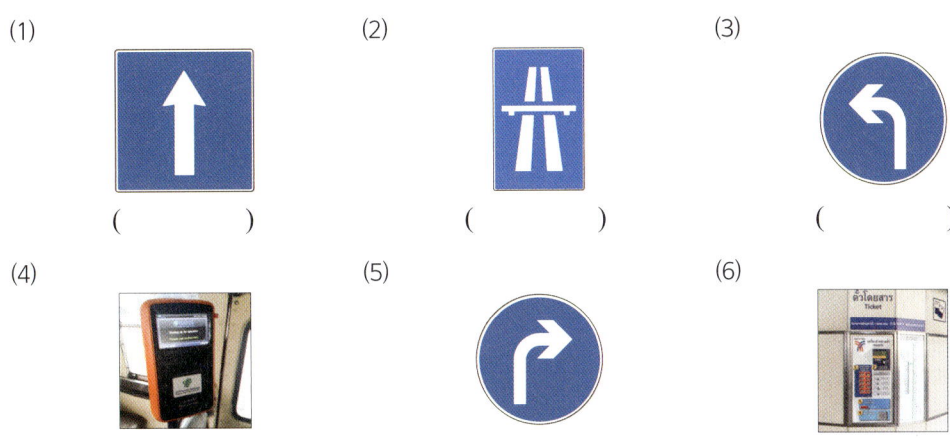

(1) (   ) (2) (   ) (3) (   )
(4) (   ) (5) (   ) (6) (   )

읽기

- 다음 대화를 읽고 질문에 답하세요.

> A รถเมล์คันนี้เขียนว่าไปตลาดรถไฟหรือเปล่า
> B เขียน เรารีบขึ้นกันเถอะ
> C ค่าโดยสารคนละ 14 บาทค่ะ
> A นี่ครับ สองคนครับ
> B ขอบใจมากนะ เรา_____เตรียมเงินปลีกไว้
> A ไม่เป็นไร เดี๋ยวเราลงป้ายหน้า แล้วต่อเอ็มอาร์ทีกันนะ
> B โอเค ตอนขึ้นเอ็มอาร์ที เราจะจ่ายค่าโดยสารให้เองนะ

(1) 빈칸에 들어갈 말을 고르세요.

① เอา   ② มี   ③ ช่วย   ④ ลืม

(2) 위 대화의 내용과 일치하는 것을 고르세요.

① A가 잔돈이 없다.
② A와 B는 따랏 롯화이에 가고 있다.
③ A와 B는 지상철을 환승할 것이다.
④ A와 B는 버스 승무원에게 14바트를 지불했다.

บทที่ **15** 177

방콕의 대중교통

태국의 수도 방콕은 전 세계적으로 교통 체증이 심한 곳으로 악명을 떨치는 도시 중 하나입니다. 세계적인 대도시로서 다양한 대중교통 수단이 있는데, 지상철이라 불리는 BTS와 지하철인 MRT, 택시, 버스, 배, 오토바이 택시 등이 있습니다.

지상철인 BTS는 1999년 12월 5일에 개통되었는데, 쑤쿰윗 노선과 씨롬 노선의 두 개가 있으며 계속해서 확장 공사가 진행되고 있습니다. 지하철인 MRT는 2004년 차름랏차몽콘 노선을 개통하였고, 2016년 연장 노선인 차렁랏찻탐 노선을 운행하기 시작하여 현재 2개 노선이 운행되고 있습니다. MRT 역시 추가 노선 건설이 추진되고 있습니다. 아쏙역, 싸라댕역 등 BTS에서 MRT로 환승 가능한 역들이 있지만 우리나라의 환승 제도와는 달리 각각의 승차권을 사용하여 승하차를 해야 합니다. 승차권은 1회용과 충전식이 있으며, 관광객들을 위한 One-day Pass도 있습니다. MRT의 경우 1회용 승차권은 플라스틱 코인입니다.

방콕의 택시는 미터 택시로 기본 요금은 35바트이고, 2바트씩 올라갑니다. 시내 버스도 에어컨 버스와 일반 버스가 있는데, 노선이 다양합니다. 일반 버스의 경우는 전 구간 8바트로 단일 요금인 데 반해, 에어컨 버스는 종류에 따라 기본요금이 13바트에서 시작하여 구간별로 요금이 올라갑니다. 방콕의 시내버스에는 요금을 받는 안내원이 있으며, 가끔 검표원이 타서 표 검사를 하기도 합니다.

방콕의 버스는 대부분 대로를 따라 운행되기 때문에 집에서 큰 도로까지 나가는 데 거리가 있는 경우 주로 오토바이 택시를 이용합니다. 골목이 길게 형성되어 있는 경우에는 골목 초입에 오토바이 택시들이 대기하고 있으며, 가격도 구간별로 정해져 있습니다. 주로 골목 내를 운행하나 골목을 벗어나 원하는 목적지가 있을 경우 흥정을 통해 가격을 결정한 뒤에 승차하면 됩니다.

방콕은 동양의 베니스로 불리는데, 이는 방콕을 동서로 가로질러 흐르는 짜오프라야강을 비롯하여 여러 개의 강과 운하가 있고, 이를 이용한 수로 교통이 발달했기 때문입니다. 오늘날까지도 짜오프라야강과 수로 위를 누비는 배는 교통 체증이 심각한 방콕에서 직장인들의 소중한 출퇴근길 이동 수단이 되고 있습니다. 강 양쪽만 오가는 배도 있고, 버스처럼 노선이 정해져 있는 배도 있습니다. 노선 배의 경우 버스와 마찬가지로 요금을 받는 안내원이 승선해 있습니다.

외국인 관광객들에게 유명한 태국의 상징적인 교통수단인 뚝뚝은 생산이 중단되어 그 수가 많이 줄었지만 관광지나 재래시장 주변에서 흔히 볼 수 있는데, 타기 전에 흥정을 통해 가격을 정해야 합니다.

บทที่ 16

ขอสายหลินหน่อยครับ

ขอสายหลินหน่อยครับ

린 좀 바꿔 주세요.

- 전화 거는 사람이 자신을 밝히는 표현
- 전화 걸기 및 통화에서의 สาย 표현
- 공손하게 묻는 표현 ไม่ทราบว่า
- 가능한 방법을 물어보는 표현 จะ...ได้ยังไง(อย่างไร)
- 조건절을 이끄는 표현 ถ้า...จะให้...

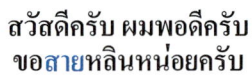

● **전화 거는 사람이 자신을 밝히는 표현**

일반적으로 자신의 이름을 말하는 것으로 발신자를 표현합니다. 한편 전화를 받을 때는 **ฮัลโหล**(여보세요!) 또는 **สวัสดีค่ะ แพรววาพูดค่ะ**(안녕하세요? 프래와입니다.)와 같이 자신의 이름을 밝히는 방법이 있습니다.

สวัสดีค่ะ พอใจค่ะ 안녕하세요? 퍼짜이입니다.

ดิฉันพอใจค่ะ 저는 퍼짜이입니다.

พอดีพูดครับ 퍼디입니다. (퍼디가 말합니다.)

หลินคะ นี่ครูเองค่ะ 린! 나 선생님이에요.

> **주의**
> 전화 걸 때는 '주어 + เป็น/คือ + 이름'의 형태를 쓰지 않습니다.
> ดิฉัน<u>เป็น</u>พอใจค่ะ (×)
> ดิฉัน<u>คือ</u>พอใจค่ะ (×)

● **전화 걸기 및 통화에서의 สาย 표현**

'선', '줄', '라인'이라는 뜻의 **สาย**가 전화 통화에서는 전화선을 의미합니다.

ขอสายคุณหลินหน่อยค่ะ 린 씨 좀 바꿔 주세요.

โทรไปหาคุณหลิน แต่คุณไม่รับสาย 당신(린 씨)에게 전화를 걸었지만 당신이 받지 않았어요.

คุณหลินกำลังติดสายอยู่ 린 씨는 통화 중입니다.

มีสายเข้า แต่ไม่ได้รับ 전화가 왔지만 안 받았습니다.

โทรไปหาคุณหลิน แต่สายไม่ว่าง 린 씨에게 전화를 걸었지만, 통화 중이었습니다.

> **주의**
> ขอสายหลินหน่อย는 ขอพูดกับคุณหลิน으로도 사용할 수 있습니다.
> A ขอพูดกับคุณหลินหน่อยค่ะ 린씨와 말하고 싶습니다.
> B กำลังพูดค่ะ 저예요. / ฮัลโหล นี่หลินค่ะ 여보세요. 린입니다.

> ไม่ทราบว่าจะติดต่อคุณหลินได้ยังไงครับ
> 실례지만 린 씨와 어떻게 연락할 수 있겠습니까?

> ถ้าคุณหลินกลับเข้ามาจะให้โทรกลับนะครับ
> 린 씨가 돌아오면 답신 전화하라고 하겠습니다.

참고

ติดต่อ 연락하다
กลับเข้ามา 돌아오다
โทรกลับ 답신 전화하다

● **공손하게 묻는 표현 ไม่ทราบว่า**

직역하면 'ว่า 이하의 내용을 모르겠다'는 뜻인데, 주로 '실례지만 ~인지 알 수 있을까요?'라는 의문문의 형태로 사용되며, 격식을 갖춘 공손한 표현입니다.

ไม่ทราบว่าใครพูดคะ 실례지만 누구세요?

ไม่ทราบว่ามาพบใครคะ 실례지만 누구를 만나러 오셨습니까?

ไม่ทราบว่ามีธุระอะไรคะ 실례지만 무슨 일인지요?

● **가능한 방법을 물어보는 표현 จะ...ได้ยังไง(อย่างไร)**

가능의 표현인 '동사 + ได้'와 '어떻게'를 의미하는 의문사 **อย่างไร**의 구어체 표현인 **ยังไง**를 결합하여 '어떻게 할 수 있는가'를 표현합니다. 미래를 나타내는 조동사 **จะ**를 더하여 아직 일어나지 않은 일에 대해 가능한 방법을 물어볼 때 사용합니다. 15과 참조

จะติดต่อคุณหลิน**ได้ยังไง** 린 씨와 어떻게 연락할 수 있을까?

จะส่งการบ้าน**ได้ยังไง** 숙제를 어떻게 보낼(제출할) 수 있을까?

● **조건절을 이끄는 표현 ถ้า...จะให้...**

조건절을 이끄는 접속사 **ถ้า**와 '~을/를 하도록 하겠다'는 의미의 사역 동사 **ให้**가 결합하면, '(만약) ~하면 ~하게 하겠다'를 의미하게 됩니다.

> ถ้า + 주어 + 동사, จะให้ + 동사

ถ้าคุณหลินกลับเข้ามา **จะให้**โทรกลับ 만약 린 씨가 돌아오면 답신 전화하라고 하겠습니다.

ถ้าสินค้ามีปัญหา **จะให้**เปลี่ยน 만약 물건에 문제가 있다면 바꾸라고 하겠습니다.

ถ้าสถานทูตโทรมา **จะให้**โทรมาใหม่ 만약 대사관에서 전화가 오면 다시 전화하라고 하겠습니다.

대화 1

바트사나타나 1

린	여보세요?
프래와	린 좀 바꿔 주세요.
린	저예요. 실례지만 누구세요?
프래와	린! 나 선생님이에요. 실례지만 통화 괜찮아요?
린	안녕하세요, 선생님. 괜찮아요. 무슨 일로 전화 주셨어요?
프래와	실례지만 민호 전화번호 갖고 있어요?
린	네, 있어요. 제가 선생님께 라인(LINE)으로 보내 드릴게요.

หลิน	ฮัลโหล
แพรวา	ขอสายหลินหน่อยค่ะ
หลิน	กำลังพูดค่ะ ไม่ทราบว่าใครพูดคะ
แพรวา	หลินคะ นี่ครูเองค่ะ ไม่ทราบว่าสะดวกคุยไหมคะ
หลิน	สวัสดีค่ะ คุณครู สะดวกค่ะ โทรมามีอะไรหรือคะ
แพรวา	ไม่ทราบว่ามีเบอร์โทรมินโฮไหมคะ
หลิน	มีค่ะ หนูจะส่งให้ครูทางไลน์นะคะ

새로운 단어

ทราบ 알다
สะดวก 편안하다, 편리하다
โทร 전화하다
เบอร์โทร 전화번호
ส่ง 보내다
ทาง ~(으)로
ไลน์ 라인(LINE)

새로운 표현

ฮัลโหล 여보세요?
ขอสาย...หน่อย... ~ 좀 바꿔 주세요.
ไม่ทราบว่าใครพูด 실례지만 누구세요?
นี่...เอง 나 ~이에요.
ไม่ทราบว่าสะดวกคุยไหม 실례지만 통화 괜찮아요?
โทรมามีอะไรหรือ 무슨 일로 전화 주셨어요?

대화 Tip

- (연락 수단)으로 ทาง
  ส่งการบ้าน**ทาง**อีเมล 이메일로 숙제를 보내다(제출하다).
  ซื้อของ**ทาง**อินเทอร์เน็ต 인터넷으로 물건을 사다.

- 전화 잘못 걸었을 때 쓰는 사과 표현
  ขอโทษครับ โทรผิดครับ 죄송합니다. 전화 잘못 걸었습니다.
  ขอโทษครับ นี่ไม่ใช่เบอร์คุณจอห์นหรือครับ
  죄송합니다. 이거 존 씨 전화번호 아닙니까?

참고

전화번호
เบอร์โทร
=เบอร์โทรศัพท์
=หมายเลขโทรศัพท์

대화 2

린 동료	여보세요?
대사관 직원	안녕하십니까? 린 씨 맞습니까?
린 동료	지금 린 씨가 외출 중입니다. 실례지만 어디에서 전화하셨습니까?
대사관 직원	저는 중국 대사관에서 전화했습니다. 실례지만 린 씨와 어떻게 연락할 수 있겠습니까?
린 동료	린 씨가 돌아오면 답신 전화하라고 하겠습니다. 전화번호를 남겨 두시겠습니까?
대사관 직원	네. 전화번호는 02-333-9999이고, 내선 15번입니다.

เพื่อนร่วมงานของหลิน	ฮัลโหล
พนักงานสถานทูต	สวัสดีครับ คุณหลินใช่ไหมครับ
เพื่อนร่วมงานของหลิน	ตอนนี้คุณหลินออกไปข้างนอกครับ ไม่ทราบว่าโทรจากไหนครับ
พนักงานสถานทูต	ผมโทรจากสถานทูตจีนครับ ไม่ทราบว่าจะติดต่อคุณหลินได้ยังไงครับ
เพื่อนร่วมงานของหลิน	ถ้าคุณหลินกลับเข้ามา จะให้โทรกลับนะครับ ฝากเบอร์โทรไว้ไหมครับ
พนักงานสถานทูต	ครับ เบอร์โทร 02-333-9999 ต่อ 15 ครับ

새로운 단어

เพื่อนร่วมงาน 동료
ออกไป 나가다
ข้างนอก 밖, 외부
โทรจาก ~에서 전화하다
สถานทูต 대사관
ต่อ 번호

새로운 표현

ตอนนี้ ออกไปข้างนอก
지금 외출 중입니다.

ไม่ทราบว่าโทรจากไหน
실례지만 어디에서 전화하셨습니까?

จะให้โทรกลับนะครับ
답신 전화하라고 하겠습니다.

대화 Tip

- 태국어에서 전화번호는 숫자를 하나씩 떼어서 순차적으로 읽으면 됩니다.
  089-725-0000 ศูนย์แปดเก้า เจ็ดสองห้า ศูนย์ศูนย์ศูนย์ศูนย์
  02-123-4567 ext.02 ศูนย์สอง หนึ่งสองสาม สี่ห้าหกเจ็ด ต่อ ศูนย์สอง

참고

남겨 놓다, 맡겨 놓다 ฝาก...ไว้

ฝากเบอร์โทรไว้ 번호를 남겨 놓다.
ฝากข้อความไว้ 문자를 남겨 놓다.
ฝากของไว้ 물건을 맡겨 놓다.

추가 단어

คำศัพท์เพิ่มเติม

통신 관련

ข้อความ
문자, 메시지

อินบ็อกซ์
inbox, 페이스북 메시지

คอมเมนท์
코멘트

มือถือ
휴대폰

รหัสพื้นที่
지역 번호

กดไลค์
'좋아요'를 누르다

ค่าโทรศัพท์
전화 요금

เบอร์โทรศัพท์
전화번호

โพสต์
포스팅하다

โทรไลน์
라인으로 통화하다

อีเมล
이메일

โทรศัพท์สาธารณะ
공중전화

ทวิตเตอร์
트위터

อินสตาแกรม
인스타그램

เฟซบุ๊ก
페이스북

เล่นเฟซบุ๊ก
페이스북을 하다

유용한 표현

สำนวนที่เป็นประโยชน์ 096

연락처 주고받기

A 당신 라인 사용하세요?
B 네, 여기요. 제 QR 코드입니다.

A 당신과 어떤 방법으로 연락할 수 있을까요?
B 페이스북으로 하셔도 됩니다.

A 당신의 라인 아이디는 무엇입니까?
B 여기요. 제 라인 아이디입니다.

A 제가 친구 추가 요청해도 될까요?
B 됩니다. 매우 환영합니다.

▶ แอด 추가하다 | อนุญาต 허락하다

บทที่ **16** 185

연습 문제
แบบฝึกหัด

문법

1 우리말에 맞게 단어를 배열하세요.

(1) 전화 잘못 걸었습니다. (ครับ / ผิด / โทร)

→ _____

(2) 말씀하시는 분은 누구시죠? (พูด / คะ / ใคร)

→ _____

(3) 통화 가능하세요? (คุย / ไหม / คะ / สะดวก)

→ _____

(4) 어디에서 전화하셨어요? (โทร / ไหน / จาก / ที่ / คะ)

→ _____

2 보기 와 같이 아래 단어를 사용하여 문장을 완성하세요.

โทรไปหา	โทรหา	โทรจาก	โทรกลับ	โทรคุย

ตัวอย่าง   나는 아버지한테 전화를 한다. → ผม**โทรไปหา**คุณพ่อ

(1) 그는 은행에서 전화했다.

→ เขา _____ ธนาคาร

(2) 오늘 저녁에 친구와 통화할 것이다.

→ เย็นนี้ผมจะ _____ กับเพื่อน

(3) 지금 바쁘니까 좀 이따 전화 다시 드리겠다.

→ ตอนนี้ไม่ว่าง เดี๋ยวจะ _____

(4) 시간 있으면 전화 주세요.

→ ถ้าคุณมีเวลา ช่วย _____ ผมด้วย

듣기

- CD를 듣고 질문에 답하세요.

(1) 퍼디에게 전화한 사람은 누구인가요?
　① หลิน　　　② พอใจ　　　③ คุณครู　　　④ ใบหม่อน

(2) 퍼디가 전화한 사람에게 알려 준 것은 무엇인가요?
　① 주소　　　② 전화번호　　　③ 이메일 주소　　　④ 라인 아이디

(3) 민호의 전화번호 중 없는 숫자는 무엇인가요?
　① 9　　　② 8　　　③ 7　　　④ 0

읽기

- 다음 대화를 읽고 질문에 답하세요.

A　ฮัลโหล
B　สวัสดีครับ คุณหลินใช่ไหมครับ
A　ตอนนี้คุณหลินออกไปข้างนอกค่ะ _____ โทรจากไหนคะ
B　ผมโทรจากโรงพยาบาลครับ _____ จะติดต่อคุณหลินได้ยังไงครับ
A　ถ้าคุณหลินกลับเข้ามา จะให้โทรกลับนะคะ ฝากเบอร์โทรไว้ไหมคะ
B　ครับ เบอร์โทร 02-1234-9999 ต่อ 15 ครับ

(1) 밑줄 친 부분에 공통으로 들어갈 말을 고르세요.
　① ไม่มี　　　② ไม่ทราบว่า　　　③ ช่วย　　　④ ไม่เป็นไร

(2) 위 대화의 내용과 일치하는 것을 고르세요.
　① 린은 은행 직원하고 통화 중이다.
　② 린은 외출 중이라 전화를 못 받는다.
　③ 병원 관계자는 전화번호를 알려 주지 않았다.
　④ 린의 동료는 병원 관계자의 전화번호를 못 받았다.

태국인의 아침을 여는 일상 속의 공덕 쌓기, 탁발 공양

태국을 표현하는 말 중 '미소의 나라'와 더불어 가장 많이 쓰이는 것이 '불교의 나라'입니다. 국민의 95%가 불교를 믿으며, 동네마다 불교 사원이 하나씩은 꼭 있는 곳이 바로 태국입니다. 태국에서의 불교는 종교를 넘어 생활 그 자체라고 할 수 있습니다. 태어나서부터 죽을 때까지 인생의 모든 통과 의례가 불교 의식과 관련이 있고, 태국 사회의 공동체 생활이 사원을 기반으로 이뤄져 있기 때문입니다. 태국인들의 하루 일과 역시 이른 아침에 스님들께 음식을 바치는 탁발 공양으로 시작됩니다.

태국인들이 일상생활에서 가장 중요하게 여기는 것 중 하나가 선행 쌓기, 즉 불교의 공덕 쌓기인 '탐분(ทำบุญ, 공덕을 만들다, 행하다)'입니다. 태국인들은 현생에서 지은 선업과 악업의 결과가 내생을 규정하며, 착한 일을 많이 하면 행운이 찾아오고 죽은 후에 더 나은 인간으로 환생한다고 믿습니다. 반대로 나쁜 일을 하면 악운이 닥치고 죽은 뒤에 미천한 생물로 환생한다고 생각합니다. 그렇기 때문에 평소 불쌍한 사람을 도와주고 사원에 기부를 하고 승려에게 공양을 하는 등 선행을 쌓는데, 이것을 바로 '탐분'이라고 합니다.

주황색 승복을 입고 발우(또는 바리때)를 들고 새벽을 여는 스님들의 모습은 외국인들에게는 특별한 광경으로 비춰집니다. 이른 아침에 거리로 나가면 승려들이 줄을 지어 탁발하는 모습을 볼 수 있습니다. 운하로 연결된 마을에서는 승려들이 조그만 배를 직접 저어 공양을 받으러 오기도 합니다. 소승 불교의 승려들은 절에서 음식을 만들지 않으며 반드시 탁발을 해야 합니다. 태국어로는 딱밧ตักบาตร이라고 하는데, 이것은 '바리때(승려가 쓰는 공양 그릇)를 받쳐들다'는 뜻으로 승려들이 걸식으로 의식(衣食)을 해결하는 방법입니다. 즉, 탁발이란 걸식하여 얻은 음식을 담은 바리때에 목숨을 맡긴다는 의미입니다. 그래서 태국인들은 스님들께 음식을 드리고 예를 올리는 탁발 공양을 매일 아침 행하는데, 이렇게 매일 아침 승려에게 음식을 공양하는 일은 불교도들에게 있어서는 가장 기본이 되는 생활 속의 탐분 방법입니다. 집에서 음식을 해 먹지 않고 사서 먹는 도시인들의 경우에는 노점에서 반찬을 사서 드리는 경우도 많습니다. 공양을 받은 승려는 공양을 한 이에게 축복을 내려 줍니다. 탁발을 마치고 절로 돌아온 승려들은 탁발한 음식을 나누어 먹는데, 12시 이후에는 식사를 하지 않는 것이 원칙입니다. 또한 태국의 승려들은 탁발한 음식을 먹기 때문에 고기와 향신료도 특별히 가리지 않으며, 재가 신도들이 공양한 음식은 무엇이든 다 먹습니다. 탁발 공양은 태국인에게 있어 하루의 시작이자, 탐분을 실천하는 기본이 됩니다.

บทที่ 17

ขอสอบถามเรื่องห้องพักค่ะ
객실에 대해 문의하려고요.

- 이동 동사와 함께 쓰는 ส่ง/รับ
- ~해 두다: 동사 + ไว้
- 선택 가능의 표현 ก็ได้
- 가능의 표현 เป็น
- ~할 필요가 없다: ไม่ต้อง

주요 구문 & 문법
โครงสร้างประโยคและไวยากรณ์ที่สำคัญ

มีรถไป<u>ส่ง</u>ที่สนามบินไหมคะ
공항에 데려다주는 차가 있습니까?

มีครับ
กรอกรายละเอียด<u>ไว้</u>ก่อน<u>ก็ได้</u>นะครับ
네, 먼저 세부 사항을 기입해 주세요.

참고
รายละเอียด 세부 사항

● **이동 동사와 함께 쓰는 ส่ง/รับ**

'보내다'를 의미하는 동사 **ส่ง**과 '맞이하다'를 의미하는 동사 **รับ**은 주로 이동 동사인 **มา**, **ไป**와 함께 사용하여 이동의 방향을 나타냅니다. 3과 참조

<u>ไปส่ง</u>ลูกค้าที่สนามบิน 공항에 고객을 보내러 간다.

<u>มารับ</u>ลูกค้าที่โรงแรม 호텔에 고객을 맞이하러 온다.

● **~해 두다: 동사 + ไว้**

ไว้가 본동사로 사용될 때는 '놓아두다'의 의미이지만, 동사 뒤에 위치할 때는 보조 동사로서 '~해 두다'를 의미합니다.

กรอกรายละเอียด<u>ไว้</u> 세부 사항을 기입해 두다.

จองห้องพัก<u>ไว้</u> 방을 예약해 두다.

ขอที่อยู่<u>ไว้</u> 주소를 요청해 두다.

참고
กรอก + 명사: ~을/를 적다, 기입하다
กรอกแบบฟอร์ม 양식을 적다
กรอกชื่อ ที่อยู่ 이름과 주소를 적다
กรอกวันเดือนปีเกิด 생년월일을 기입하다

● **선택 가능의 표현 ก็ได้**

'~도', '~역시'를 의미하는 **ก็**와 가능의 표현 **ได้**가 결합하여 '~도 된다/괜찮다'의 의미를 나타냅니다. 동사 또는 문장 뒤에 위치하여 해당 동사 행위 또는 문장의 내용 역시 가능함을 나타냅니다. 15과 참조

동사, 문장 + ก็ได้

กรอกรายละเอียดไว้ก่อน<u>ก็ได้</u> 세부 사항을 먼저 기입해 두셔도 됩니다.

พักห้องละ 3 คน<u>ก็ได้</u> 한 방에 3명이 묵어도 됩니다.

เด็กนอนกับผู้ใหญ่<u>ก็ได้</u> 아이가 어른과 같이 자도 됩니다.

มีสระว่ายน้ำสำหรับเด็กด้วยไหมคะ
ลูก ๆ ดิฉันว่ายน้ำไม่เป็นค่ะ
어린이용 수영장도 있습니까?
저희 애들이 수영을 할 줄 몰라요.

มีครับ ไม่ต้องกังวลนะครับ
네, 있습니다. 걱정하지 마세요.

● **가능의 표현 เป็น**

'동사 + **เป็น**'은 가능을 나타내는 표현으로 원래는 할 줄 모르던 것을 습득을 통해 가능하게 되어 그 기능을 할 줄 아는 것을 나타냅니다. 부정형은 '동사 + **ไม่เป็น**'입니다.

ว่ายน้ำเป็น 수영할 줄 안다.　　　　　ว่ายน้ำไม่เป็น 수영할 줄 모른다.

가능/불가능을 나타내는 또 다른 표현인 '동사 + **ได้/ไม่ได้**'이 '동사 + **เป็น/ไม่เป็น**'보다 그 의미가 더 넓습니다. 예컨대, **ขับรถไม่ได้**(운전을 할 수 없다.)는 말하는 시점에서 이유를 불문하고 운전을 할 수 없을 때 사용합니다. 즉, 운전하는 방법을 모를 수도 있고, 술을 마셔서 못 할 수도 있고, 몸 상태에 따라 못 할 수도 있는 모든 경우의 수를 포함합니다. 반면, **ขับรถไม่เป็น**은 운전을 배운 적이 없어서 운전을 할 줄 모르는 것을 의미합니다.

ขับรถเป็น 운전할 줄 안다. (습득의 결과)

ขับรถได้ 운전할 수 있다.

เล่นเฟซบุ๊กไม่เป็น 페이스북을 할 줄 모른다.

เล่นเฟซบุ๊กไม่ได้ เพราะที่นี่ไม่มีไวไฟ(wifi) 페이스북을 할 수 없다. 이곳에 wifi가 없기 때문이다.

● **~할 필요가 없다: ไม่ต้อง**

'**ต้อง** + 동사'는 '반드시 ~해야 한다'임에 반해 '**ไม่ต้อง** + 동사'는 '~할 필요가 없다'로 의무에서 완전히 자유로움을 나타냅니다.

ไม่ต้องกังวล 걱정할 필요 없다.

ต้องทำความสะอาด 청소를 해야만 한다.

ไม่ต้องทำความสะอาด 청소할 필요 없다.

เราต้องเรียนภาษาไทย 우리는 태국어를 배워야만 한다.

เราไม่ต้องเรียนภาษาไทย 우리는 태국어를 배울 필요가 없다.

대화 1

บทสนทนา 1 098

วันนี้มีห้องว่างไหมคะ

มีห้องว่างพอดีเลยครับ

호텔 직원	안녕하십니까? 임싸얌 호텔은 서비스를 제공하게 되어 기쁩니다.
프래와	안녕하세요? 객실 문의를 드리고자 합니다. 오늘 빈방 있습니까?
호텔 직원	실례지만 몇 분이 묵으십니까?
프래와	어른 2명하고, 3살, 4살 어린이 2명입니다.
호텔 직원	마침 빈방이 있습니다. 바로 체크인하시겠습니까?
프래와	체크인하겠습니다.

พนักงานโรงแรม	สวัสดีครับ โรงแรมยิ้มสยามยินดีให้บริการครับ
แพรวา	สวัสดีค่ะ รบกวนสอบถามเรื่องห้องพักค่ะ วันนี้มีห้องว่างไหมคะ
พนักงานโรงแรม	ไม่ทราบว่าจะพักกี่ท่านครับ
แพรวา	ผู้ใหญ่ 2 คน เด็ก 2 คน อายุ 3 ขวบกับ 4 ขวบค่ะ
พนักงานโรงแรม	มีห้องว่างพอดีเลยครับ จะเช็คอินเลยไหมครับ
แพรวา	เช็คอินเลยค่ะ

새로운 단어

ยิ้ม 미소 짓다, 웃다
สยาม 싸얌, 시암(Siam, 태국의 옛 이름)
ให้ 주다
บริการ 서비스
รบกวน 폐를 끼치다, 귀찮게 하다
สอบถาม 문의하다
เรื่อง 일, 이야기, 사건
ห้องพัก 객실, 방
ผู้ใหญ่ 어른
เด็ก 아이
ว่าง 비다, 한가하다
ขวบ 살, 년 (나이를 셀 때 사용하는 분류사, 14세까지 사용)
เช็คอิน 체크인, 체크인하다

새로운 표현

ยินดีให้บริการ
서비스를 제공하게 되어 기쁩니다.

รบกวนสอบถามเรื่องห้องพัก
객실 문의를 드리고자 합니다.

ไม่ทราบว่าจะพักกี่ท่าน
실례지만 몇 분이 묵으십니까?

대화 Tip

- 도움을 청하는 'รบกวน + 동사'
  รบกวนสอบถามเรื่องห้องพัก 객실 문의 좀 드리겠습니다.
  รบกวนปลุกตอนเช้า 모닝콜을 부탁드립니다. (ปลุก 깨우다)

- 동사 + พอดีเลย: 마침 ~하다
  มีห้องว่างพอดีเลย 마침 빈방이 있다.
  รถโรงแรมมาถึงพอดีเลย 마침 호텔 차가 도착했다.

참고

คน과 ท่าน

일반적으로 사람을 셀 때는 '명'에 해당하는 분류사 คน을 사용합니다. 하지만 높임말에 해당하는 '분'으로 표현해야 하는 경우에는 ท่าน을 사용합니다.

대화 2

프래와	죄송합니다. 실례지만 호텔에 공항 픽업서비스가 있습니까?
호텔 직원	네, 먼저 세부 사항을 적어 주세요.
프래와	네, 제가 전화로 다시 한번 알려 드리겠습니다. 수영장은 어느 쪽으로 갑니까?
호텔 직원	엘리베이터를 타고 14층 가셔서 우측에 있습니다.
프래와	어린이용 수영장도 있습니까? 저희 애들이 수영을 할 줄 몰라요.
호텔 직원	네, 있습니다. 걱정하지 마세요.

แพรวา	ขอโทษนะคะ ไม่ทราบว่าโรงแรมมีบริการไปส่งสนามบินไหมคะ
พนักงานโรงแรม	มีครับ กรอกรายละเอียดไว้ก่อนก็ได้นะครับ
แพรวา	ค่ะ ดิฉันจะโทรมาแจ้งอีกครั้งนะคะ สระว่ายน้ำไปทางไหนคะ
พนักงานโรงแรม	ขึ้นลิฟต์ไปชั้น 14 อยู่ขวามือครับ
แพรวา	มีสระว่ายน้ำสำหรับเด็กด้วยไหมคะ ลูก ๆ ดิฉันว่ายน้ำไม่เป็นค่ะ
พนักงานโรงแรม	มีครับ ไม่ต้องกังวลนะครับ

새로운 단어

- **แจ้ง** 알리다, 고지하다
- **อีกครั้ง** 한 번 더
- **สระว่ายน้ำ** 수영장
- **สำหรับ** ~용
- **ลูก ๆ** 자식들, 아이들
- **ว่ายน้ำ** 수영하다
- **กังวล** 걱정하다

새로운 표현

- **มีบริการไปส่งสนามบินไหม** 공항 픽업 서비스가 있습니까?
- **จะโทรมาแจ้งอีกครั้ง** 전화로 다시 한번 알리겠습니다.
- **ว่ายน้ำไม่เป็น** 수영을 할 줄 몰라요.
- **ไม่ต้องกังวล** 걱정하지 마세요.

대화 Tip

- 동사 + ไป + (ที่) + 장소: ~하여 ~에 가다

'~에 가다'에서 목적지를 의미하는 장소의 '~에'에 해당하는 ที่는 생략을 많이 합니다.

ขึ้นลิฟต์ไป(ที่)ชั้น 14 엘리베이터를 타고 14층으로 가다.
นั่งรถไป(ที่)สนามบิน 차를 타고 공항에 가다.
นั่งเครื่องบินไป(ที่)ต่างประเทศ 비행기를 타고 외국에 가다.

주의

สระ의 발음

สระ는 동형이음이의어로서, [สะ, 싸]와 [สะ-หระ, 싸라]의 두 가지로 발음됩니다. [싸]로 발음하는 경우 '연못', '(머리 등을) 감다'를 의미하나, [싸라]로 발음할 때는 '모음'을 뜻합니다.

예비과 참조

추가 단어

호텔 및 숙박 시설 관련

เตียงเดี่ยว 더블베드
เตียงคู่ 트윈 베드
กาต้มน้ำร้อน 커피포트
มินิบาร์ 미니바
แอร์ 에어컨
คีย์การ์ด 키카드
พัดลม 선풍기
กุญแจ 열쇠
ผ้าปูเตียง 침대 시트
ผ้าห่ม 이불
หมอน 베개
ตู้เซฟ / ตู้นิรภัย 금고

ค่าประกัน 보증금
เบลบอย 벨보이
ทิป 팁
พนักงานทำความสะอาด 청소부
เช็คอิน 체크인
เช็คเอาท์ 체크아웃
รวมอาหารเช้า 조식 포함
ไม่รวมอาหารเช้า 조식 미포함
จองทางโทรศัพท์ 전화로 예약하다
จองทางอินเทอร์เน็ต 인터넷으로 예약하다
จองผ่านเว็บไซต์ 웹사이트를 통해 예약하다
จองผ่านแอป 앱을 통해 예약하다

유용한 표현

호텔에서

A 레이트 체크아웃 할 수 있습니까?
B 한 시까지 레이트 체크아웃 할 수 있습니다.

A 이 가격에 조식도 포함됩니까?
B 조식이 포함되어 있습니다.

A 모닝콜 해 드릴까요?
B 6시에 모닝콜을 부탁드리겠습니다.

연습 문제

แบบฝึกหัด

문법

1 그림을 보고 **ไป**와 **มา**를 사용하여 대화를 완성하세요.

(1)
A ไปสนามบินอย่างไร
B รถโรงแรม_____ส่ง

(2)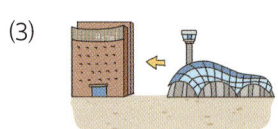
A มาสนามบินอย่างไร
B รถโรงแรม_____ส่ง

(3)
A ไปโรงแรมอย่างไร
B รถโรงแรม_____รับ

(4)
A มาโรงแรมอย่างไร
B รถโรงแรม_____รับที่สนามบิน

2 보기와 같이 프래와가 할 줄 아는 것과 할 줄 모르는 것을 태국어로 쓰세요.

> ตัวอย่าง   프래와는 수영을 할 줄 안다. (ว่ายน้ำ) → แพรวา<u>ว่ายน้ำเป็น</u>

(1) 프래와는 스키를 탈 줄 모른다. (เล่นสกี)
    → แพรวา_____

(2) 프래와는 피아노를 칠 줄 안다. (เล่นเปียโน)
    → แพรวา_____

(3) 프래와는 요리할 줄 안다. (ทำกับข้าว)
    → แพรวา_____

(4) 프래와는 운전할 줄 모른다. (ขับรถ)
    → แพรวา_____

듣기

- CD를 듣고 질문에 답하세요.

  (1) 프래와가 객실이 필요한 날이 언제인가요?

  ① 오늘　　　　② 내일　　　　③ 다음 주　　　　④ 다음 달

  (2) 프래와는 몇 명을 위한 객실을 원하나요?

  ① 1명　　　　② 2명　　　　③ 3명　　　　④ 4명

  (3) 프래와의 아이들은 몇 살인가요?

  ① 2살과 3살　　　② 3살과 4살　　　③ 4살과 5살　　　④ 5살과 6살

읽기

- 다음 대화를 읽고 질문에 답하세요.

  A ขอโทษนะคะ ไม่ทราบว่าโรงแรมมีบริการ＿＿＿＿ส่งสนามบินไหมคะ
  B มีค่ะ คุณจะ＿＿＿＿สนามบินกี่โมงคะ
  A พรุ่งนี้ 9 โมงเช้าค่ะ
  B ได้ค่ะ
  A สระว่ายน้ำ＿＿＿＿ทางไหนคะ
  B ขึ้นลิฟต์＿＿＿＿ชั้น 9 อยู่ซ้ายมือค่ะ
  A มีสระว่ายน้ำสำหรับเด็กด้วยไหมคะ ลูก ๆ ดิฉันว่ายน้ำไม่เป็นค่ะ
  B มีค่ะ ไม่ต้องกังวลนะคะ

  (1) 밑줄 친 부분에 공통으로 들어갈 말을 고르세요.

  ① มา　　　　② ไป　　　　③ รับ　　　　④ ช่วย

  (2) 위 대화의 내용과 일치하지 않는 것을 모두 고르세요.

  ① 호텔에 공항 픽업 서비스가 없다.
  ② 프래와는 내일 아침 9시에 공항에 가야 한다.
  ③ 수영장은 9층 엘리베이터 오른쪽에 있다.
  ④ 프래와의 아이들은 수영할 줄 안다.

샴에서 온 쌍둥이

샴 쌍둥이(Siamese Twins)라는 말을 들어본 적이 있나요? 샴 쌍둥이는 신체의 일부가 결합된 쌍둥이를 일컫는 말인데, 그 명칭은 창(Change)과 엥(Eng)이라는 샴(Siam), 즉 태국 태생의 쌍둥이에서 유래했다고 합니다.

1811년 5월 11일 태국 싸뭇쁘라깐의 중국계 태국인 가정에서 태어난 이 쌍둥이 형제 인อิน과 짠จัน은 태어날 때부터 가슴 부분이 붙은 채로 태어났지만, 일반인과 마찬가지로 성장하고 살아갈 수 있었습니다. 영국 상인 로버트 헌터에 의해 미국에 가게 된 쌍둥이는 미국 보스턴에서 서커스 단원으로 데뷔하여 이후 미국과 유럽의 서커스에 서게 되었습니다. 종국에는 미국 국적을 취득하고 이름도 엥(Eng)과 창(Change) 벙커로 바꾸었습니다. 두 사람은 각각 미국 여성과 결혼을 하고 자녀도 여럿 두었습니다. 1874년 1월 17일, 63세에 심장마비로 사망했는데, 짠이 먼저 숨을 거두고 2시간 후 인도 죽었습니다. 두 사람은 63세로 생을 마감했습니다.

그렇다면 왜 사람들은 이 쌍둥이 형제를 '샴 쌍둥이'라고 불렀을까요?

가슴이 붙어 있는 쌍둥이를 본 미국인들이 '당신들은 어디에서 왔는가?'라고 물었을 때, 이들은 당시 태국의 이름이었던 샴에서 왔다고 대답했을 것입니다. 그래서 그들은 샴 쌍둥이로 불리게 되었습니다.

샴은 태국의 원래 이름입니다. 과거에 몬족과 크메르족이 현재의 태국 땅과 그곳에 사는 사람들을 부르던 말에서 왔다고 합니다. 캄보디아의 앙코르와트 남쪽 회랑 쪽에서 그 증거를 찾을 수 있는데, '싸얌สยาม 또는 씨얌เสียม은 짜오프라야 강변에 사는 사람들을 부르는 말이다'라는 기록이 바로 그것입니다. 하지만 아유타야 시대(1350~1767) 나라이 왕 때 태국에 왔던 프랑스인 라 루베의 기록에 따르면 태국인들은 자신들을 자유를 뜻하는 '타이ไท'라고 불렀다고 합니다.

샴이 공식적으로 국가명으로 사용된 것은 라마 4세(1851~1868) 때 영국과의 바우링 조약을 필두로 서구의 여러 나라들과 조약을 맺을 때부터입니다. 그러다가 1939년 피분 쏭크람 수상 시절 국가주의 정책에 따라 국가명을 샴(Siam, สยาม)에서 타일랜드(Thailand, ประเทศไทย)로 변경하게 됩니다.

บทที่ 18

ขอตั๋วไปเชียงใหม่ 2 ใบ
치앙마이로 가는 표 두 장 주세요.

- 'A와 B 모두'를 나타내는 표현 ทั้ง A กับ B
- 보조 동사 ให้
- 교통편의 เที่ยว / ไฟลท์ / เที่ยวบิน
- 아쉬움의 표현 ทำไม...จังเลย
- 인과의 접속사 ก็เลย

주요 구문 & 문법
โครงสร้างประโยคและไวยากรณ์ที่สำคัญ

ตั๋วเต็มทั้งเที่ยวเช้ากับเที่ยวบ่ายเลยครับ
아침 차와 오후 차 모두 매진되었습니다.

ถ้างั้น เช็คเที่ยวดึกให้หน่อยค่ะ
그럼 심야 차를 좀 확인해 주세요.

*เต็ม: (가득) 차다, 꽉 차다
เช็ค: 확인하다

● 'A와 B 모두'를 나타내는 표현 ทั้ง A กับ B

'주어 + 동사 + ทั้ง + A + กับ + B' 또는 'ทั้ง + A + กับ + B + 동사' 형태로 사용할 수 있습니다. กับ 대신 และ도 사용 가능하며, A와 B에는 주로 명사나 대명사가 옵니다.

ไม่ทันทั้งเที่ยวเช้ากับเที่ยวบ่ายแล้ว 아침 차와 오후 차 모두 이미 늦었다.

ทั้งพี่สาวกับน้องสาวเรียนที่นี่ 언니와 여동생 모두 다 여기에서 공부한다.

ดิฉันชอบทั้งอาหารไทยและอาหารจีน 저는 태국 음식과 중국 음식 모두 다 좋아해요.

● 보조 동사 ให้

ให้가 본동사로 기능할 경우 'ให้ + 목적어' 형태로 '~을/를 주다'를 의미하지만, '동사 + 목적어 + ให้'의 형태로 보조 동사로서 기능할 때는 ให้ 다음에 간접 목적어가 주로 위치하여 '~에게 ~을/를 해 주다'는 의미로 쓰입니다.

เช็คเที่ยวดึกให้หน่อยค่ะ 심야 차를 좀 확인해 주세요.

เพื่อนคนไทยส่งอันนี้ให้ 태국 친구가 이걸 보내 줬다.

สามีทำอาหารให้ภรรยา 남편이 아내에게 음식을 만들어 줬다.

คุณพ่อซื้อแหวนให้คุณแม่ 아버지가 어머니에게 반지를 사 줬다.

● 교통편의 เที่ยว/ไฟลท์/เที่ยวบิน

버스나 기차의 경우 각각의 회차를 เที่ยว로, 비행기의 경우 각 편을 เที่ยวบิน 또는 영어로 ไฟลท์(flight)라고 합니다. 편도는 เที่ยวเดียว, 왕복은 เที่ยวไปกลับ이라고 합니다.

버스나 기차 ขอตั๋วเที่ยวเช้า 2 ที่ 아침 차표 2석 주세요.

비행기 จองตั๋วไฟลท์กลางคืน 1 ที่ 밤 비행기표 1석을 예약하다.

- **อาชีพ의 표현 ทำไม...จังเลย**

'왜'를 의미하는 의문사 **ทำไม**와 문장 맨 끝에 위치하여 강조를 나타내는 **จังเลย**가 결합하면 '왜 이렇게~', '도대체 왜~'를 의미합니다. 주로 상황에 대한 아쉬움이나 불만을 나타내는 표현으로 사용됩니다.

ทำไมเต็มเร็วจังเลย 왜 이렇게 빨리 차는 거지?

ทำไมรถมาช้าจังเลย 차가 왜 이렇게 늦게 오는 거지?

ทำไมรถติดจังเลย 왜 차가 이렇게 막히는 거지?

- **인과의 접속사 ก็เลย**

인과 관계를 나타내는 접속사로 기능합니다. 선행 문장에서 이유나 원인을 말하고, **ก็เลย** 이후에 나오는 내용이 결과가 됩니다. **จึง**으로도 사용이 가능합니다.

주어 + ก็เลย + 동사

ตอนนี้เป็นฤดูหนาว คนก็เลยไปเที่ยวเยอะ 지금은 겨울이다. 그래서 사람들이 많이 놀러 간다.

มาช้า ก็เลยไม่ทัน 늦게 왔다. 그래서 제때 못 맞췄다.

ไฟลท์กลางคืนเต็มแล้ว ก็เลยซื้อไฟลท์เช้า 밤 비행편이 다 찼다. 그래서 아침 비행편을 샀다.

참고

태국과 한국의 계절

	태국	한국
계절	여름 ฤดูร้อน	봄 ฤดูใบไม้ผลิ
	우기 ฤดูฝน	여름 ฤดูร้อน
	겨울 ฤดูหนาว	가을 ฤดูใบไม้ร่วง
		겨울 ฤดูหนาว

대화 1

บทสนทนา 1

퍼짜이	치앙마이 가는 표 2장 주세요.
매표소 직원	오전 차편과 오후 차편이 모두 다 매진되었어요. 밤 10시 차편만 남아 있습니다.
퍼짜이	아침 차와 오후 차 모두 이미 늦었어. 심야 차편으로 가는 거 어때?
바이먼	좋아. 어차피(이미) 늦었는걸.
퍼짜이	여기요! 밤 10시 차로 2장 주세요.
매표소 직원	여기 있습니다. 1인당 450바트입니다.

พอใจ	ขอตั๋วไปเชียงใหม่ 2 ใบค่ะ
พนักงานขายตั๋ว	เต็มทั้งเที่ยวเช้าและเที่ยวบ่ายเลยครับ เหลือเที่ยว 4 ทุ่มเที่ยวเดียวครับ
พอใจ	ไม่ทันทั้งเที่ยวเช้ากับเที่ยวบ่ายแล้ว ไปเที่ยวดึกเลยดีไหม
ใบหม่อน	ดีเหมือนกัน ไหน ๆ ก็สายแล้ว
พอใจ	พี่คะ ขอเที่ยว 4 ทุ่ม 2 ใบค่ะ
พนักงานขายตั๋ว	นี่ครับ คนละ 450 บาทครับ

새로운 단어

ใบ 장, 매 (표를 셀 때 사용하는 분류사)
เหลือ 남다
เดียว 하나, 홀로
ทัน 제때에 대다

새로운 표현

เหลือเที่ยว 4 ทุ่มเที่ยวเดียว
밤 10시 차편만 남아 있어.
ไม่ทันทั้งเที่ยวเช้ากับเที่ยวบ่ายแล้ว
아침 차와 오후 차 모두 이미 늦었어.
ไหน ๆ ก็สายแล้ว 어차피(이미) 늦었는걸.

대화 Tip

- **เหลือ + 분류사 + เดียว**: ~만 남았다
  เดียว는 '오직 하나'의 의미를 나타내는데, '분류사 + เดียว' 형태로 쓰입니다.
  เหลือนักเรียนคนเดียว 학생 한 명만 남았다.
  เหลือหนังสือเล่มเดียว 책 한 권만 남았다.

- **ไหน ๆ ก็ + 동사 + แล้ว**: 어차피 ~하니까
  ไหน ๆ ก็สายแล้ว เดินช้า ๆ ดีกว่า 어차피 늦었으니까 천천히 걷는 게 나아.
  ไหน ๆ ก็มาแล้ว ถ่ายรูปกันเถอะ 기왕 왔으니까 사진을 찍자.

참고

ทัน: 제때(시간)에 대다/따라잡다
มาไม่ทันรถ 차를 놓쳤다.
ตื่นไม่ทันไปโรงเรียน
학교에 가기에는 늦게 일어났다.

대화 2

บทสนทนา 2

เดินทางวันที่เท่าไรกันดี

ไปวันที่ 25 มกรา และกลับวันที่ 9 กุมภา

민호	앱 사용해서 다음 달 한국 왕복표를 예약하자.
준수	며칠에 가는 게 좋을까?
민호	1월 25일에 가서 2월 9일에 돌아오는 비행기가 있을까?
준수	가는 건 아침 비행기뿐이야. 밤 비행기는 다 찼어.
민호	아깝다. 왜 빨리 찼지?
준수	계절과 상관 있어. 지금 한국은 겨울이야. 그래서 태국 사람들이 많이 놀러 가.
민호	그럼 아침 비행기도 괜찮아.

มินโฮ	ใช้แอปจองตั๋วไป-กลับเกาหลีเดือนหน้ากันเถอะ
จุนซู	เดินทางวันที่เท่าไรกันดี
มินโฮ	ไปวันที่ 25 มกราและกลับวันที่ 9 กุมภา มีไฟลท์ไหม
จุนซู	ขาไปเหลือแต่ไฟลท์เช้า ไฟลท์กลางคืนเต็มแล้ว
มินโฮ	เสียดาย ทำไมเต็มเร็วจังเลย
จุนซู	ขึ้นอยู่กับฤดูน่ะสิ ตอนนี้ที่เกาหลีเป็นฤดูหนาว คนไทยก็เลยไปเที่ยวเยอะ
มินโฮ	งั้น เอาไฟลท์เช้าก็ได้

새로운 단어

- **แอป** 앱, 애플리케이션
- **จอง** 예약하다
- **ตั๋วไป-กลับ** 왕복표
- **เดินทาง** 여행하다, 여정을 떠나다
- **ขาไป** 가는 편
- **เสียดาย** 아깝다
- **งั้น** 그렇다면, 그럼

새로운 표현

เดินทางวันที่เท่าไรกันดี
며칠에 가는 게 좋을까?

ขาไปเหลือแต่ไฟลท์เช้า
가는 건 아침 비행기뿐이야.

ไฟลท์กลางคืนเต็มแล้ว
밤 비행기는 다 찼어.

เสียดาย 아깝다.

대화 Tip

- **ใช้ + 명사 + 동사: ~을/를 사용하여 ~하다**
  ใช้เว็บไซต์สั่งของ 웹사이트를 사용해서 물건을 주문하다.
  ใช้อินเทอร์เน็ตหาไฟลท์ 인터넷을 사용해서 비행편을 찾다.

- **ขึ้นอยู่กับ + 명사: ~에 달려 있다**
  ขึ้นอยู่กับอากาศ 날씨에 달렸다.
  ขึ้นอยู่กับราคา 가격에 달렸다.

참고

- **ขาไป / ขากลับ**
  ขา는 여행이나 비행과 관련하여 '~편'을 의미합니다.
  ขาไป 가는 편
  ขากลับ 돌아오는 편
  ตั๋วขาไป 가는 표
  ตั๋วขากลับ 돌아오는 표

- 구어체에서 달 이름을 말할 때, 흔히 คม이나 ยน을 생략하고 앞부분만 말합니다.

บทที่ **18**

추가 단어

교통 관련

ผู้โดยสาร
승객

ค่าโดยสาร
운임, 요금

สายการบิน
항공사

รถทัวร์/รถบัส/รถเมล์
시외 버스/버스/시내 버스

ดีเลย์
지연

ตั๋วไปกลับ
왕복표

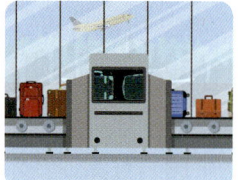
สัมภาระ
수하물

เลขที่นั่ง
좌석 번호

ที่นั่งติดหน้าต่าง
창가 쪽 좌석

ที่นั่งติดทางเดิน
복도 쪽 좌석

แบบฟอร์มตรวจคนเข้าเมือง
출입국 신고 양식

각종 교통편 좌석 등급: ที่นั่ง + 등급

เครื่องบิน 비행기	รถไฟ 기차	รถทัวร์ 버스
ชั้นเฟิร์สคลาส 일등석	ชั้น 1 1등칸	วีไอพี VIP
ชั้นธุรกิจ 비즈니스석	ชั้น 2 2등칸	ป.1/ป.2 1등/2등 에어컨 버스
ชั้นประหยัด 이코노미석	ชั้น 3 3등칸	ธรรมดา 일반 버스
	ตู้นอน 침대칸	

참고
ป.는 ปรับอากาศ의 줄임말입니다.

유용한 표현

สำนวนที่เป็นประโยชน์

교통수단 이용 시

A 승객분 어느 좌석을 원하십니까?
B 창가 쪽 좌석 주세요.

A 어디에서 승차할 수 있습니까?
B 5번 승강장입니다.

▶ ชานชาลา 승강장

A 몇 시간 후에 목적지에 도착합니까?
B 약 2시간 반 후에요.

▶ ปลายทาง 목적지

A 출입국 양식 좀 주세요.
B 여기요.

참고
출입국관리를 의미하는 **출입국관리를** 줄여 흔히 **출입국**.라고 말합니다.

บทที่ **18** 205

연습 문제

แบบฝึกหัด

문법

1 보기와 같이 시간에 대해 묻고 답하세요.

> ตัวอย่าง   วาด / รูป / ดินสอ / ใช้
> → <u>**ใช้ดินสอวาดรูป**</u>

(1) แอป / ตั๋วเครื่องบิน / จอง / ใช้
→ _____

(2) โทรศัพท์ / ใช้ / ข้อความ / ส่ง
→ _____

(3) อินเทอร์เน็ต / ใช้ / หา / คำศัพท์
→ _____

(4) ไลน์ / ใช้ / เพื่อน / กับ / คุย
→ _____

2 다음 분류사를 사용하여 보기와 같이 무엇이 남았는지에 대해 쓰세요.

ไฟลท์	คน	จาน	คัน	ที่	เที่ยว

> ตัวอย่าง   시외버스 한 대만 남았다. → เหลือรถทัวร์<u>**เที่ยว**</u>เดียว

(1) 택시 한 대만 남았다.   → เหลือแท็กซี่_____เดียว

(2) 비행기 한 편만 남았다. → เหลือเครื่องบิน_____เดียว

(3) 승객 한 명만 남았다.   → เหลือผู้โดยสาร_____เดียว

(4) 밥 한 접시만 남았다. → เหลือข้าว＿＿＿＿＿＿เดียว

(5) 좌석 한 개만 남았다. → เหลือที่นั่ง＿＿＿＿＿＿เดียว

듣기

● CD를 듣고 질문에 답하세요. 🎧107

(1) 승객들은 어디로 가려고 하나요?
① กรุงเทพฯ ② พัทยา ③ เชียงใหม่ ④ ภูเก็ต

(2) 승객들은 어느 시간 차를 놓쳤나요?
① 아침 ② 오후 ③ 저녁 ④ 심야

(3) 승객들이 지불해야 할 버스 요금은 총 얼마인가요?
① 400 บาท ② 500 บาท ③ 600 บาท ④ 700 บาท

읽기

● 다음 글을 읽고 질문에 답하세요.

> พอใจกับใบหม่อนใช้แอป＿＿＿＿＿＿ตั๋วไป-กลับญี่ปุ่นเดือนหน้ากัน พวกเธอจะ ＿＿＿＿＿＿ขาไปวันที่ 20 และขากลับวันที่ 30 มีนาคม แต่ขาไปเหลือแต่ไฟลท์เช้า ไฟลท์กลางคืนเต็มแล้ว พอใจเสียดายที่ตั๋วเต็มเร็ว ใบหม่อนบอกว่าขึ้นอยู่กับฤดู ตอนนี้ที่ญี่ปุ่นเป็นฤดูใบไม้ผลิ คนไทยก็เลยไปเที่ยวเยอะ พวกเธอจึง＿＿＿＿＿＿ไฟลท์เช้า

(1) 밑줄 친 부분에 공통으로 들어갈 말을 고르세요.
① ไป ② จอง ③ แพง ④ เต็ม

(2) 위 글의 내용과 일치하는 것을 고르세요.
① 두 사람은 전화로 비행기표를 예약하고 있다.
② 두 사람은 일본으로 편도 표를 예약하고 있다.
③ 두 사람은 밤 비행기로 예약하기로 했다.
④ 지금 일본이 봄이라서 태국 사람들이 여행을 많이 간다.

신의 도시, 방콕 이야기

태국의 수도는 방콕입니다. 세계적으로 유명한 관광 도시인 이 곳을 정작 태국인들은 방콕이라고 부르지 않고 '끄룽텝กรุงเทพ'이라고 부릅니다.

아유타야 시대(1350~1767)에 짜오프라야강 하구에 위치한 '방꺽บางกอก'이라 불리는 조그만 마을은 아유타야 왕국의 번영과 더불어 성장해 나가게 되고, 서양인들이 아유타야로 진출하여 교역이 늘어가는 시대에 이르자 '톤부리씨마하싸뭇ธนบุรีศรีมหาสมุทร'이라는 관문 도시로 발전하게 됩니다. 이 도시는 랏따나꼬신 왕국의 수도가 되면서 '끄룽텝마하나컨กรุงเทพมหานคร'으로 시작되는 세계에서 가장 긴 이름을 가진 도시가 됩니다.

'방꺽'이라는 이름에 대해서는 두 가지 설이 있습니다. 하나는 원래 짜오프라야강이 매우 꼬불꼬불하여 어떤 곳은 섬의 형태를, 어떤 곳은 구릉의 상태를 지녀 '방꺼(섬 마을)'이라 부르다가 소리가 변해 방꺽이 되었다는 것이고, 또 하나는 이 지역에 마꺽 나무가 많아 '방마꺽(마꺽 마을)'이라고 부르다가 이후 '마' 발음은 사라지고 방꺽만 남았다는 설입니다. 당시 짜오프라야강을 드나드는 모든 상선으로부터 세금을 거둬들이는 세관 도시 기능을 했던 방꺽은 무역을 위해 아유타야를 드나들던 많은 외국인들에게 '방꺽'이라고 불렸고, 이것이 오늘날의 방콕(Bangkok)이 되었습니다.

짝끄리 왕조의 라마 1세(1782~1809)는 1782년에 랏따나꼬신 왕국을 건국하면서 원래 방꺽을 새로운 수도로 지정하는데, '끄룽텝마하나컨 아먼랏따나꼬신 마힌타라윳타야 마하디록폽 놉파랏랏차타니부리롬 우돔랏차니웻마하싸탄 아먼피만아와딴싸팃 싹까탓띠야윗싸누깜쁘라씻 กรุงเทพมหานคร อมรรัตนโกสินทร์ มหินทรายุธยา มหาดิลกภพ นพรัตนราชธานีบูรีรมย์ อุดมราชนิเวศน์มหาสถาน อมรพิมานอวตารสถิต สักกะทัตติยวิษณุกรรมประสิทธิ์'이라는 새로운 이름을 이 도시에 하사합니다. 이 이름은 세계에서 가장 긴 도시 이름으로 기네스북에 등재되어 있습니다. 이 이름이 갖는 의미는 '신의 도시처럼 광활한 수도, 에메랄드 불상이 안치된 곳, 난공불락의 도시, 견고하고 찬연한 아름다움을 지녔네. 아홉 가지 보석으로 완벽한, 더없이 행복한 도시. 신이 현신하셔서 머무는 신전과 같은 웅대한 왕궁이 있네. 인드라 신이 비슈누 신에게 나라를 다스리는 왕으로 현신하여 창조하게 하신 곳'입니다. 이렇듯 긴 이름을 태국인들은 짧게 맨 앞부분의 '끄룽텝' 또는 '끄룽텝마하나컨'으로 부릅니다. 외국인들의 경우 아유타야 시대부터 불러온 '방꺽'의 영어표기인 'Bangkok'에 따라 '방콕'으로 부릅니다.

บทที่ 19

ไม่สบาย เป็นอะไร
어디가 아파요?

- 증상 묻기: เป็นอะไร
- 증상 말하기 ปวด/เจ็บ + 신체 부위
- 종속절을 이끄는 접속사: เพื่อ
- 허락을 구하는 표현: ขอ + 동사...ดู

주요 구문 & 문법
โครงสร้างประโยคและไวยากรณ์ที่สำคัญ

ไม่สบาย เป็นอะไรคะ
어떻게 아프십니까?

ปวดหัวและมีไข้ครับ
머리가 아프고 열이 있습니다.

● **증상 묻기: เป็นอะไร**

환자의 증상을 물을 때는 주로 **ไม่สบาย เป็นอะไร**(어떻게 아프십니까?)라고 합니다.
어떤 의사는 **ไม่สบาย เป็นอะไรมา**(어떻게 아파서 오셨습니까?)라고 묻기도 합니다.

A **ไม่สบาย เป็นอะไร** 어떻게 아프십니까?

B **ปวดหัว** 머리가 아파요. / **เจ็บคอ** 목이 아파요.

   มีไข้ 열이 나요. / **มีน้ำมูก** 콧물이 나요.

> **주의**
> 일반적으로 안부를 물을 때
> A **สบายดีไหม** 잘 지내십니까? 평안하십니까?
> B **สบายดี** 잘 지내요. 평안해요.
>   **ไม่ค่อยสบาย** 잘 못 지내요.

● **증상 말하기: ปวด/เจ็บ + 신체 부위**

ปวด은 신체 부위에 지속적인 통증이 있어서 아플 때 사용합니다. **เจ็บ**은 주로 다치거나 상처가 나는 등 직접적이고 국소적으로 통증을 느끼는 신체 부위와 함께 사용하여 '~이/가 아프다'는 뜻을 표현합니다.

ปวด + 신체 부위

ปวดหัว — 머리가 아파요. (두통)
ปวดท้อง — 배가 아파요. (복통)
ปวดฟัน — 이가 아파요. (치통)
ปวดเข่า — 무릎이 아파요.

เจ็บ + 신체 부위

เจ็บคอ — 목이 아파요.
เจ็บปาก — 입이 아파요.
เจ็บขา — 다리가 아파요.
เจ็บเท้า — 발이 아파요.

ขอเจาะเลือดเพื่อตรวจไข้เลือดออกดูหน่อยนะครับ
뎅기열을 검사하기 위해 채혈을 좀 해 보도록 하겠습니다.

ได้ครับ
네.

참고
เจาะเลือด 채혈하다
ตรวจ 검사하다
ไข้เลือดออก 뎅기열

● **종속절을 이끄는 접속사 เพื่อ**

เพื่อ는 '~하기 위해서'라는 행위의 목적을 드러내는 종속절을 이끄는 접속사로 기능합니다.

เพื่อ + 동사

참고
อาการ 증상
ถ่าย (สัญ) 찍다
ปอด 폐

เจาะเลือด**เพื่อ**ตรวจไข้เลือดออก 뎅기열을 검사하기 위해 채혈하다.

นอนโรงพยาบาล**เพื่อ**ดูอาการ 증상을 보기 위해 입원하다.

ถ่ายภาพเอ็กซเรย์**เพื่อ**ดูปอด 폐를 보기 위해 엑스레이를 찍다.

주의
'เพื่อ + 명사'의 형태로도 말할 수 있습니다.
ผมจะทำ**เพื่อ**คุณ 나는 당신을 위해 할 것이다.
ดำเนินโครงการนี้**เพื่อ**เด็กในแอฟริกา
아프리카 아동을 위해 이 프로젝트를 진행한다.

● **허락을 구하는 표현: ขอ + 동사…ดู**

'ขอ + 동사'는 주어가 청자에게 '~을/를 해도 되겠습니까?'는 허락을 구하는 표현으로, 보조 동사 ดู를 결합하여 '~해 보도록 하겠습니다'는 의미로 사용됩니다. 문장 맨 마지막에 오는 보조 동사 ดู는 동사와 결합하여 '~해 보다'라는 뜻을 나타냅니다.

ขอตรวจหัวใจ**ดู** 심장을 진찰(검진)해 보겠습니다.

ขอชิมอาหาร**ดู** 음식을 맛보겠습니다.

ขอใส่เสื้อ**ดู** 옷을 입어 보겠습니다.

주의
ดู가 본동사로 쓰일 때는 '~을/를 보다'라는 타동사로 기능합니다.
ไปดูหนัง 영화 보러 가다.
ดูโทรทัศน์ 텔레비전을 보다.

대화 1

บทสนทนา 1

ไม่สบาย เป็นอะไรมาครับ

ปวดหัว ตัวร้อน แล้วก็เจ็บคอด้วยค่ะ

의사 어떻게 아파서 오셨습니까?
프래와 머리가 아프고 몸에 열이 나요. 그리고 목도 아픕니다.
의사 심장과 폐 좀 진찰해 보겠습니다.
음……. 정상입니다.
입을 좀 크게 벌려 보세요.
감기입니다. 약을 드셔야 합니다.
약물 알레르기가 있습니까?
프래와 제가 알레르기 반응 약물이 있습니다.
여기요. 제가 가져왔어요.

หมอ ไม่สบาย เป็นอะไรมาครับ

แพรวา ปวดหัว ตัวร้อน แล้วก็เจ็บคอด้วยค่ะ

หมอ ขอตรวจหัวใจและปอดดูหน่อยนะครับ
อืม...ปกติดีครับ
อ้าปากกว้าง ๆ นิดนึงนะครับ
เป็นไข้หวัดครับ กินยานะครับ
แพ้ยาไหมครับ

แพรวา ดิฉันมียาที่แพ้ค่ะ นี่ค่ะ ดิฉันเอามาด้วย

새로운 단어

ตัวร้อน 몸이 뜨겁다, 열이 있다
ตรวจ 진찰하다, 검사하다
หัวใจ 심장
ปกติ 정상, 보통, 일반적
อ้าปาก 입을 벌리다
กว้าง ๆ 넓게
นิดนึง 조금
ไข้หวัด 감기
แพ้ยา 약물 알레르기가 있다

새로운 표현

เป็นอะไรมา 어떻게 아파서 오셨습니까?
อ้าปากกว้าง ๆ 입을 좀 크게 벌려 보세요.
แพ้ยาไหม 약물 알레르기가 있습니까?

대화 Tip

- **เป็น + 병(명사)**: ~병이다, ~병에 걸리다
  เพื่อนเป็นหวัด 친구가 감기입니다.
  ผมเป็นโรคกระเพาะ 나는 위장병입니다.

- **เอา + 목적어 + มา/ไป (+ ด้วย)**: ~을/를 가지고 오다/가다
  เอากระเป๋ามาด้วย 가방을 가지고 왔습니다.
  ไม่ได้เอากระเป๋ามาด้วย 가방을 안 가져왔습니다.
  เอารถไป 차를 가져갔습니다.
  ไม่ได้เอารถไป 차를 안 가져갔습니다.

대화 2

บทสนทนา 2 🎧109

의사	증세가 어떻습니까?
프래와	제가 이틀째 고열이 있습니다. 의사 선생님.
의사	열 좀 재 보겠습니다. 열이 아주 높습니다. 이런 고열은 뎅기열일 수도 있습니다. 검사하기 위해 채혈을 좀 하겠습니다. 간호사님, 환자에게 가서 채혈하라고 하세요. 끝나면 다시 이 방으로 오라고 하세요.
간호사	네.

หมอ	อาการเป็นอย่างไรบ้างครับ
แพรวา	ดิฉันมีไข้สูงมา 2 วันแล้วค่ะ คุณหมอ
หมอ	ขอวัดไข้ดูหน่อยนะครับ อืม... ไข้สูงมากครับ ไข้สูงแบบนี้อาจจะเป็นไข้เลือดออกก็ได้ ขอเจาะเลือดเพื่อตรวจหน่อยครับ คุณพยาบาลครับ ให้คนไข้ไปเจาะเลือดนะครับ เสร็จแล้วให้กลับมาที่ห้องนี้นะครับ
พยาบาล	ค่ะ

새로운 단어

ไข้สูง 고열
คุณหมอ 의사 선생님
วัดไข้ 열을 재다
พยาบาล 간호사
คนไข้ 환자

새로운 표현

อาการเป็นอย่างบ้าง 증세가 어떻습니까?
มีไข้สูงมา 2 วันแล้ว 이틀째 고열이 있습니다.
ให้คนไข้ไปเจาะเลือด
환자에게 가서 채혈하라고 하세요.

대화 Tip

- **동사 + 마 + 기간 + 래우**: ~한 지 ~되었다
  동작이 과거에서 현재까지 진행되었음을 나타냅니다.
  ปวดท้องมา 2 วันแล้ว 배 아픈 지 이틀 됐어요.
  เรียนภาษาไทยมา 6 เดือนแล้ว 태국어를 배운 지 6개월이 됐어요.
  อยู่ประเทศไทยมา 2 ปีแล้ว 태국에서 있은 지 2년 됐어요.

- **하이 + 사람 + 동사**: (누구)에게 (무엇)을/를 하게 하다
  ให้คนไข้ไปเจาะเลือด 환자에게 가서 채혈하라고 하세요.
  ให้คนไข้กลับมาที่ห้องนี้ 환자에게 이 방으로 돌아오라고 하세요.
  ให้ลูกอ่านหนังสือ 자식에게 책을 읽으라고 하세요.

주의

우리말에서 일반적으로 '병원에 간다'는 표현을 태국어에서는 ไปหาหมอ라고 하는데, 이는 '의사를 찾아간다'를 뜻합니다.

추가 단어

คำศัพท์เพิ่มเติม

신체 부위

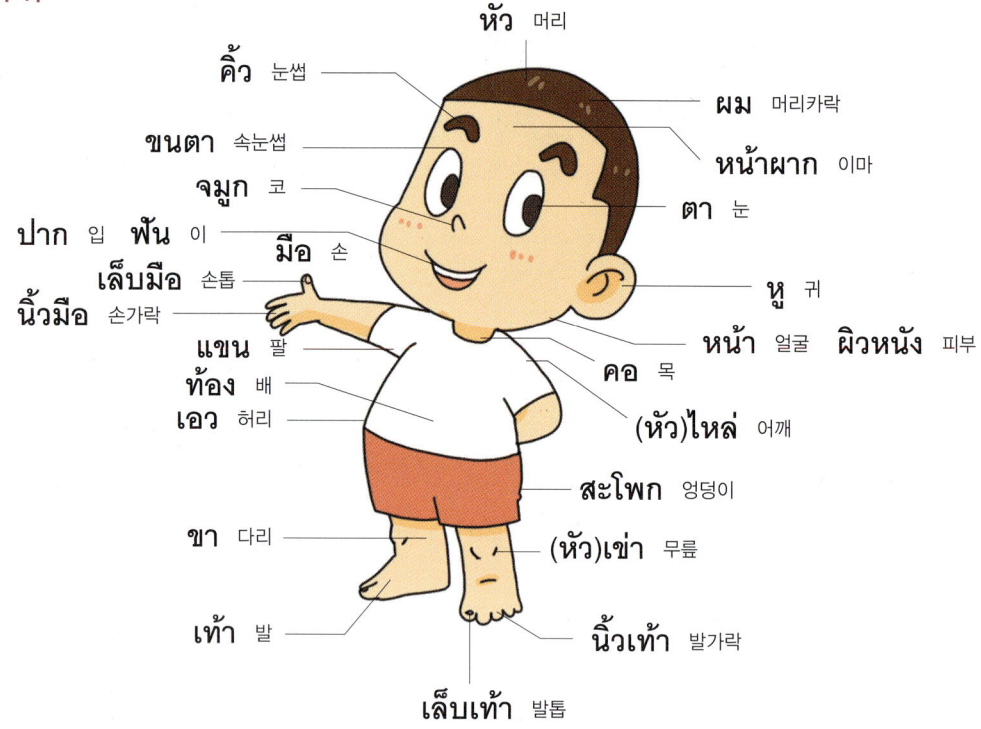

아픈 증상

ท้องเสีย	배탈이 나다, 설사하다	ท้องผูก	변비에 걸리다
มี/เป็นไข้	열이 나다	เป็นหวัด	감기에 걸리다
เป็นไข้หวัดใหญ่	독감에 걸리다	เป็นมาลาเรีย	말라리아에 걸리다
เป็นวัณโรค	결핵에 걸리다	เป็นมะเร็ง	암에 걸리다
อาหารเป็นพิษ	식중독이다	เป็นไข้เลือดออก	뎅기열에 걸리다

유용한 표현

สำนวนที่เป็นประโยชน์

병원에서

A 건강 보험이 있습니까?
B 네, 있어요.

▶ **ประกันสุขภาพ** 건강 보험

A 약 알레르기가 있습니까?
B 알레르기 반응 약물이 없습니다.

A 다음 주 월요일에 다시 한번 의사 선생님과 약속하세요.
B 네.

A 저는 며칠 병원에 입원해야 합니까?
B 내일 집으로 가셔도 됩니다.

▶ **นอนโรงพยาบาล** 입원하다

연습 문제
แบบฝึกหัด

문법

1 그림을 보고 보기 와 같이 **เจ็บ**와 **ปวด**을 사용하여 대화를 완성하세요.

ตัวอย่าง	A ไม่สบาย เป็นอะไรคะ B **ปวดหัวค่ะ**

(1) A ไม่สบาย เป็นอะไรคะ
    B _____ ค่ะ

(2) A ไม่สบาย เป็นอะไรคะ
    B _____ ครับ

(3) A ไม่สบาย เป็นอะไรคะ
    B _____ ครับ

(4) A ไม่สบาย เป็นอะไรคะ
    B _____ ครับ

2 다음 단어를 사용하여 보기 와 같이 문장을 완성하세요.

ขับ	ชิม	ฟัง	อ่าน	วัดความดัน

ตัวอย่าง	혈압을 좀 재 보겠습니다. → ขอ**วัดความดัน**ดูหน่อยนะครับ

(1) (음식의) 맛을 좀 보겠습니다.   → ขอ_____ดูหน่อยนะครับ

(2) (음악을) 좀 들어 보겠습니다.   → ขอ_____ดูหน่อยนะครับ

(3) (책을) 좀 읽어 보겠습니다.   → ขอ_____ดูหน่อยนะครับ

(4) (자동차를) 좀 운전해 보겠습니다. → ขอ_____ดูหน่อยนะครับ

▶ วัดความดัน 혈압을 재다

듣기

● CD를 듣고 질문에 답하세요. 📀112

(1) 여자의 아픈 증상들을 모두 고르세요.
　　① 배가 아프다.　　　　　　　　　② 콧물이 나다.
　　③ 설사가 나다.　　　　　　　　　④ 구토를 하다.

(2) 의사가 검사한 것을 모두 고르세요.
　　① 체온　　　　② 근육　　　　③ 배　　　　④ 심장

▶ อาเจียน 구토하다

읽기

● 다음 대화를 읽고 질문에 답하세요.

> A　อาการเป็นอย่างไรบ้างครับ
>
> B　ผมมีไข้สูงมา 4 วันแล้วครับ คุณหมอ
>
> A　ขอวัดไข้ดูหน่อยนะครับ อืม... ไข้สูงมากครับ
> 　　ไข้สูงแบบนี้อาจจะเป็นไข้หวัดใหญ่ก็ได้
> 　　ขอเจาะเลือดเพื่อตรวจไข้หวัดใหญ่หน่อยนะครับ
> 　　คุณพยาบาลครับ ให้คนไข้ไปเจาะเลือดนะครับ
> 　　เสร็จแล้วให้กลับมาที่ห้องนี้นะครับ

(1) 이 환자에게 의심되는 병은 무엇인가요?
　　① 감기　　　　② 독감　　　　③ 뎅기열　　　　④ 폐렴

(2) 이 대화가 끝나고 바로 이루어질 활동은 무엇인가요?
　　① 간호사가 환자를 데리고 피 검사실로 간다.
　　② 간호사가 환자에게 피 검사를 해 준다.
　　③ 간호사가 이 검사실에 계속 남아 있다.
　　④ 환자가 집에 돌아간다.

▶ ไข้หวัดใหญ่ 독감

태국의 전통 치료법, 타이 마사지

흔히 전통 마사지라 불리는 타이 마사지는 인도에서 불교와 함께 태국에 들어온 것으로 여겨지나 정확한 유입 시기는 알 수 없습니다. 인도의 요가에 뿌리를 둔 타이 마사지는 불교 승려들이 치료를 목적으로 발전시켜 오늘날에 이르렀습니다. 타이 마사지는 고대로부터 내려온 학문이자 예술입니다. 타이 마사지는 오랜 시간 동안 축적된 경험과 한 세대와 그다음 세대를 거치며 전승된 지식으로 안마 이론이 되었을 뿐만 아니라 여러 증상이나 일부 질병을 치료하는 하나의 치료법이 되었습니다.

100년 이상 타이 마사지는 왓포라는 이름과 함께 해 왔습니다. 왕궁 가까이에 위치한 아름다운 와불상이 안치된 곳으로도 유명한 왓포는 흔히 타이 마사지의 총본산으로 알려져 있습니다. 왜냐하면 태국 전통 마사지와 의술이 계승되어 온 중심이기 때문입니다. 과거 타이 마사지는 스승의 기억에 의존하여 제자에게 전수되어 왔기에 기억하기 어려운 부분은 잊어졌습니다. 라마 3세(1824~1851) 때 이를 보존하고 계승하기 위해 기존의 자세들을 수집하도록 했고, 약재와 안마에 대한 교본이 모아졌습니다. 이에 따라 각종 증상을 치료하기 위한 신체의 각 부분과 지압점 등을 60개 이상의 대리석 판에 새겨 사원에 붙였으며, 이와 더불어 르씨닷똔 ฤๅษีดัดตน 이라고 부르는 80개의 자세를 만들어 경내의 정자를 따라 세워 두도록 했습니다. 르씨닷똔을 말 그대로 풀이하면 '운동하는 수도자'라는 의미로, 호흡과 함께 신체 각 부분을 구부린 자세를 묘사한 조각상입니다. 머리에서 발끝까지 신체의 모든 부위를 아우르는 운동 자세로 인도의 요가 동작과 흡사하게 보입니다.

2,000년 이상 된 치료법으로서 타이 마사지는 현대 의술의 발전과 새로운 치료법의 등장에도 불구하고 여전히 인기를 누리고 있습니다. 왓포 안의 마사지 학교에는 현지인과 외국인을 위한 마사지 강습 과정이 마련되어 있습니다. 30시간을 이수하면 이수증을 받을 수 있습니다. 국내외적으로 유명한 타이 마사지는 태국인의 지혜로서, 비록 인도의 요가에 뿌리를 두었지만 오랜 시간을 거쳐 태국 문화와 어울리며 발전하면서 태국의 독자적인 표준 형태를 갖추게 되었으며, 오늘날까지 태국인들과 외국인들에게 사랑받는 건강 요법으로 굳건히 자리매김하고 있습니다.

บทที่ 20

มาส่งพัสดุค่ะ
소포를 보내러 왔습니다.

- มา + 동사
- '먼저', '우선'을 의미하는 접속사 ก่อน
- 정중한 사과 표현 ขออภัยที่...
- 정중한 정보 요청 구문: ขอทราบ + 명사

주요 구문 & 문법

โครงสร้างประโยคและไวยากรณ์ที่สำคัญ

- **มา + 동사**

'มา + 동사'는 '~와서 ~하고', 즉 '~하러 오다'를 의미합니다. **มา** 대신 **ไป**를 써도 마찬가지로 '가서 ~하다', 즉 '~하러 가다'를 의미합니다. 즉, 이동하는 동작의 방향과 이동하는 목적을 함께 나타내는 표현입니다. 두 개의 동사가 연속으로 올 때, 첫 번째 동사가 **มา**처럼 자동사일 경우 두 동사의 동작이 순차적으로 일어남을 의미합니다. 한편, '동사 + 동사'에서 첫 번째 동사가 타동사일 경우 두 번째 오는 동사는 목적어로 기능합니다. 예컨대, '좋아하다'를 의미하는 동사 **ชอบ**은 목적어를 필요로 하는 타동사로서, 동사 **ชอบ**이 다른 동사와 결합하여 '**ชอบ** + 동사'의 형태로 쓰이면 '~하는 것을 좋아한다'를 표현하여 **ชอบ** 다음에 오는 동사가 목적어가 됩니다.

มาซื้อกล่องพัสดุ 소포 박스를 사러 오다.

ไปทานข้าว 밥을 먹으러 가다.

ผม**ชอบ**เล่นฟุตบอล 나는 축구하는 것을 좋아한다.

น้องไม่**ชอบ**อ่านหนังสือ 동생은 책 읽는 것을 좋아하지 않는다.

- **'먼저', '우선'을 의미하는 접속사 ก่อน**

'동사 + **ก่อน**'은 '먼저(우선) ~하다'의 의미이며, 일반적으로 이후에 일련의 동작이 따라옵니다.

'동사₁ + **ก่อน** + 동사₂'의 경우에는 '동사₂를 하기 전에 동사₁을 하다'의 의미로 이때 **ก่อน**은 접속사 기능을 합니다.

동사 + **ก่อน** 먼저(우선) ~하다	กรอกแบบฟอร์ม**ก่อน** 먼저 양식을 작성하다. นั่งดื่มกาแฟ**ก่อน** 먼저 앉아서 커피를 마시다.
동사₁ + **ก่อน** + 동사₂ 동사₂를 하기 전에 동사₁을 하다	ล้างมือ**ก่อน**ทานข้าว 식사 전에 손을 씻다. เขาทานข้าว**ก่อน**ไปโรงเรียน 그는 학교 가기 전에 밥을 먹는다.

ที่บ้านยังไม่ได้รับพัสดุอีเอ็มเอสค่ะ
รบกวนเช็คให้ด้วยค่ะ
집에서 아직 EMS 소포를 못 받았어요.
실례지만 확인 좀 해 주세요.

ขออภัยที่ล่าช้าครับ
ขอทราบรหัสไปรษณีย์ด้วยครับ
지연되어 죄송합니다.
우편번호를 알려 주세요.

ล่าช้า 지연되다
รหัสไปรษณีย์ 우편번호

● **정중한 사과 표현 ขออภัยที่...**

태국어에서 '미안하다'라는 사과의 표현은 일반적으로 **ขอโทษ**을 사용하지만, 좀 더 정중하고 공식적으로 사과할 때는 **ขออภัย**를 사용합니다. 더불어 사과를 하게 된 원인이나 이유를 관계 대명사 **ที่**를 사용하여 서술합니다.

ขออภัยที่ล่าช้า 지연되어 죄송합니다. (늦어서 죄송합니다.)

ขออภัยที่ทำให้รอ 기다리게 해서 죄송합니다.

ขออภัยที่ทำให้เสียเวลา 시간을 낭비하게 해서 죄송합니다.

เสียเวลา 시간을 낭비하다

● **정중한 정보 요청 구문: ขอทราบ + 명사**

태국어에서 '**ขอ** + 동사'는 '~하겠습니다', '~하게 해 주십시오'라는 의미로 화자가 어떠한 행위를 하는 것에 대한 상대방의 허락을 구하고자 할 때 사용합니다. 따라서 '알다'를 의미하는 동사 **ทราบ**과 결합하여 '~을/를 알고자 합니다', 즉 '~을/를 알려 주세요'라는 뜻을 나타냅니다. 이때 명사는 목적어로 기능합니다.

ขอทราบเบอร์โทรผู้รับ 받으시는 분 전화번호 알려 주세요.

ขอทราบที่อยู่ 주소를 알려 주세요.

ขอทราบอีเมล 이메일을 알려 주세요.

대화 1

บทสนทนา 1

ส่งพัสดุไปเชียงใหม่แบบไหนเร็วที่สุดคะ

แบบอีเอ็มเอสใช้เวลาประมาณ 1-2 วันครับ นี่ครับ แบบฟอร์ม

납다우 지금 나하고 같이 우체국 좀 가 줘.
존 무슨 일이야?
납다우 내 동생이 노트북을 잃어버렸어.
내가 내 걸 동생에게 보내 줄 거야.
(우체국에서)
납다우 치앙마이로 소포 보내는데, 어떤 방식이 가장 빨라요?
직원 EMS가 1~2일 정도 걸려요. 여기요. 양식.

นับดาว ไปไปรษณีย์เป็นเพื่อนนับดาวตอนนี้หน่อยสิ

จอห์น มีอะไรหรือ

นับดาว น้องสาวนับดาวทำโน้ตบุ๊กหาย
นับดาวจะส่งของตัวเองไปให้น้อง

(ที่ไปรษณีย์)

นับดาว ส่งพัสดุไปเชียงใหม่แบบไหนเร็วที่สุดคะ

ครับ แบบอีเอ็มเอสใช้เวลาประมาณ 1-2 วันครับ
นี่ครับ แบบฟอร์ม

새로운 단어

โน้ตบุ๊ก 노트북
หาย 없어지다, 사라지다
ตัวเอง 나, 내 자신
พัสดุ 소포
แบบ 방식, 타입
อีเอ็มเอส 국제 특급 우편 (EMS)

새로운 표현

ไปไปรษณีย์เป็นเพื่อนหน่อยสิ
나하고 같이 우체국 좀 가 줘.
น้องสาวทำโน้ตบุ๊กหาย
동생이 노트북을 잃어버렸어.

대화 Tip

- **동사 + เป็นเพื่อน: 같이 ~해 주다**
  เป็นเพื่อน은 직역하면 '친구로' 또는 '친구가 되어'로, '동사 + เป็นเพื่อน'은 '같이 ~하다'라는 의미로 사용합니다.
  ผมกินข้าวเป็นเพื่อนเขา 나는 그와 같이 밥을 먹어 주었다.
  เขาอ่านหนังสือเป็นเพื่อนผม 그가 나와 같이 책을 읽어 주었다.

- **ทำ + 명사 + หาย: ~을/를 잃어버리다**
  อาจารย์ทำกระเป๋าหาย 교수님께서 가방을 잃어버렸다.
  เพื่อนทำโทรศัพท์หาย 친구가 전화기를 잃어버렸다.

참고

'보내다'를 의미하는 타동사 ส่ง 다음에 직접 목적어가 오고, 방향을 나타내는 보조 동사 ไป와 간접 목적어가 순차적으로 위치함으로써 '~에게 ~을/를 보내다'의 뜻을 나타냅니다.

ส่งของไปประเทศเกาหลี
한국에 물건을 보낸다.
ส่งจดหมายไปที่บ้าน
집에 편지를 보낸다.
ส่งอีเมลไปถึงอาจารย์
교수님께 이메일을 보낸다.

대화 2

나리	제가 한국에 EMS 소포를 보낸 지 여러 날이 되었는데, 집에서 아직 소포를 못 받았어요.
직원	지연되어 죄송합니다. 영수증에 있는 번호 좀 알려 주세요.
나리	실례지만 확인 좀 해 주세요.
직원	우체국에서 집에 보냈을 때 아무도 안 계셨습니다.
나리	바로 이거였군요. 그럼 제가 어떻게 해야 합니까?
직원	우체국에서 2번 더 배송할 겁니다.

นารี	ดิฉันส่งพัสดุอีเอ็มเอสไปเกาหลีหลายวันแล้ว แต่ที่บ้านยังไม่ได้รับพัสดุค่ะ
พนักงานไปรษณีย์	ขออภัยที่ล่าช้าครับ ขอทราบหมายเลขที่อยู่ในใบเสร็จด้วยครับ
นารี	รบกวนเช็คให้ด้วยค่ะ
พนักงานไปรษณีย์	ตอนไปรษณีย์ไปส่งที่บ้าน ไม่มีใครอยู่ครับ
นารี	อย่างนี้นี่เอง แล้วดิฉันต้องทำยังไงคะ
พนักงานไปรษณีย์	ไปรษณีย์จะไปส่งใหม่อีก 2 ครั้งครับ

새로운 단어

หลายวัน 여러 날, 며칠
หมายเลข 번호
ใบเสร็จ 영수증
ครั้ง 회, 차, 번

새로운 표현

ส่งพัสดุอีเอ็มเอสไปเกาหลีหลายวันแล้ว
한국에 EMS 소포를 보낸 지 여러 날이 되었어요.

ขออภัยที่ล่าช้า
지연되어 죄송합니다.

รบกวนเช็คให้ด้วย
실례지만 확인 좀 해 주세요.

อย่างนี้นี่เอง 바로 이거였군요.

대화 Tip

- **동사 + แล้ว แต่ยัง + ไม่ได้) + 동사 : ~했지만 아직 ~하지 못했다**
  มีแบบฟอร์ม**แล้ว แต่ยังไม่ได้**กรอก 양식이 있지만 아직 기입하지 못했다.
  ได้รับอีเมล**แล้ว แต่ยังไม่ได้**เช็ค 이메일을 받았지만 아직 확인하지 못했다.

- **동사 + ใหม่ : 다시 (한번) ~하다**
  ไปรษณีย์จะไปส่ง**ใหม่** 우체국에서 다시 한번 배송할 것입니다.
  พรุ่งนี้มา**ใหม่**นะคะ 내일 다시 오세요.

참고

อย่างนี้นี่เอง에서 นี่เอง은 '바로 이'를 의미하여 앞에 오는 단어를 강조할 때 사용합니다. นั่นเอง은 '바로 그'를 의미하여 마찬가지로 강조의 기능을 합니다.

อยู่นี่เอง 여기 있네.
อยู่นั่นเอง 거기 있네.
เด็กคนนี้เอง 바로 이 아이군.

추가 단어

우편 종류

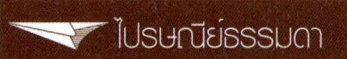

ไปรษณีย์ธรรมดา
보통 우편

ไปรษณีย์ลงทะเบียน
등기 우편

ไปรษณีย์ด่วนพิเศษ
빠른 우편, 국제 특급 우편(EMS)

태국 우체국에서는 소포를 20kg까지 보낼 수 있습니다.

우편물과 택배 보내기

สั่งของออนไลน์ 온라인으로 물건을 주문하다
ขอเปลี่ยนสินค้า 상품 교환 요청하다
สินค้าชำรุด 상품이 파손되었다
พนักงานส่งของ 택배원
ซองจดหมาย 편지 봉투
ไปรณียบัตร/โปสการ์ด 엽서
ผู้ส่ง 발송인(발신인)

ขอคืนเงิน 환불 요청하다
สินค้ามีปัญหา 상품에 문제가 있다
บริการจัดส่ง 배송 서비스
ตู้ไปรษณีย์ 우체통
แสตมป์ 우표
ค่าประกัน 보험료
ผู้รับ 수취인(수신인)

유용한 표현

택배 관련 표현

A 등기로 보내면 며칠 만에 도착합니까?
B 2~3일입니다.

A 수취인 전화번호가 있습니까?
B 네, 있습니다.

A ฉ 사이즈(30X45X22) 박스 한 개 주세요.
B 여기요.

▶ กล่อง 박스

A 이 박스에 몇 킬로그램이 넘지 않게 물건을 넣을 수 있습니까?
B 20kg요.

▶ เกิน 넘다, 초과하다

연습 문제
แบบฝึกหัด

문법

1 우리말에 맞게 단어를 배열하세요.

(1) 한국으로 소포를 보낸다. (ไป / ประเทศเกาหลี / ส่ง / พัสดุ)
→ แพรวา _____

(2) 부모님께 편지를 보낸다. (คุณพ่อคุณแม่ / จดหมาย / ไป / ถึง / ส่ง)
→ แพรวา _____

(3) 동생에게 노트북을 보내 준다. (โน๊ตบุ๊ก / ส่ง / ไป / ให้ / น้อง)
→ แพรวา _____

(4) 교수님께 이메일을 보낸다. (ส่ง / ไป / อีเมล / ถึง / อาจารย์)
→ แพรวา _____

2 보기와 같이 우리말 문장을 태국어 문장으로 바꾸세요.

> ตัวอย่าง 인터넷으로 물건을 주문했지만 아직 못 받았다.
> → สั่งของทางอินเทอร์เน็ตแล้ว **แต่ยังไม่ได้รับ**

(1) 소포를 보냈지만 그가 아직 못 받았다.
→ ส่งพัสดุไปแล้ว _____

(2) 이름을 썼지만 아직 주소는 못 썼다.
→ _____ แต่ยังไม่ได้เขียนที่อยู่

(3) 이메일을 받았지만 아직 못 읽었다.
→ ได้รับอีเมลแล้ว _____

(4) 양식을 작성했지만 아직 못 보냈다.
→ _____ แต่ยังไม่ได้ส่ง

듣기

● CD를 듣고 질문에 답하세요.

(1) 납다우가 우체국에 급하게 간 이유는 무엇인가요?
① 태블릿을 잃어버린 동생에게 태블릿을 보내 줘야 한다.
② 동생이 보내 준 태블릿을 찾으러 간다.
③ 동생이 우체국에서 기다리고 있다.
④ 존이 우체국에 볼 일이 있다.

(2) 납다우가 소포를 어떤 우편으로 보내려고 하나요?
① 보통 우편　　　　② 등기 우편　　　　③ 빠른우편(EMS)　　　　④ 국제 우편

읽기

● 다음 글을 읽고 질문에 답하세요.

หลิน_____จดหมายอีเอ็มเอสไปประเทศจีนหลายวันแล้ว แต่ที่บ้านยังไม่ได้รับจดหมาย หลินจึงโทรไปไปรษณีย์เพื่อถาม พนักงานที่ไปรษณีย์ถามรหัสอีเอ็มเอสและเช็คให้ พนักงานเช็คแล้วบอกว่าตอนไปรษณีย์ไป_____ที่บ้าน ไม่มีคนอยู่

(1) 밑줄 친 부분에 공통으로 들어가는 말을 고르세요.
① กรอก　　　　② ส่ง　　　　③ รับ　　　　④ เช็ค

(2) 린은 무슨 일로 우체국에 문의 전화를 했나요?
① 받은 편지에 문제가 있다.　　　　② 우체국의 위치를 알고 싶다.
③ 우편을 보내려고 하는데 우편번호를 모른다.　　　　④ 보낸 편지가 아직 도착하지 않았다.

태국의 세계유산

'세계유산'은 특정 소재지와 상관없이 모든 인류에게 속하는 보편적 가치를 지닌, 인류 후손들에게 물려주어야 할 자산으로, 유네스코(UNESCO)는 이러한 인류 보편적 가치를 지닌 문화유산 및 자연유산들을 발굴 및 보호, 보존하고자 세계유산협약을 채택하였습니다. 2018년 11월 말 모리셔스에서 개최된 제 13차 무형유산보호 정부간위원회(무형문화유산위원회)에서 태국의 전통 가면 무용극인 콘 โขน이 인류무형문화유산에 선정되었습니다.

태국은 현재 유네스코 세계유산에 모두 5곳이 등재되어 있는데, 문화유산 3곳과 자연유산 2곳이 있습니다. 태국의 세계문화유산 3곳은 반치앙 고고 유적 แหล่งโบราณคดีบ้านเชียง, 쑤코타이 역사도시 เมืองประวัติศาสตร์สุโขทัยและเมืองบริวาร, 아유타야 역사 도시 นครประวัติศาสตร์พระนครศรีอยุธยา 입니다.

반치앙 고고 유적은 동남아시아 정착지 중 가장 중요한 선사 시대 정착지로, 농경 생활과 철기 제작 및 사용에 대한 가장 오래된 증거가 남아 있습니다. 태국 동북부의 우던타니 อุดรธานี에 위치하고 있으며, 1992년에 문화유산으로 등재되었습니다.

▲ 반치앙 고고 유적

▲ 쑤코타이 역사 도시

▲ 아유타야 역사 도시

쑤코타이 역사 도시는 1238년에 건립된 태국의 첫 번째 왕국의 수도로, 쑤코타이 왕국에서 발전된 문명은 여러 지역의 영향과 태국 고대 전통을 흡수하고 동화되어 쑤코타이 양식으로 발전했습니다. 도시 전체가 역사 공원으로 조성되어 있으며, 1991년에 문화유산으로 등재되었습니다.

아유타야 역사 도시는 1350년에 건립된 아유타야 왕국의 수도로, 1767년 미얀마에 의해 멸망할 때까지 417년간 번성을 누렸습니다. 현재는 파괴된 사원들과 목이 잘린 불상들의 모습으로 남아 있지만, 이들 유적들에서 화려했던 아유타야 왕국의 과거를 엿볼 수 있습니다. 1991년에 쑤코타이 역사 도시와 함께 문화유산으로 등재되었습니다.

또한, 퉁야이나레쑤안-후아이카캥 야생동물 보호 구역(เขตรักษาพันธุ์สัตว์ป่าทุ่งใหญ่นเรศวรและห้วยขาแข้ง)과 동파야옌 카오야이 숲(กลุ่มป่าดงพญาเย็น-เขาใหญ่)이 각각 1991년과 2005년에 세계자연유산으로 등재되었습니다. 두 곳은 모두 국립공원으로 지정되어 인류의 소중한 자산으로 보호, 보존되고 있습니다.

부록

- 추가 문법
- 태국어 잰말 놀이
- 정답
- 듣기 대본 · 읽기 지문 번역
- 색인 ❶ 태국어 + 한국어
- 색인 ❷ 한국어 + 태국어

추가 문법

1 ให้의 쓰임 정리

> 주어 + ให้ + 간접목적어 + 동사(구)

คุณแม่**ให้**ผมทำการบ้าน 어머니가 나에게 숙제하라고 하셨다.

> 주어 + 동사(구) + ให้ + 목적어 + 동사(구)

คุณพ่ออ่านหนังสือ**ให้**ลูกฟัง 아버지가 자식이 듣도록 책을 읽어 주었다.

> 주어 + อยากให้ + 목적어 + 동사(구)

ดิฉัน**อยากให้**คุณอยู่ที่นี่ต่อ 나는 당신이 이곳에 계속 있기를 바란다.

> 주어 + ทำให้ + 목적어 + 동사(구)

หนังเรื่องนี้**ทำให้**ดิฉันทั้งหัวเราะและร้องไห้ 이 영화는 나를 웃고, 울게 만든다.

> 주어 + 동사(구) + ให้ + 간접 목적어

ผมซื้อ**ให้**คุณ 내가 당신에게 사 준다.

> 주어 + ให้ + 직접 목적어 + 간접 목적어

เขา**ให้**แหวนเธอ 그는 그녀에게 반지를 준다.

> 동사(구) + ให้ + 부사

พูด**ให้**ช้าหน่อย 좀 천천히 말하세요.

2 ได้의 쓰임 정리

주어 + ได้ + 명사

ใครจะ**ได้**มรดก 누가 유산을 받을 것인가?

주어 + ได้ + 동사(구)

ฉัน**ได้**ไปเที่ยวลาว 나는 라오스에 놀러 갔다.
เราไม่**ได้**ไป 우리는 가지 않았다.

주어 + 동사(구) + ได้

ผมกินเผ็ด**ได้** 나는 매운 것을 먹을 수 있다.
เราไปพรุ่งนี้ไม่**ได้** 우리는 내일 갈 수 없다.

주어 + 동사(구) + ได้ + 부사

เขาพูดภาษาไทย**ได้**ดี 그는 태국어를 잘한다.

부정칭 대명사 + ก็ได้, 동사(구)/명사 + ก็ได้

กินอะไร**ก็ได้** 무엇을 먹든 괜찮다.
ไปเมื่อไรก็**ได้** 언제 가든 괜찮다.
วันนี้ก็ได้ พรุ่งนี้ก็**ได้** 오늘도 되고, 내일도 된다.
ไปก็ได้ ไม่ไปก็**ได้** 가도 되고, 안 가도 된다.

3 เป็น의 쓰임 정리

주어 + เป็น + 명사

ผม**เป็น**คนไทย 나는 태국 사람이다.
เขาไม่ได้**เป็น**เพื่อนของดิฉัน (= เขาไม่ใช่เพื่อนของดิฉัน) 그는 나의 친구가 아니다.

주어 + 동사(구) + เป็น

ผมขับรถ**เป็น** 나는 운전을 할 줄 안다.
ดิฉันว่ายน้ำไม่**เป็น** 나는 수영을 할 줄 모른다.

동사(구) + เป็น + 명사(구)

จงแปลข้อความนี้**เป็น**ภาษาเกาหลี 이 내용을 한국어로 번역하시오.

동사(구) + เป็น + 시간의 표현

เขาทำงานที่เมืองไทย**เป็น**เวลานาน 그는 태국에서 오랜 시간 일했습니다.

เป็น + 질병

คุณ**เป็น**หวัดใช่ไหม 당신은 감기 걸린 거죠?

4 분류사

(1) 본문에 소개되지 않은 추가 분류사 → 5과

ฉบับ	신문, 잡지, 편지, 서류 (장, 통)	ดวง	우표, 전구, 달, 별 (장, 구, 개)
ฟอง	계란, 알 (개)	เรือน	시계 (개)
ชาม	대접, 그릇 (그릇)	ห่อ	포장, 상자 (개)
ก้อน	돌, 비누, 덩어리로 된 것 (개, 덩어리)	สาย	도로, 강, 운하, 철도, 지하철 (호선, 로)
ครั้ง	회수 (회, 번, 차)	เรื่อง	영화, 연극, 이야기 (편)
ลำ	비행기, 배 (대, 척)	ซอง	봉투, 담배 (장, 갑)
ที่	인원수 (~인분, 자리, 좌석)	ผืน	옷감, 담요, 수건 (장)
ถ้วย	커피 잔, 찻잔, 그릇 (잔, 공기)	เม็ด	알약, 보석, 단추 (알, 개, 정)
มวน	담배 (개피)	โรง	극장, 병원, 영화관 (군데, 곳, 관)
ม้วน	두루마리 형태의 옷감, 종이, 테이프 (필)	รูป	사진, 그림, 승려 (장, 점, 분)

(2) 분류사의 쓰임

명사 + 숫자 + 분류사

นักเรียน 5 คน 학생 다섯 명
ผมมีหมา 2 ตัว 나는 개 두 마리가 있다.

명사 + 분류사 + นี้, นั้น, โน้น

ก๋วยเตี๋ยวชามนี้ 이 쌀국수
ผู้หญิงคนนั้นสวย 그 여성은 예쁘다.

명사 + 분류사 + ที่ + 숫자

จดหมายฉบับที่สอง 두 번째 편지
นี่หนังเรื่องที่หนึ่งของเขา 이것은 그의 첫 번째 영화다.

명사 + กี่ + 분류사

คุณมีแมวกี่ตัว 당신은 고양이가 몇 마리 있습니까?
มากันกี่คน 몇 명이 왔습니까?

명사 + 분류사 + 형용사

ซื้อรองเท้าคู่ใหม่ 새 신발을 사다.
นี่เป็นหนังสือเล่มเก่า 이것은 오래된(옛) 책입니다.

명사 + 분류사 + ไหน

คุณชอบนักแสดงคนไหน 당신은 어느 배우를 좋아합니까?
กระเป๋าใบไหนเป็นของคุณ 어떤 가방이 당신의 것입니까?

명사 + หลาย + 분류사

สั่งอาหารหลายอย่าง 음식을 여러 가지 주문하다.
เขามีนาฬิกาหลายเรือน 그는 시계가 여러 개 있습니다.

태국어 잰말 놀이

발음하기 힘든 어구 연습하기

1. **ระนอง ระยอง ยะลา**
   라넝 라영 야라 (태국의 지역명)

2. **ยักษ์ใหญ่ไล่ยักษ์เล็ก ยักษ์เล็กไล่ยักษ์ใหญ่**
   커다란 도깨비가 작은 도깨비를 뒤쫓는다. 작은 도깨비가 큰 도깨비를 뒤쫓는다.

3. **ชามเขียวคว่ำเช้า ชามขาวคว่ำค่ำ**
   초록 그릇이 아침에 뒤집어진다. 흰 그릇이 밤에 뒤집어진다.

4. **เช้าฟาดผัดฟัก เย็นฟาดฟักผัด**
   아침에 동과 볶음을 먹는다. 저녁에 볶은 동과를 먹는다.

5. **ทหารบก ถือปืน แบกปูนไปโบกตึก**
   육군이 총을 들고 시멘트를 지고 가서 건물에 바른다.

6. **หมู หมึก กุ้ง หุง อุ่น ตุ๋น ต้ม นึ่ง**
   돼지고기, 오징어, 새우, 가열한다, 데운다, 푹 삶는다, 끓인다, 찐다

7. **ปิดประตูโบสถ์ เปิดประตูโบสถ์**
   예배당 문을 닫는다. 예배당 문을 연다.

8. **รถยนต์ล้อยาง รถรางล้อเหล็ก**
   자동차는 고무 바퀴, 전차는 철 바퀴

9. **หมอนลอยน้ำมา ว่ายน้ำไปถอยหมอน**
   베개가 떠내려온다. 헤엄쳐 가서 베개를 뒤로 보낸다.

10. **ยายกินลำไยน้ำลายยายไหลย้อย**
    할머니가 람야이를 먹는다. 할머니의 침이 흘러내린다.

11. **หมึกหกเลอะมุ้ง มุ้งเลอะหมึกหมด**
    먹이 넘쳐 모기장을 더럽힌다. 모기장이 먹으로 더럽혀진다.

12. **ตาตี๋ตกต้นตาล ตอตาลตำตูดตาย**
    띠 할아버지가 야자나무에서 떨어져 나무말뚝에 엉덩이가 박혀 죽었다.

13. **งูกินหนูจนงูงงงวย**
    뱀이 쥐를 먹은 후 뱀은 망연자실했다.

14. **ไหมใหม่ไม่ไหม้ใช่ไหม**
    새 비단이 타지 않은 거 맞죠?

15. **หมาหันมา หาหมู เห็นหูหมา หูหมาหนา หมูหนี หมีเห็นหมู**
    개가 돌아서 돼지를 찾았다. 개의 귀가 보인다. 개의 귀는 두껍다. 돼지가 도망갔다. 곰이 돼지를 보았다.

16. **เสื่ออยู่บนเสือ เสืออยู่บนเสื้อ เสื้ออยู่บนเสื่อ**
    호랑이가 돗자리 위에 있다. 옷이 호랑이 위에 있다. 돗자리가 옷 위에 있다.

정답

1과

문법

1. (1) คนเกาหลี (2) คนอเมริกัน
   (3) คนจีน
2. (1) ทหาร (2) ตำรวจ
   (3) หมอ

듣기

- (1) ผม (2) ขอบคุณ
  (3) ใช่

읽기

- (1) นี่ (2) สวัสดี
  (3) ยินดี (4) เป็น
  (5) ไม่ใช่

2과

문법

1. (1) มือถือ (2) นาฬิกา
   (3) สมุด
2. (1) นั่น, นี่ (2) โน่น, โน่น
   (3) นี่, นี่

듣기

- (1) ② (2) ① (3) ④ (4) ③

읽기

- (1) ① (2) ③ (3) ①

3과

문법

1. (1) ประเทศมาเลเซีย
   (2) ประเทศญี่ปุ่น
   (3) ประเทศเวียดนาม
2. (1) เขา, ทำงาน (2) เขา, ดูหนัง
   (3) เธอ, กินข้าว

듣기

- (1) ④ (2) ① (3) ③ (4) ②

읽기

- (1) ④ (2) ② (3) ③

4과

문법

1. (1) ② (2) ① (3) ③
2. (1) คอมพิวเตอร์ (2) มือถือ
   (3) โซฟา

듣기

- (1) ① (2) ④ (3) ④

읽기

- (1) ③ (2) ① (3) ②

5과

문법

1. (1) ด้าม (2) แก้ว (3) ตัว (4) แผ่น
2. (1) ท่าน, ใจดี (2) เล่ม, สนุก
   (3) ลูก, เปรี้ยว (4) หลัง, ใหญ่

듣기

- (1) สวย (2) ใจดี
  (3) อร่อย (4) สนุก
  (5) ดี

읽기

- (1) เล่มไหน (2) เล่มนี้
  (3) ที่ไหน (4) ที่นี่

6과

문법
1. (1) ดูโทรทัศน์ (ทีวี)　(2) ขับรถ
   (3) คุยโทรศัพท์
2. (1) ทำการบ้าน　(2) กินขนม
   (3) ไปบริษัท

듣기
- (1) ③　(2) ①　(3) ②　(4) ④　(5) ⑤

읽기
- (1) ②
  (2) ⓑ กำลัง　ⓒ อยู่　ⓓ ที่

7과

문법
1. (1) อาบน้ำหรือยัง, อาบน้ำแล้ว
   (2) อ่านหนังสือหรือยัง, ยังไม่อ่าน
   (3) แต่งตัวหรือยัง, แต่งตัวแล้ว
2. (1) เคยเรียนภาษาจีนไหม, ไม่เคยเรียนภาษาจีน
   (2) เคยกินอาหารเกาหลีไหม, เคยกินอาหารเกาหลี
   (3) เคยดูหนังไทยไหม, ไม่เคยดูหนังไทย

듣기
- (1) ○　(2) ×　(3) ×　(4) ○　(5) ×

읽기
- (1) ①　(2) ④　(3) ④　(4) ③

8과

문법
1. (1) ไปดำน้ำด้วยกันไหม
   (2) ไปร้องเพลงด้วยกันไหม
   (3) ไปตักบาตรด้วยกันไหม
   (4) ไปเข้าห้องน้ำด้วยกันไหม
2. (1) ชอบดูหนังไทย　(2) รถติด　(3) มีนัด

듣기
- (1) → (3) → (2) → (4) → (5) → (6)

읽기
- (1) ②　(2) ④

9과

문법
1. (1) อยากดื่มน้ำ　(2) อยากอ่านหนังสือ
   (3) อยากนอน　(4) อยากไปเที่ยวทะเล
2. (1) ไปหาหมอ　(2) ดื่มน้ำ
   (3) ใส่เสื้อกันหนาว　(4) โทรไปจอง

듣기
- (1) 4　(2) 3　(3) 6　(4) 2　(5) 5　(6) 1

읽기
- (1) ③　(2) ①

10과

문법
1. (1) ตอนนี้ 10 โมงเช้า
   (2) ตอนนี้บ่าย 3 โมง 10 นาที
   (3) ตอนนี้ 2 ทุ่ม
   (4) ตอนนี้ตี 1 ครึ่ง
2. (1) ใช้เวลาอาบน้ำ 20 นาที
   (2) ใช้เวลาทำความสะอาดบ้าน 1 ชั่วโมง 30 นาที (ครึ่ง)
   (3) ใช้เวลาเดินทางมาเรียน 1 ชั่วโมง 15 นาที

듣기
- (1) ○　(2) ×　(3) ○　(4) ×　(5) ○　(6) ×

읽기
- (1) ①　(2) ②　(3) ②

11과

문법
1. (1) เท่าไร (2) อะไร (3) กี่ (4) ไหน
2. (1) ไปเรียนภาษาไทย (2) ไปเที่ยว (3) คุณแม่มา (4) ไปงานวันเกิดเพื่อน

듣기
- (1) ④ (2) ① (3) ② (4) ③

읽기
- (1) ①, ②, ③ (2) ②

12과

문법
1. (1) คุณอายุกี่ปี (2) คุณสูงกี่เซนติเมตร (3) คุณหนักกี่กิโลกรัม
2. (1) เขียว (2) ฟ้า (3) ดำ (4) ขาว (5) แดง

듣기
- (1) 〈 (2) 〈 (3) 〈 (4) 〉 (5) 〉

읽기
- (1) ①, ④ (2) ②

13과

문법
1. (1) ขอผัดไทยจานหนึ่ง/ขอผัดไทยหนึ่งจาน
   (2) ขอก๋วยเตี๋ยวชามหนึ่ง/ขอก๋วยเตี๋ยวหนึ่งชาม
   (3) ขอไก่ย่างที่หนึ่ง/ขอไก่ย่างหนึ่งที่
   (4) ขอโค้กขวดหนึ่ง/ขอโค้กหนึ่งขวด
2. (1) ขม (2) เปรี้ยว (3) หวาน (4) เผ็ด

듣기
- (1) ①, ② (2) ③ (3) ②

읽기
- (1) ⓐ จ๊ะ ⓑ จ้ะ ⓒ จ๊ะ ⓓ จ้ะ
  (2) ④

14과

문법
1. (1) หน้า (2) หลัง (3) ข้าง ๆ (4) บน (5) ใต้
2. (1) มี (2) ไม่มี (3) มี (4) มี (5) ไม่มี

듣기
- (1) 6 (2) 1 (3) 4 (4) 5 (5) 2 (6) 3

읽기
- (1) ①, ③
  (2) ⓐ ไหน ⓑ ไหม ⓒ ไหน ⓓ เท่าไร

15과

문법
1. (1) ช่วยจอดตรงสี่แยกด้วยค่ะ
   (2) ช่วยเลี้ยวขวาด้วยค่ะ
   (3) ช่วยเปิดท้ายรถด้วยค่ะ
   (4) ช่วยตรงไปด้วยค่ะ
   (5) ช่วยกลับรถด้วยค่ะ
2. (1) บอกว่าวันนี้รถติดมาก
   (2) ถามว่าจะไปไหน
   (3) ได้ยินว่าคุณย่าไม่สบาย

듣기
- (1) 1 (2) 2 (3) 4 (4) 5 (5) 6 (6) 3

읽기
- (1) ④ (2) ②

16과

문법

1. (1) โทรผิดครับ
   (2) ใครพูดคะ
   (3) สะดวกคุยไหมคะ
   (4) โทรจากที่ไหนคะ
2. (1) โทรจาก   (2) โทรคุย
   (3) โทรกลับ   (4) โทรหา

듣기
- (1) ③   (2) ②
  (3) ①

읽기
- (1) ②   (2) ②

17과

문법

1. (1) ไป   (2) มา
   (3) มา   (4) ไป
2. (1) เล่นสกีไม่เป็น   (2) เล่นเปียโนเป็น
   (3) ทำกับข้าวเป็น   (4) ขับรถไม่เป็น

듣기
- (1) ②   (2) ③
  (3) ①

읽기
- (1) ②   (2) ①, ③, ④

18과

문법

1. (1) ใช้แอปจองตั๋วเครื่องบิน
   (2) ใช้โทรศัพท์ส่งข้อความ
   (3) ใช้อินเทอร์เน็ตหาคำศัพท์
   (4) ใช้ไลน์คุยกับเพื่อน
2. (1) คัน   (2) ไฟลท์
   (3) คน   (4) จาน
   (5) ที่

듣기
- (1) ②   (2) ③
  (3) ②

읽기
- (1) ②   (2) ④

19과

문법

1. (1) ปวดฟัน   (2) เจ็บคอ
   (3) เจ็บขา   (4) ปวดท้อง
2. (1) ชิม   (2) ฟัง
   (3) อ่าน   (4) ขับ

듣기
- (1) ①, ③, ④   (2) ①, ③

읽기
- (1) ②   (2) ①

20과

문법

1. (1) ส่งพัสดุไปประเทศเกาหลี
   (2) ส่งจดหมายไปถึงคุณพ่อคุณแม่
   (3) ส่งโน้ตบุ๊กไปให้น้อง
   (4) ส่งอีเมลไปถึงอาจารย์
2. (1) แต่เขายังไม่ได้รับ
   (2) เขียนชื่อแล้ว
   (3) แต่ยังไม่ได้อ่าน
   (4) กรอกแบบฟอร์มแล้ว

듣기
- (1) ①   (2) ③

읽기
- (1) ②   (2) ④

듣기 대본 • 읽기 지문 번역

1과

듣기

(1) 여자 สวัสดีค่ะ ดิฉันชื่อหลินค่ะ
    남자 สวัสดีครับ ผมชื่อจอห์นครับ
(2) 여자 ยินดีต้อนรับค่ะ
    남자 ขอบคุณครับ
(3) 여자 คุณจอห์นเป็นคนอเมริกันหรือคะ
    남자 ใช่ครับ ผมเป็นคนอเมริกันครับ

(1) 여자 안녕하세요? 제 이름은 린입니다.
    남자 안녕하세요? 제 이름은 존입니다.
(2) 여자 반갑습니다.
    남자 감사합니다.
(3) 여자 존 씨는 미국 사람입니까?
    남자 네, 저는 미국 사람입니다.

읽기

민호 퍼디 씨! 여기는 제 친구입니다. 이름은 존이에요.
     존 씨! 여기는 퍼디 씨예요. 제 룸메이트입니다.
존   안녕하세요? 퍼디 씨. 만나서 반갑습니다.
퍼디 안녕하세요? 존 씨. (저도) 만나서 반갑습니다.
     존 씨는 대학생입니까?
존   아니요, 저는 대학생이 아닙니다. 저는 회사원입니다.

2과

듣기

(1) กระเป๋าของคุณครู
(2) มือถือของพอดี
(3) หนังสือเรียนของมินโฮ
(4) ปากกาของจอห์น

(1) 선생님의 가방
(2) 퍼디의 핸드폰
(3) 민호의 교과서/교재
(4) 존의 볼펜

읽기

남자 여기가 당신의 사무실입니다.
여자 감사합니다. 이것은 무엇입니까?
남자 그것은 당신의 태블릿입니다.
여자 저것은 어떤 기계입니까?
남자 저것은 복사기입니다.
여자 네.

3과

듣기

(1) จอห์นไปบริษัท
(2) คุณครูไปธนาคาร
(3) พอดีไปสถานีตำรวจ
(4) มินโฮไปห้องน้ำ

(1) 존은 회사에 갑니다.
(2) 선생님은 은행에 갑니다.
(3) 퍼디는 경찰서에 갑니다.
(4) 민호는 화장실에 갑니다.

읽기

민호 씨는 한국에서 왔다. 존 씨는 미국에서 왔다. 존 씨는 오후에 커피숍에 친구를 만나러 간다. 존 씨와 민호 씨는 저녁에 영화를 보러 간다. 존 씨는 내일 회사에 일하러 간다.

4과

듣기

(1) พอใจเป็นน้องสาวของพอดี
(2) หลินเป็นเพื่อนของมินโฮและจอห์น
(3) แพรวาเป็นคุณครูของมินโฮ จอห์น และหลิน

(1) 퍼짜이는 퍼디의 여동생입니다.
(2) 린은 민호와 존의 친구입니다.
(3) 프래와는 민호, 존 그리고 린의 선생님입니다.

읽기

민호는 형이 있다. 민호의 형은 한국에서 왔다. 퍼디는 여동생 한 명이 있다. 이름은 퍼짜이이다. 퍼짜이는 대학생이다. 존은 형제가 없다. 외동이다.

5과

듣기

(1) ทะเลสวย
(2) เพื่อนใจดี
(3) อาหารอร่อย
(4) หนังสนุก
(5) อากาศดี

(1) 아름다운 바다
(2) 친절한 친구
(3) 맛있는 음식
(4) 재미있는 영화
(5) 좋은 날씨

읽기

납다우	어떤 역사 책이 재미있습니까?
존	이 책입니다.
납다우	그럼 이 책은 어때요?
존	이 책도 아주 재미있습니다. 태국 유적지를 소개하는 책입니다.
납다우	어디가 가장 흥미롭습니까?
존	여기가 가장 흥미롭습니다.

6과

듣기

(1) คุณครูกำลังร้องเพลง
(2) จอห์นกำลังขับรถ
(3) จุนซูกำลังกินข้าว
(4) หลินกำลังอ่านหนังสือ
(5) มินโฮกำลังดื่มน้ำ

(1) 선생님은 노래를 부르는 중입니다.
(2) 존은 운전 중입니다.
(3) 준수는 밥을 먹는 중입니다.
(4) 린은 책을 읽는 중입니다.
(5) 민호는 물을 마시는 중입니다.

읽기

린	어서 오세요. 이게 제 책상이에요
준수	서류가 진짜 많네요.
린	네, 회의 준비 중이에요
준수	제가 과일을 좀 가져왔어요.
린	정말 고마워요. 마침 배가 고팠어요.
준수	이것은 저희 어머니께서 직접 재배한 과일이에요.

7과

듣기

(1) เมื่อวานมินโฮไม่ได้กินข้าวเช้า
(2) เดือนที่แล้วพอใจไม่ได้ไปดูหนัง
(3) เมื่อเช้าจุนซูไม่ได้สระผม
(4) สัปดาห์ที่แล้วแพรวาได้สอนภาษาไทยนักเรียน
(5) เมื่อวานใบหม่อนไม่ได้มาเรียน

(1) 어제 민호는 아침을 안 먹었습니다.
(2) 지난달에 퍼짜이는 영화를 안 봤습니다.
(3) 아침에 준수는 머리를 안 감습니다.
(4) 지난주에 프래와는 학생들에게 태국어를 가르쳤습니다.
(5) 어제 바이먼은 수업에 안 왔습니다.

읽기

선생님	여러분. 책을 읽어 오셨어요?
민호	읽어 왔습니다.
존	저는 아직 다 못 읽었습니다. 왜냐하면 어젯밤에 일이 많이 바빴어요.
선생님	괜찮아요.
린	지난주에 저는 수업에 안 왔어요. 정말 죄송해요.
선생님	괜찮아요. 지난주에 어디 갔다 왔어요?
린	지난주에 집에 일이 있었어요.

8과

듣기

(1) ใบหม่อนจะอาบน้ำ
(2) ใบหม่อนจะแต่งตัว
(3) ใบหม่อนจะกินข้าว
(4) ใบหม่อนจะไปเรียน
(5) ใบหม่อนจะเจอเพื่อน
(6) ใบหม่อนจะกลับบ้าน

(1) 바이먼은 샤워할 거예요.
(2) 바이먼은 옷을 입을 거예요.
(3) 바이먼은 밥을 먹을 거예요.
(4) 바이먼은 학교에 갈 거예요.
(5) 바이먼은 친구를 만날 거예요.
(6) 바이먼은 집에 갈 거예요.

읽기

퍼디	영화가 무척 감동적이야.
바이먼	저는 여자 주인공이 제일 좋아요.
	왜냐하면 춤을 아주 잘 추기 때문이에요.
퍼짜이	하지만 난 남자 주인공이 좋아. 왜냐면 매우 신중하거든.
퍼디	나는 퍼짜이가 우는 걸 봤어.
퍼짜이	여자 주인공이 불쌍해.
	더 이상 춤 경연을 하지 않게 됐잖아.
퍼디	다음에 우리 또 같이 영화 보러 오자.

9과

듣기

(1) ห้ามตกปลา
(2) ไม่ควรพูดเวลารับประทานอาหาร
(3) ห้ามเข้า
(4) ห้ามสูบบุหรี่
(5) ต้องถอดรองเท้า
(6) ห้ามนั่ง

(1) 낚시 금지
(2) 식사할 때는 말을 하지 말아야 한다.
(3) 출입 금지
(4) 금연
(5) 신발을 벗어야 합니다
(6) 착석 금지

읽기

민호	당신은 어떤 종류의 음식을 먹고 싶습니까?
린	제 친구가 태국의 똠얌 종류의 음식이 맛있다고 말했어요.
민호	좋아요. 저 역시 똠얌 종류의 음식을 먹고 싶습니다.
	당신은 고기와 해물 중 뭐가 먹고 싶습니까?
린	아무거나 괜찮아요
민호	그렇다면 종업원에게 물어보는 게 좋겠습니다.
	여기요! 우리 똠얌 종류의 음식을 먹고 싶어요.
	추천 좀 해 주실 수 있습니까?
종업원	네, 우리 가게 똠얌꿍이 가장 유명합니다.

10과

듣기

(1) ตื่นนอนตอน 9 โมงเช้า
(2) เล่นเกมตั้งแต่ 9 โมงถึงเที่ยง
(3) กินข้าวตอนเที่ยง
(4) ดูทีวีตั้งแต่บ่ายโมงถึงบ่าย 3 โมง
(5) อาบน้ำตอนบ่าย 3 โมง
(6) ทำการบ้านตอนบ่าย 3 โมงครึ่ง

(1) 아침 9시에 일어납니다.
(2) 9시에서 12시까지 게임을 합니다.
(3) 12시에 밥을 먹습니다.
(4) 오후 1시부터 3시까지 TV를 봅니다.
(5) 오후 3시에 샤워를 합니다.
(6) 오후 3시 반에 숙제를 합니다.

읽기

버스 승무원	승객 여러분! 우리는 여기서 30분간 정차해서 쉬겠습니다. 모두 11시 30분까지 차로 돌아와 주시기 바랍니다.
퍼짜이	저기요! 우리는 치앙라이에 몇 시쯤 도착할까요?
버스승무원	오후 4시 반쯤에요.
퍼짜이	우리가 왓렁쿤에 가려는데, 오늘 갈 수 있을까요?
버스 승무원	내일 가는 게 좋겠어요.
	왓렁쿤은 오전 8시부터 오후 5시까지 열어요.
퍼짜이	정말 감사합니다.

11과

듣기

(1) วันเสาร์อาทิตย์ไปเที่ยวทะเล
(2) เมื่อวานฝนตก
(3) สัปดาห์ที่แล้วไม่สบาย
(4) วันที่ 10 มิถุนายนเป็นวันเกิดเพื่อน

(1) 주말에 바다에 놀러 간다.
(2) 어제 비가 왔다.
(3) 지난주에 아팠다.
(4) 6월 10일은 친구의 생일이다.

읽기

오늘은 날씨가 아주 좋았다. 그래서 친구와 놀러 가고 싶었다.
하지만 친구가 몸이 좀 안 좋아서 놀러 갈 수 없었다.
내일은 비가 올 것 같다. 그래서 내일 놀러 갈 수 없다.
토요일에는 차가 많이 막힌다. 그래서 토요일에 놀러 갈 수 없다.
일요일에 가야 할 것 같다.

12과

듣기

(1) ไข่ไก่ 30 บาท เนื้อหมู 45 บาท
(2) น้ำปลา 24 บาท ซีอิ๊ว 30 บาท
(3) ไก่ 80 บาท เนื้อวัว 200 บาท
(4) ต้นหอม 20 บาท แครอท 18 บาท
(5) แตงโม 50 บาท สับปะรด 40 บาท

(1) 달걀 30바트, 돼지고기 45바트
(2) 액젓 24바트, 간장 30바트
(3) 닭고기 80바트, 소고기 200바트
(4) 쪽파 20바트, 당근 18바트
(5) 수박 50바트, 파인애플 40바트

읽기

퍼짜이가 시장에 갑니다.
돼지고기, 달걀, 쌀, 설탕, 당근 그리고 귤을 사러 갑니다.
돼지고기가 별로 신선하지 않습니다.
그래서 퍼짜이는 닭 한 마리를 120바트에 삽니다.
달걀은 한 알에 5바트입니다. 퍼짜이는 달걀 반 더즌을 삽니다.
쌀은 1킬로에 40바트입니다. 퍼짜이는 쌀 2킬로를 삽니다.
설탕은 1봉지에 28바트입니다. 퍼짜이는 설탕 1봉지를 삽니다.
당근이 예쁘고 귤은 달아서 좋습니다. 하지만 퍼짜이는 귤만 삽니다.

13과

듣기

직원	จะรับอะไรดีคะ
존	มีเมนูแนะนำไหมครับ
직원	หน้านี้มีเมนูแนะนำของร้านเราค่ะ
존	ขอบคุณครับ นับดาวจ๊ะ สั่งประเภทผัด และต้ม ดีไหม
납다우	ก็ดีนะคะ ปูผัดผงกะหรี่ แล้วก็ต้มยำกุ้ง ดีไหมคะ
존	โอเคจ๊ะ พี่ครับ ขอปูผัดผงกะหรี่ ต้มยำกุ้งแล้วก็ข้าวสวย 2 จานครับ
납다우	ต้มยำกุ้ง เอาไม่เผ็ดนะคะ

직원	무엇으로 드시겠어요?
존	추천 메뉴가 있나요?
직원	이 페이지에 저희 가게 추천 메뉴가 있습니다.
존	감사합니다. 납다우, 볶음하고 국 종류를 주문하면 어떨까?
납다우	좋아요. 뿌팟퐁까리, 그리고 똠얌꿍, 괜찮아요?
존	오케이. 뿌팟퐁까리, 똠얌꿍, 그리고 밥 두 그릇 주세요.
납다우	똠얌꿍은 맵지 않게 해 주세요.

읽기

존	납다우 음료를 주문하자.
종업원	무슨 음료를 드시겠습니까?
존	물 한 잔 주세요. 아…… 얼음은 넣지 말고요.
납다우	그리고 수박 스무디 주세요. 달지 않게요.
종업원	네, 잠깐만 기다리세요.
납다우	존 오빠, 저 잠시 화장실 좀 다녀올게요.
존	그래, 화장실은 저쪽에 있어.

14과

듣기

(1) ตรงไป
(2) ขึ้นลิฟต์
(3) ข้ามถนน
(4) ขึ้นบันได
(5) เลี้ยวซ้าย
(6) เลี้ยวขวา

(1) 직진.
(2) 엘리베이터를 타다.
(3) 도로를 건너다.
(4) 계단을 오르다.
(5) 좌회전하다.
(6) 우회전하다.

읽기

바이먼 죄송합니다. 버스정류장은 어느 쪽으로 가요?
남자 직진한 뒤에 사거리에서 우회전하세요.
바이먼 사거리가 멀리 있나요?
남자 안 멀어요. 여기서 700미터 정도예요.
　　　당신은 어디로 갈 건가요?
바이먼 카오산 로드에 갈 거예요.
남자 그렇다면 걸어가도 돼요.
바이먼 그래요? 걸어가면 시간이 얼마나 걸려요?
남자 15분 정도면 도착해요

15과

듣기

(1) ช่วยตรงไปด้วยค่ะ
(2) ขึ้นทางด่วนไหมครับ
(3) ตอนขึ้นบีทีเอส เราจะจ่ายให้เองนะ
(4) เลี้ยวซ้าย
(5) ค่าโดยสารคนละ 7 บาทค่ะ
(6) เลี้ยวขวา

(1) 직진해 주세요.
(2) 고속도로 타시겠습니까?
(3) BTS 탈 때 내가 돈 낼게.
(4) 좌회전하다.

(5) 요금은 1인당 7바트입니다.
(6) 우회전하다.

읽기

A 이 버스가 따랏 롯화이에 간다고 써 있어?
B 써 있어. 우리 서둘러 타자.
C 요금은 일인당 14바트입니다.
A 여기요. 두 명입니다.
B 정말 고마워. 내가 잔돈 준비해 두는 것을 잊었어.
A 괜찮아. 이제 우리 다음 정류장에서 내려. 그러고 나서 MRT(지하철)를 타야 해.
B 알겠어. MRT 탈 때는 내가 요금을 낼게.

16과

듣기

남 ฮัลโหล
여 ขอสายพอดีหน่อยค่ะ
남 กำลังพูดครับ ไม่ทราบว่าใครพูดครับ
여 พอดีค่ะ นี่ครูเองค่ะ
　　ไม่ทราบว่าสะดวกคุยไหมคะ
남 สวัสดีครับ คุณครู สะดวกครับ
　　โทรมามีอะไรหรือครับ
여 มีเรื่องรบกวนนิดหน่อยค่ะ
　　พอดีมีเบอร์โทรมินโฮไหมคะ
남 มีครับ เบอร์โทรมินโฮ 087-654-3210 ครับ

남 여보세요?
여 퍼디 좀 바꿔 주세요.
남 저예요. 실례지만 누구세요?
여 퍼디! 나 선생님이에요. 실례지만 통화 괜찮아요?
남 안녕하세요, 선생님. 괜찮습니다. 무슨 일로 전화하셨어요?
여 부탁할 일이 좀 있어요. 퍼디가 민호 전화번호 갖고 있어요?
남 네, 있어요. 민호 전화번호는 087-654-3210입니다.

읽기

A 여보세요?
B 안녕하세요? 린 씨인가요?
A 지금 린 씨가 외부에 나갔습니다.
실례지만 어디에서 전화하셨습니까?
B 저는 병원에서 전화했습니다.
실례지만 린 씨와 어떻게 연락할 수 있을까요?
A 린 씨가 돌아오면 답신 전화하라고 하겠습니다.
전화번호를 남겨 주시겠습니까?
B 네, 전화번호는 02-1234-999, 내선 15번입니다.

17과

듣기

A สวัสดีครับ
โรงแรมยิ้มสยามยินดีให้บริการครับ
B สวัสดีค่ะ รบกวนสอบถามเรื่องห้องพักค่ะ
พรุ่งนี้มีห้องว่างไหมคะ
A ไม่ทราบว่าจะพักกี่ท่านครับ
B ผู้ใหญ่ 1 คน เด็ก 2 คนอายุ 2 ขวบกับ 3 ขวบค่ะ
A มีห้องว่างพอดีเลย จะเช็คอินกี่โมงครับ
B บ่ายสามโมงค่ะ

A 안녕하십니까? 임싸얌 호텔은 서비스를 제공하게 되어 기쁩니다.
B 안녕하세요? 객실 문의를 드리고자 합니다. 내일 빈방 있습니까?
A 실례지만 몇 분이 묵으십니까?
B 어른 1명하고 2살, 3살 어린이 2명요.
A 마침 빈방이 있습니다. 몇 시에 체크인 하시겠습니까?
B 오후 3시요.

읽기

A 죄송합니다. 실례지만 호텔에 공항 픽업 서비스가 있습니까?
B 있습니다. 당신은 몇 시에 공항에 가십니까?
A 내일 아침 9시에요.
B 가능합니다.
A 수영장은 어느 쪽으로 갑니까?
B 엘리베이터를 타고 9층으로 가셔서 왼쪽에 있습니다.
A 어린이용 수영장도 있습니까?
저희 아이들이 수영을 할 줄 몰라요.
B 네, 있습니다. 걱정하지 마세요.

18과

듣기

여자 승객 1 ตั๋ววีไอพีไปพัทยาเหลือไหมคะ
매표소 직원 เหลือเที่ยว 5 ทุ่มเที่ยวเดียวครับ
여자 승객 1 ไม่ทันเที่ยวเย็นแล้ว
ไปเที่ยวดึกเลยดีไหม
여자 승객 2 ดีเหมือนกัน จะได้เที่ยวแถวนี้ก่อน
ไหน ๆ ก็สายแล้ว
여자 승객 1 พี่คะ ขอเที่ยว 5 ทุ่ม 2 ใบค่ะ
매표소 직원 นี่ครับ คนละ 250 บาท

여자 승객 1 파타야 가는 VIP표 남아 있습니까?
매표소 직원 오후 11시 차편만 남아 있습니다.
여자 승객 1 저녁 차는 이미 늦었어.
심야 차편으로 가는 거 어때?
여자 승객 2 좋아. 이 주변 먼저 구경하자. 어차피 늦었는걸.
여자 승객 1 여기요. 오후 11시 차로 2장 주세요.
매표소 직원 여기 있습니다. 1인당 250바트입니다.

읽기

퍼짜이와 바이먼이 앱으로 태국-일본 왕복 표를 예약했다. 그녀들은 3월 20일에 가는 편과 30일에 돌아오는 편을 예약하려고 했다. 그러나 가는 것은 아침 편만 남고 밤 편은 이미 찼다. 퍼짜이는 표가 빨리 매진되어서 아쉬워했다. 바이먼은 계절에 달려 있다고 말했다. 지금 일본은 봄이라서 태국 사람들이 여행을 많이 가는 것이다. 그래서 그녀들은 아침 편을 예약했다.

19과

듣기

의사 ไม่สบาย เป็นอะไรมาครับ
환자 ปวดท้อง ท้องเสีย แล้วก็อาเจียนด้วยค่ะ
의사 ขอวัดไข้ดูหน่อยนะครับ
ขอกดท้องหน่อยนะครับ
ตรงนี้ปวดไหมครับ
환자 ปวดค่ะ
의사 อาหารเป็นพิษครับ ทานยานะครับ
แพ้ยาไหมครับ
환자 ไม่แพ้ค่ะ

의사	어떻게 아파서 오셨습니까?
환자	배가 아프고, 설사 나고, 구토도 해요.
의사	열 좀 재 보겠습니다.
	배를 좀 눌러 보겠습니다.
	여기가 아픕니까?
환자	아파요.
의사	식중독입니다. 약을 드셔야 합니다. 약물 알레르기가 있습니까?
환자	알레르기 없어요.

읽기

A	증상이 어떻습니까?
B	저는 4일간 고열이 있어 왔습니다. 의사 선생님.
A	열 좀 재 보겠습니다. 음……. 열이 아주 높습니다.
	이런 고열은 독감일 수도 있습니다.
	독감을 검사하기 위해 채혈을 좀 하겠습니다.
	간호사님, 환자에게 가서 채혈하라고 하세요
	끝나면 다시 이 방으로 오라고 하세요.

읽기

린이 중국에 EMS 편지를 보낸 지 여러 날이 되었지만 집에서 아직 편지를 받지 못했다. 그래서 린은 우체국에 문의하기 위해 전화를 했다. 우체국 직원이 EMS 번호를 묻고 확인해 줬다. 우체국 직원은 우체국에서 집에 보냈을 때 아무도 없었다고 말했다.

20과

듣기

납다우	ไปไปรษณีย์เป็นเพื่อนนับดาวตอนนี้หน่อยสิ
존	มีอะไรหรือ
납다우	น้องสาวนับดาวทำแท็บเล็ตหาย นับดาวจะส่งของตัวเองไปให้น้องที่ไปรษณีย์
(ที่ไปรษณีย์)	
납다우	ส่งพัสดุไปเชียงใหม่แบบไหนเร็วที่สุดคะ
직원	แบบอีเอ็มเอสใช้เวลาประมาณ 1-2 วันครับ นี่ครับ แบบฟอร์ม
납다우	ดิฉันลืมรหัสไปรษณีย์ค่ะ
직원	ไม่เป็นไรครับ ผมจะเช็คให้เองครับ

납다우	지금 나하고 같이 우체국 좀 가 줘.
존	무슨 일이야?
납다우	내 동생이 태블릿을 잃어버려서 내 것을 동생에게 보내 주려고 해.
(우체국에서)	
납다우	치앙마이로 소포 보내는데, 어떤 게 가장 빨라요?
직원	EMS가 1~2일 정도 걸려요. 여기요. 양식입니다.
납다우	제가 우편번호를 잊어버렸습니다.
직원	괜찮습니다. 제가 확인해 드릴게요.

ก

ก็ ~도, 역시 43

ก็แล้วกัน ~하기로 하다 142

เก่ง 잘하다 103

เกม 게임 51

กระดาน 칠판 40

กระเป๋า 가방 40

กระเป๋าสตางค์ 지갑 46

กรุงโซล 서울 50

กล่อง 박스 225

กลับ 돌아가다, 돌아오다 123

กลับเข้ามา 돌아오다 181

กลับบ้าน 귀가하다 50

ก๋วยเตี๋ยว 쌀국수 117

กว้าง ๆ 넓게 212

กังวล 걱정하다 193

กับ ~와/과 62

การบ้าน 숙제 51, 93

การประชุม 회의 83

กิน 먹다 51

กิ๊ฟ 머리핀 142

กิโล 킬로그램 143

กิโลเมตร 킬로미터 145

กี่ 몇 62

กุญแจรถ 자동차 키 46

เกิน 넘다, 초과하다 225

เก้าอี้ 의자 42

ไกล 멀다 163

ข

ขนม 과자 83

ขวบ 살, 년 (나이를 셀 때 사용하는 분류사, 14세까지 사용) 192

ของ 물건 55

ของ ~의 33

ของกิน 먹을 거리 102

ขอบคุณ 고맙다, 감사하다 32

ขอบใจ 고맙다 173

ขอให้ ~하시기 바랍니다 123

ข้างนอก 밖, 외부 183

ขาไป 가는 편 203

ข้าว 밥 51

색인 **247**

ข้าวเที่ยง 점심 92	**คอนเสิร์ต** 콘서트 172
ข้าวผัด 볶음밥 115	**คัน** 대 (차 셀 때) 70
ข้าวสาร 쌀 147	**ค่าโดยสาร** 요금, 운임 172
ขึ้น 타다, 오르다 122	**คุณหมอ** 의사 선생님 213
ขึ้นชื่อ 유명하다 113	**แครอท** 당근 147
เข้าห้องน้ำ 화장실에 들어가다(화장실에서 일을 보는 것을 완곡하게 말하는 표현) 153	**โค้ก** 콜라 153

ง

แข่ง 경쟁하다, 겨루다 107	**ง่วงนอน** 졸립다 106
ไข่ไก่ 계란, 달걀 147	**งั้น** 그렇다면, 그럼 203
ไข้เลือดออก 뎅기열 211	**งาน** 일 93
ไข้สูง 고열 213	**งานพิเศษ** 아르바이트 132
ไข้หวัด 감기 212	**เงิน** 돈 65
ไข้หวัดใหญ่ 독감 217	**เงินปลีก** 잔돈 173

ค

จ

คน 명(사람을 셀 때) 62	**จริง** 정말이다, 사실이다 82
คนเกาหลี 한국 사람 32	**จอง** 예약하다 112, 203
คนไข้ 환자 213	**จัง** 정말, 아주 83
ครอบครัว 가족 103	**จ่าย** 지불하다, (돈을) 내다 173
ครั้ง 회, 차, 번 223	**เจอ** 만나다 53, 103
เครื่องดื่ม 음료수 153	**เจาะเลือด** 채혈하다 211
เครื่องถ่ายเอกสาร 복사기 47	**แจ้ง** 알리다, 고지하다 193

ใจดี 친절하다 · 70

ฉ
ฉลาด 똑똑하다 · 103

ช
ชมพู่ 로즈애플 (과일 이름) · 92, 143

ชวน 권하다 · 132

ชั้น 층 · 162

ชานชาลา 승강장 · 205

ชานมเย็น 차놈옌 (태국식 음료, 아이스 밀크티) · 153

ชิม 맛보다 · 143

ชื่อ 이름 · 32

เช็ค 확인하다 · 200

เช็คบิล 계산하다 · 115

เช็คอิน 체크인(하다) · 192

เช่นกัน 마찬가지다 · 33

เชียงใหม่ 치앙마이 (태국의 도시 이름) · 122

โชเฟอร์ 운전기사 · 171, 176

ใช้เวลา 시간이 걸리다 · 122, 163

ซ
ซี่โครงหมูย่าง 돼지갈비 · 113

ซีอิ๊ว 간장 · 147

ซึ้ง 감동적이다 · 107

ซื้อ 사다 · 55, 92

ด
ด้วยกัน 같이, 함께 · 92

ดอยสุเทพ 더이쑤텝 (치앙마이에 있는 유명한 사원) · 123

ดินสอ 연필 · 41

ดี 좋다 · 62

ดีกว่า 더 낫다, 더 좋다 · 113

ดีใจ 기쁘다 · 132

ดื่ม 마시다 · 56

ดู 보다 · 52

เด็ก 아이 · 192

เดินทาง 여행하다 · 122, 203

เดียว 하나, 홀로 · 202

ต
ตก 떨어지다, 내리다 · 133

ต้นหอม 파, 쪽파 · 147

ต้มยำกุ้ง 똠얌꿍 · 117, 152

ตรวจ 진찰하다, 검사하다 · 211, 212

เตรียม 준비하다 · 83, 173

ตลก 웃기다 · 103

ตลาดรถไฟ 따랏 롯화이 (방콕에 있는 야시장 이름) · 173

색인 **249**

ต่อ 잇다, 계속하다	173
ต่อ 내선 번호	183
ตอนนี้ 지금	122
ตอนบ่าย 오후에	53
ตอนเย็น 저녁에	52
ตัว 마리 (동물 셀 때)	70
ตั๋วไป-กลับ 왕복표	203
ตัวร้อน 몸이 뜨겁다. 열이 있다	212
ตัวเอง 나, 내 자신	222
ติดต่อ 연락하다	181
เต้น 춤을 추다	107
เต็ม (가득) 차다, 꽉 차다	200
แต่ ~만	143
โต๊ะทำงาน (업무용) 책상	83

ถ

ถาม 묻다, 질문하다	113
ถ่าย (사진) 찍다	211
ถึง ~에게	82
ถึง 도착하다, 도달하다	122
ถึง 도착하다	162, 163, 172
แถว 근처, 주변	82, 112
แถวนั้น 그 근처	112

ท

ทราบ 알다	182
ทอน 거슬러 주다	155
ทั้ง 모두, 전체	103
ทั้งหมด 전부, 모두	140
ทัน 제때에, 제때에 대다	123, 202
ทาง ~(으)로	182
ทางโน้น 저쪽	153
ทำ ~하다, 만들다	51, 55
ทำงาน 일하다	53
ที่ ~에	50
ที่นี่ 여기, 이곳	55, 113
ที่สุด 가장, 최고로	73
ทุกอย่าง 모든 종류, 모든 것	152
เทอร์มินอล 21 터미널 21 (쇼핑 센터 이름)	102
เท่ากัน 똑같다	142
เท่าไร 얼마	65
แท็บเล็ต 태블릿	47
โทร 전화하다	182
โทรกลับ 답신 전화하다	181

โทรจาก ~에서 전화하다 ... 183

โทรไป 전화를 걸다 ... 112

โทรมา 전화 오다 ... 72

ธ

ธงชาติ 국기 ... 43

ธนาคาร 은행 ... 162

เธอ 너, 당신(2인칭 대명사) ... 132

น

น้อง 동생 ... 63

น้องสาว 여동생 ... 60, 62

นอนดึก 늦게 자다 ... 106

นอนโรงพยาบาล 입원하다 ... 215

นักศึกษา 대학생 ... 33, 62

นัด 약속 ... 97

นางเอก 여자 주인공 ... 103

น่าจะ ~할 것 같다 ... 133

น่าสนใจ 흥미롭다 ... 77

น่าอร่อย 맛있어 보인다 ... 143

นาน 오래, 오래다, (시간이) 길다 ... 103, 122

น้ำแข็ง 얼음 ... 153

น้ำตาล 설탕 ... 147

น้ำปลา 액젓 ... 147

น้ำเปล่า 물 (생수) ... 115

น้ำหนัก 무게 ... 145

นิดนึง 조금 ... 212

นี่ 이것, 여기 ... 33

เนื้อ 소고기 ... 113

เนื้อย่าง 불고기 ... 113

แนะนำ 소개하다 ... 77

แนะนำ 소개하다, 추천하다 ... 152

โน้ตบุ๊ก 노트북 ... 222

บ

บริษัท 회사 ... 53, 82

บอก 말하다 ... 113

บ้าน 집 ... 50

เบอร์โทร 전화번호 ... 112, 182

แบบ 방식, 타입 ... 222

แบบฟอร์ม 양식 ... 220

โบราณสถาน 유적지 ... 77

ใบ 장, 매 (표를 셀 때 사용하는 분류사) ... 202

ใบเสร็จ 영수증 ... 223

ป

ปกติ 정상, 보통, 일반적 — 212

ประกันสุขภาพ 건강 보험 — 215

ประชุม 회의, 회의하다 — 93

ประเทศ 나라, 국가 — 43

ประเภท 종류 — 113

ประมาณ 약, 정도 — 122

ประวัติศาสตร์ 역사 — 77

ปลายทาง 목적지 — 205

ปลูก 심다, 재배하다 — 87

ปอด 폐 — 211

ป้าย 정류장, 정거장 — 173

ปิดเทอม 방학 — 101

ปูผัดผงกะหรี่ 뿌팟퐁까리 (태국 음식 이름, 게 카레 볶음) — 152

เปิดแอร์ 에어컨을 켜다(틀다) — 116

เปรี้ยว 시다 — 76

แป๊บนึง 잠시 — 153

ไป 가다 — 51

ไปเที่ยว 놀러가다 — 62, 133

ไปหาหมอ 병원에 가다(의사를 만나러 가다) — 116

ผ

ผลไม้ 과일 — 87

ผู้ชาย 남자 — 102

ผู้โดยสาร 승객 — 123, 172

ผู้หญิง 여자 — 102

ผู้ใหญ่ 어른 — 192

เผ็ด 맵다, 매운 — 81

ฝ

ฝน 비 — 133

ฝั่งตรงข้าม 반대편, 건너편 — 175

ฝาก 맡기다 — 83

พ

พนักงานบริษัท 회사원 — 33

พนักงานเสิร์ฟ (식당) 종업원 — 113

พบ 만나다 — 51

พยาบาล 간호사 — 213

พระเอก 남자 주인공 — 103

พรุ่งนี้ 내일 — 53, 100

พอดี 마침, 맞게 — 83, 105, 133

พัก 쉬다 — 123

พัดลม 선풍기 — 46

พัสดุ 소포 — 220

พี่ 손윗사람 (형/누나/오빠/언니) ········· 63

พี่ชาย 형, 오빠 ········· 62

พี่น้อง 형제 ········· 60

เพราะฉะนั้น 그래서 ········· 172

เพิ่ม 추가하다 ········· 153

เพื่อน 친구 ········· 33, 53

เพื่อนร่วมงาน 동료 ········· 183

แพ้ยา 약물 알러지가 있다 ········· 212

ภ

ภรรยา 아내 ········· 40

ภายใน 안에, 내에 ········· 123

ภาษาไทย 태국어 ········· 40

ภูเก็ต 푸켓 (태국의 지명) ········· 73

ม

มา 오다 ········· 50

มาก 많이, 매우, 아주 ········· 72

มือถือ 휴대폰 ········· 41

เมตร 미터 ········· 163

เมนู 메뉴 ········· 152

เมื่อคืน 어젯밤 ········· 93

เมื่อวาน 어제 ········· 62

ไม่สบาย 아프다 ········· 97, 116

ย

ยาก 어렵다 ········· 72

ยินดี 기쁘다, 반갑다 ········· 32

ยิ้ม 미소 짓다, 웃다 ········· 192

ยืม 빌리다 ········· 105

ยุ่ง 바쁘다 ········· 93

เย็น 시원하다, 차갑다 ········· 153

เยอะ 많다 ········· 83

ร

รถ 차 ········· 70, 122

รถติด 차가 막히다 ········· 95

รบกวน 폐를 끼치다, 귀찮게 하다 ········· 192

รหัสไปรษณีย์ 우편번호 ········· 221

รอ 기다리다 ········· 115, 172

ร้องเพลง 노래를 부르다 ········· 56, 103

ร้องไห้ 울다 ········· 103

ระยะทาง (두 지점 사이의) 거리 ········· 145

รับ 받다, 얻다 ········· 143, 153

ร้าน 가게 ········· 152

ร้านกาแฟ 커피숍 ········· 53

ร้านขายของ 상점, 가게 — 162	ลูกคนเดียว 외동 — 61
ร้านดอกไม้ 꽃집 — 166	ลูกค้า 고객, 손님 — 82
ร้านรองเท้า 신발 가게 — 166	เล่น 놀다, 게임하다 — 51
ร้านสะดวกซื้อ 편의점 — 162	เล่ม 권 (책 셀 때) — 73
ร้านอาหาร 식당 — 112	เลย 강조의 어조사 — 92
รายละเอียด 세부 사항 — 190	เลี้ยวซ้าย 좌회전하다 — 161
รีบ 서두르다 — 106, 122	เลือก 고르다, 선택하다 — 100
รู้จัก 알다 — 33	เลือกตั้ง 선거하다 — 131
รูมเมท 룸메이트 — 33	และ 그리고 — 43, 52
เร็ว 빠르다, 빨리 — 201	ไลน์ 라인(LINE) — 182
เรียน 배우다, 공부하다 — 51	**ว**
เรียนซัมเมอร์ 여름 계절 학기 — 101	วัดไข้ 열을 재다 — 213
เรื่อง 일, 이야기, 사건 — 192	วัดความดัน 혈압을 재다 — 216
โรงพยาบาล 병원 — 162	วันเสาร์หน้า 다음 (주) 토요일 — 133
โรงอาหาร 학생 식당, 교내 식당 — 92	วันหลัง 훗날, 다음에 — 103
ล	ว่า ~(이)라고 말하다 — 142
ล้าง 씻다, 헹구다 — 220	ว่าง 비다, 한가하다 — 192
ล่าช้า 지연되다 — 221	ว่าแต่ 그런데 — 102
ลิฟต์ 엘리베이터 — 160	ว่ายน้ำ 수영하다 — 193
ลืม 잊다, 잊어버리다 — 173	แวะ 들르다 — 123
ลูก ๆ 자식들, 아이들 — 193	

ส

ส่ง 보내다 82, 182

สงสาร 불쌍하다 103

สด 신선하다, 싱싱하다 141

สถานที่ท่องเที่ยว 관광지 73

สถานทูต 대사관 183

สถานีบีทีเอส BTS역 (방콕의 지상철역) 172

สนามฟุตบอล 축구장 166

สนุก 재미있다 70, 102

สนุกดี 재밌다 71

สบาย 편안하다 133

ส้ม 오렌지, 귤 76, 143

ส้มตำ 쏨땀(파파야 샐러드) 117

สมุด 공책 40, 43

สยาม 싸얌, 시암(Siam, 태국의 옛 이름) 192

สระผม 머리를 감다 97

สระว่ายน้ำ 수영장 193

สวนจตุจักร 짜뚜짝 공원 163

สวย 아름답다, 예쁘다 73

สอน 가르치다 97

สอบถาม 문의하다 192

สะดวก 편안하다, 편리하다 182

สักครู่ 잠깐, 잠시 115

สั่ง 시키다, 명령하다 86

สั่ง 주문하다 152

สัปดาห์ที่แล้ว 지난주 97

สาย 늦다 95

สำหรับ ~용 193

สีเขียว 초록색, 녹색 142

สีแดง 빨강색 142

สี่แยก 사거리 161

สุขุม 신중하다 107

สุขุมวิท 쑤쿰윗 (방콕에 있는 지명) 112

สูบบุหรี่ 담배 피우다 170

เสร็จ 끝나다 51, 93

เสาร์อาทิตย์ 주말 112

เสียเวลา 시간을 낭비하다 221

เสื้อกันหนาว 방한복 116

ห

หน่อย 좀 92

หนัง 영화 52, 100

หนังตลก 코미디 영화 102

หนังผี 귀신 영화	102
หนังแฟนตาซี 판타지 영화	102
หนังรักโรแมนติก 로맨틱 영화	102
หนังสือ 책	40, 43, 73
หนังแอคชั่น 액션 영화	102
หน้า 쪽, 페이지	152
หน้าต่าง 창문	160
หนาว 춥다	81
หนึ่ง 1, 하나	60, 62
หนู 저(1인칭 대명사, 보통 여자들이 손윗사람에게 자신을 낮춰 부르는 말)	63
หมา 개	70
หมายเลข 번호	223
หมู 돼지고기	113
หลายวัน 여러 날, 며칠	223
หวาน (맛이) 달다	70, 143
ห้อง 방	42
ห้องน้ำ 화장실	42, 51
ห้องพัก 객실, 방	192
ห้องสมุด 도서관	51
ห้องอ่านหนังสือ 열람실	162
หัวใจ 심장	212
หัวเราะ 웃다	103
ห้างฯ 백화점(ห้างสรรพสินค้า)의 줄임말	172
หาย 없어지다, 사라지다	222
หิว 배고프다	83
เห็น 보다	103
เห็นด้วย 동의하다, 찬성하다	102
เหมือนกัน 같다, 마찬가지다	113
เหลือ 남다	122, 202
ให้ 주다	86
ใหญ่ 크다	76
ใหม่ 새롭다	143
ไหน 어느, 어떤, 무슨	73, 113

อ

อนุญาต 허락하다	185
อยู่ (~에) 있다. 위치하다	50
อร่อย 맛있다	81
ออก 출발하다, 떠나다	122
ออกไป 나가다	183
อันนี้ 이거	142

อาการ 증상	211
อากาศ 날씨	81, 133
อาเจียน 구토하다	217
อ่านหนังสือ 책을 읽다	162
อ้าปาก 입을 벌리다	212
อายุ 나이	145
อาหาร 음식	81
อาหารกลางวัน 점심 식사	92
อาหารเกาหลี 한국 음식	112
อาหารทะเล 해산물 요리	117
อิ่ม 배부르다	92
อีกครั้ง 한 번 더	193
อีเมล 이메일	82
อีเอ็มเอส 국제 특급 우편(EMS)	222
เอกสาร 서류	83
เอง 직접, 스스로	83
เอ็มอาร์ที MRT (방콕의 지하철)	173
เอา 택하다, 취하다	143
แอด 추가하다	185
แอป 앱, 애플리케이션	203
แอปเปิ้ล 사과	70
โอเค 오케이 (okay)	173
โอ้โห 아! (감탄사)	122

ฮ

ฮัลโหล 여보세요?	82

색인 ②

ㄱ

가게	ร้าน	152
가게	ร้านขายของ	162
가는 편	ขาไป	203
가다	ไป	51
가르치다	สอน	97
가방	กระเป๋า	40
가장	ที่สุด	73
가족	ครอบครัว	103
간장	ซีอิ๊ว	147
간호사	พยาบาล	213
감기	ไข้หวัด	212
감동적이다	ซึ้ง	107
감사하다	ขอบคุณ	32
강조의 어조사	เลย	92
같다	เหมือนกัน	113
같이	ด้วยกัน	92
개	หมา	70
객실	ห้องพัก	192
(두 지점 사이의) 거리	ระยะทาง	145
거슬러 주다	ทอน	155
걱정하다	กังวล	193
건강 보험	ประกันสุขภาพ	215
건너편	ฝั่งตรงข้าม	175
검사하다	ตรวจ	211, 212
게임	เกม	51
게임하다	เล่น	51
겨루다	แข่ง	107
경쟁하다	แข่ง	107
계란	ไข่ไก่	147
계산하다	เช็คบิล	115
계속하다	ต่อ	173
고객	ลูกค้า	82
고르다	เลือก	100
고맙다	ขอบคุณ	32
고맙다	ขอบใจ	173
고열	ไข้สูง	213
고지하다	แจ้ง	193

공부하다 **เรียน**	51
공책 **สมุด**	40, 43
과일 **ผลไม้**	87
과자 **ขนม**	83
관광지 **สถานที่ท่องเที่ยว**	73
교내 식당 **โรงอาหาร**	92
구토하다 **อาเจียน**	217
국가 **ประเทศ**	43
국기 **ธงชาติ**	43
국제 특급 우편(EMS) **อีเอ็มเอส**	222
권 (책 셀 때) **เล่ม**	73
권하다 **ชวน**	132
귀가하다 **กลับบ้าน**	50
귀신 영화 **หนังผี**	102
귀찮게 하다 **รบกวน**	192
귤 **ส้ม**	76, 143
그 근처 **แถวนั้น**	112
그래서 **เพราะฉะนั้น**	172
그런데 **ว่าแต่**	102

그럼 **งั้น**	203
그렇다면 **งั้น**	203
그리고 **และ**	43, 52
근처 **แถว**	82, 112
기다리다 **รอ**	115, 172
기쁘다 **ดีใจ**	132
기쁘다 **ยินดี**	32
(시간이) 길다 **นาน**	103, 122
꽃집 **ร้านดอกไม้**	166
꽉 차다 **เต็ม**	200
끝나다 **เสร็จ**	51, 93
끝마치다 **เสร็จ**	51, 93

ㄴ

나 **ตัวเอง**	222
나가다 **ออกไป**	183
나라 **ประเทศ**	43
나이 **อายุ**	145
날씨 **อากาศ**	81, 133
남다 **เหลือ**	122, 202

남자	ผู้ชาย	102
남자 주인공	พระเอก	103
내 자신	ตัวเอง	222
(돈을) 내다	จ่าย	173
내리다	ตก	133
내에	ภายใน	123
내일	พรุ่งนี้	53, 100
너 (2인칭 대명사)	เธอ	132
넓게	กว้าง ๆ	212
넘다	เกิน	225
년 (나이를 셀 때 사용하는 분류사, 14세까지 사용)	ขวบ	192
노래를 부르다	ร้องเพลง	56, 103
노트북	โน้ตบุ๊ก	222
녹색	สีเขียว	142
놀다	เล่น	51
놀러 가다	ไปเที่ยว	62, 133
늦게 자다	นอนดึก	106
늦다	สาย	95

ㄷ

다음 (주) 토요일	วันเสาร์หน้า	133
다음에	วันหลัง	103
달걀	ไข่ไก่	147
(맛이) 달다	หวาน	70, 143
담배 피우다	สูบบุหรี่	170
답신 전화하다	โทรกลับ	181
당근	แครอท	147
당신(2인칭 대명사)	เธอ	132
대 (차 셀 때)	คัน	70
대사관	สถานทูต	183
대학생	นักศึกษา	33, 62
더 낫다	ดีกว่า	113
더 좋다	ดีกว่า	113
더이쑤텝 (치앙마이에 있는 유명한 사원)	ดอยสุเทพ	123
뎅기열	ไข้เลือดออก	211
~도, 역시	ก็	43
도달하다	ถึง	122, 162, 163, 172
도서관	ห้องสมุด	51
도착하다	ถึง	122, 162, 163, 172
독감	ไข้หวัดใหญ่	217
돈	เงิน	65

돌아가다 **กลับ**	123
돌아오다 **กลับ**	123
돌아오다 **กลับเข้ามา**	181
동료 **เพื่อนร่วมงาน**	183
동생 **น้อง**	63
동의하다 **เห็นด้วย**	102
돼지갈비 **ซี่โครงหมูย่าง**	113
돼지고기 **หมู**	113
들르다 **แวะ**	123
따랏롯화이(방콕에 있는 야시장 이름) **ตลาดรถไฟ**	173
때마침 **พอดี**	83
떠나다 **ออก**	122
떨어지다 **ตก**	133
똑같다 **เท่ากัน**	142
똑똑하다 **ฉลาด**	103
똠얌꿍(태국 음식 이름, 태국식 새우 매운탕) **ต้มยำกุ้ง**	117, 152

ㄹ

~(이)라고 말하다 **ว่า**	142
라인(LINE) **ไลน์**	182
~(으)로 **ทาง**	182
로맨틱 영화 **หนังรักโรแมนติก**	102
로즈애플(과일이름) **ชมพู่**	92, 143
룸메이트 **รูมเมท**	33

ㅁ

마리 (동물 셀 때) **ตัว**	70
마시다 **ดื่ม**	56
마찬가지다 **เหมือนกัน**	113
마찬가지다 **เช่นกัน**	33
마침 **พอดี**	83, 105, 133
~만 **แต่**	143
만나다 **พบ**	51
만나다 **เจอ**	53, 103
만들다 **ทำ**	51, 55
많다 **เยอะ**	83
많이 **มาก**	72
말하다 **บอก**	113
맛보다 **ชิม**	143
맛있다 **อร่อย**	81
맛있어 보인다 **น่าอร่อย**	143
맡기다 **ฝาก**	83

매 (표를 셀 때 사용하는 분류사) ใบ	202
매우 มาก	72
매운 เผ็ด	81
맵다 เผ็ด	81
머리를 감다 สระผม	97
머리핀 กิ๊ฟ	142
먹다 กิน	51
먹을 거리 ของกิน	102
멀다 ไกล	163
메뉴 เมนู	152
며칠 หลายวัน	223
명 (사람을 셀 때) คน	62
명령하다 สั่ง	86
몇 กี่	62
모두 ทั้ง	103
모두 ทั้งหมด	140
모든 것 ทุกอย่าง	152
모든 종류 ทุกอย่าง	152
목적지 ปลายทาง	205
몸이 뜨겁다 ตัวร้อน	212

무게 น้ำหนัก	145
무슨 ไหน	73, 113
문의하다 สอบถาม	192
묻다 ถาม	113
물(생수) น้ำเปล่า	115
물건 ของ	55
미소 짓다 ยิ้ม	192
미터 เมตร	163

ㅂ

바쁘다 ยุ่ง	93
박스 กล่อง	225
밖 ข้างนอก	183
반갑다 ยินดี	32
반대편 ฝั่งตรงข้าม	175
받다 รับ	143, 153
밥 ข้าว	51
방 ห้องพัก	192
방 ห้อง	42
방식 แบบ	222
방학 ปิดเทอม	101

방한복 เสื้อกันหนาว	116
배고프다 หิว	83
배부르다 อิ่ม	92
배우다 เรียน	51
백화점 ห้างฯ (ห้างสรรพสินค้า)의 줄임말	172
번 ครั้ง	223
번호 ต่อ	183
번호 หมายเลข	223
병원 โรงพยาบาล	162
병원에 가다(의사를 만나러 가다) ไปหาหมอ	116
보내다 ส่ง	82, 182
보다 ดู	52
보다 เห็น	103
보통 ปกติ	212
복사기 เครื่องถ่ายเอกสาร	47
볶음밥 ข้าวผัด	115
불고기 เนื้อย่าง	113
불쌍하다 สงสาร	103
비 ฝน	133
비다 ว่าง	192

빌리다 ยืม	105
빠르다 เร็ว	201
빨강색 สีแดง	142
빨리 เร็ว	201
뿌팟퐁까리 (태국 음식 이름, 게 카레 볶음) ปูผัดผงกะหรี่	152

ㅅ

사거리 สี่แยก	161
사건 เรื่อง	192
사과 แอปเปิ้ล	70
사다 ซื้อ	55, 92
사라지다 หาย	222
사실이다 จริง	82
살 (나이를 셀 때 사용하는 분류사, 14세까지 사용) ขวบ	192
상점 ร้านขายของ	162
새롭다 ใหม่	143
서두르다 รีบ	106, 122
서류 เอกสาร	83
서비스 บริการ	197
서울 กรุงโซล	50
선거하다 เลือกตั้ง	131

선택하다 **เลือก**	100
선풍기 **พัดลม**	46
설탕 **น้ำตาล**	147
세부 사항 **รายละเอียด**	190
소개하다 **แนะนำ**	77, 152
소고기 **เนื้อ**	113
소포 **พัสดุ**	220
손님 **ลูกค้า**	82
손윗사람 (형/누나/오빠/언니) **พี่**	63
수영장 **สระว่ายน้ำ**	193
수영하다 **ว่ายน้ำ**	193
숙제 **การบ้าน**	51, 93
쉬다 **พัก**	123
스스로 **เอง**	83
승강장 **ชานชาลา**	205
승객 **ผู้โดยสาร**	123, 172
시간을 낭비하다 **เสียเวลา**	221
시간이 걸리다 **ใช้เวลา**	122, 163
시다 **เปรี้ยว**	76
시암 (Siam, 태국의 옛 이름) **สยาม**	192

시원하다 **เย็น**	153
시키다 **สั่ง**	86
식당 **ร้านอาหาร**	112
신발 가게 **ร้านรองเท้า**	166
신선하다 **สด**	141
신중하다 **สุขุม**	107
심다 **ปลูก**	87
심장 **หัวใจ**	212
싱싱하다 **สด**	141
싸얌 (Siam, 태국의 옛 이름) **สยาม**	192
쌀 **ข้าวสาร**	147
쌀국수 **ก๋วยเตี๋ยว**	117
쏨땀 (파파야 샐러드) **ส้มตำ**	117
쑤쿰윗 (방콕에 있는 지명) **สุขุมวิท**	112
씻다 **ล้าง**	220

아! (감탄사) **โอ้โห**	122
아내 **ภรรยา**	40
아르바이트 **งานพิเศษ**	132
아름답다 **สวย**	73

한국어	태국어	쪽		한국어	태국어	쪽
아이	**เด็ก**	192		어른	**ผู้ใหญ่**	192
아이들	**ลูก ๆ**	193		어제	**เมื่อวาน**	62
아주	**มาก**	72		어젯밤	**เมื่อคืน**	93
아주	**จัง**	83		얻다	**รับ**	153
아프다	**ไม่สบาย**	97, 116		얼마	**เท่าไร**	65
안에	**ภายใน**	123		얼음	**น้ำแข็ง**	153
알다	**รู้จัก**	33		없어지다	**หาย**	222
알다	**ทราบ**	182		~에	**ที่**	50
알리다	**แจ้ง**	193		~에게	**ถึง**	82
애플리케이션	**แอป**	203		~에서 전화하다	**โทรจาก**	183
액션 영화	**หนังแอคชั่น**	102		에어컨을 켜다(틀다)	**เปิดแอร์**	116
액젓	**น้ำปลา**	147		엘리베이터	**ลิฟต์**	160
앱	**แอป**	203		여기	**ที่นี่**	55, 113
약	**ประมาณ**	122		여기	**นี่**	33
약물 알러지가 있다	**แพ้ยา**	212		여동생	**น้องสาว**	60, 62
약속	**นัด**	97		여러 날	**หลายวัน**	223
양식	**แบบฟอร์ม**	220		여름 계절 학기	**เรียนซัมเมอร์**	101
어느	**ไหน**	73, 113		여보세요?	**ฮัลโหล**	82
어떤	**ไหน**	73, 113		여자	**ผู้หญิง**	102
어렵다	**ยาก**	72		여자 주인공	**นางเอก**	103

여정을 떠나다	**เดินทาง**	122, 203
여행하다	**เดินทาง**	122, 203
역사	**ประวัติศาสตร์**	77
~도, 역시	**ก็**	43
연락하다	**ติดต่อ**	181
연필	**ดินสอ**	41
열람실	**ห้องอ่านหนังสือ**	162
열을 재다	**วัดไข้**	213
열이 있다	**ตัวร้อน**	212
영수증	**ใบเสร็จ**	223
영화	**หนัง**	52, 100
예쁘다	**สวย**	73
예약하다	**จอง**	112, 203
오다	**มา**	50
오래	**นาน**	103, 122
오래다	**นาน**	103, 122
오렌지	**ส้ม**	76, 143
오르다	**ขึ้น**	122
오빠	**พี่ชาย**	62
오케이(okay)	**โอเค**	173
오후에	**ตอนบ่าย**	53
~와/과	**กับ**	62
왕복표	**ตั๋วไป-กลับ**	203
외동	**ลูกคนเดียว**	61
외부	**ข้างนอก**	183
요금	**ค่าโดยสาร**	172
~용	**สำหรับ**	193
우편번호	**รหัสไปรษณีย์**	221
운임	**ค่าโดยสาร**	172
운전기사	**โชเฟอร์**	171, 176
울다	**ร้องไห้**	103
웃기다	**ตลก**	103
웃다	**ยิ้ม**	192
웃다	**หัวเราะ**	103
위치하다	**อยู่**	50
유명하다	**ขึ้นชื่อ**	113
유적지	**โบราณสถาน**	77
은행	**ธนาคาร**	162
음료수	**เครื่องดื่ม**	153
음식	**อาหาร**	81

의 **ของ**	33
의사 선생님 **คุณหมอ**	213
의자 **เก้าอี้**	42
이거 **อันนี้**	142
이것 **นี่**	33
이곳 **ที่นี่**	113
이름 **ชื่อ**	32
이메일 **อีเมล**	82
이야기 **เรื่อง**	192
일 **งาน**	93
일 **เรื่อง**	192
일반적 **ปกติ**	212
일하다 **ทำงาน**	53
입원하다 **นอนโรงพยาบาล**	215
입을 벌리다 **อ้าปาก**	212
잇다 **ต่อ**	173
(~에) 있다 **อยู่**	50
잊다 **ลืม**	173
잊어버리다 **ลืม**	173

ㅈ

자동차 키 **กุญแจรถ**	46
자식들 **ลูกๆ**	193
잔돈 **เงินปลีก**	173
잘하다 **เก่ง**	103
잠깐 **สักครู่**	115
잠시 **แป๊บนึง**	153
잠시 **สักครู่**	115
장 (표를 셀 때 사용하는 분류사) **ใบ**	202
재미있다 **สนุก**	70, 102
재미있다 **สนุกดี**	71
재배하다 **ปลูก**	87
저 (1인칭 대명사, 보통 여자들이 손윗사람에게 자신을 낮춰 부르는 말) **หนู**	63
저녁에 **ตอนเย็น**	52
저쪽 **ทางโน้น**	153
전부 **ทั้งหมด**	140
전체 **ทั้ง**	103
전화 오다 **โทรมา**	72
전화를 걸다 **โทรไป**	112
전화번호 **เบอร์โทร**	112, 182

전화하다	โทร	182
점심	ข้าวเที่ยง	92
점심 식사	อาหารกลางวัน	92
정거장	ป้าย	173
정도	ประมาณ	122
정류장	ป้าย	173
정말	จัง	83
정말이다	จริง	82
정상	ปกติ	212
제때에	ทัน	123, 202
제때에 대다	ทัน	123, 202
조금	นิดนึง	212
졸립다	ง่วงนอน	106
좀	หน่อย	92
종류	ประเภท	113
(식당) 종업원	พนักงานเสิร์ฟ	113
좋다	ดี	62
좌회전하다	เลี้ยวซ้าย	161
주다	ให้	86, 197
주말	เสาร์อาทิตย์	112
주문하다	สั่ง	152
주변	แถว	82, 112
준비하다	เตรียม	83, 173
증상	อาการ	211
지갑	กระเป๋าสตางค์	46
지금	ตอนนี้	122
지난주	สัปดาห์ที่แล้ว	97
지불하다	จ่าย	173
지연되다	ล่าช้า	221
직접	เอง	83
진찰하다	ตรวจ	211, 212
질문하다	ถาม	113
집	บ้าน	50
짜뚜짝 공원	สวนจตุจักร	163
쪽	หน้า	152
(사진) 찍다	ถ่าย	211

ㅊ

차	รถ	70, 122
차	ครั้ง	223
차가 막히다	รถติด	95

차갑다 **เย็น**	153
차놈옌 (태국식 음료, 아이스 밀크티) **ชานมเย็น**	153
(가득) 차다 **เต็ม**	200
찬성하다 **เห็นด้วย**	102
창문 **หน้าต่าง**	160
채혈하다 **เจาะเลือด**	211
책 **หนังสือ**	40, 43, 73
(업무용) 책상 **โต๊ะทำงาน**	83
책을 읽다 **อ่านหนังสือ**	162
체크인(하다) **เช็คอิน**	192
초과하다 **เกิน**	225
초록색 **สีเขียว**	142
최고로 **ที่สุด**	73
추가하다 **เพิ่ม**	153
추가하다 **แอด**	185
추천하다 **แนะนำ**	77, 152
축구장 **สนามฟุตบอล**	166
출발하다 **ออก**	122
춤을 추다 **เต้น**	107
춥다 **หนาว**	81
취하다 **เอา**	143
층 **ชั้น**	162
치앙마이 (태국의 도시 이름) **เชียงใหม่**	122
친구 **เพื่อน**	33, 53
친절하다 **ใจดี**	70
칠판 **กระดาน**	40

ㅋ

커피숍 **ร้านกาแฟ**	53
코미디 영화 **หนังตลก**	102
콘서트 **คอนเสิร์ต**	172
콜라 **โค้ก**	153
크다 **ใหญ่**	76
킬로그램 **กิโล**	143
킬로미터 **กิโลเมตร**	145

ㅌ

타다 **ขึ้น**	122
타입 **แบบ**	222
태국어 **ภาษาไทย**	40
태블릿 **แท็บเล็ต**	47
택하다 **เอา**	143

| 터미널 21 (쇼핑 센터 이름) **เทอร์มินอล 21** | 102 |

ㅍ

파 **ต้นหอม**	147
판타지 영화 **หนังแฟนตาซี**	102
페이지 **หน้า**	152
편리하다 **สะดวก**	182
편안하다 **สบาย**	133
편안하다 **สะดวก**	182
편의점 **ร้านสะดวกซื้อ**	162
폐 **ปอด**	211
폐를 끼치다 **รบกวน**	192
푸켓 (태국의 지명) **ภูเก็ต**	73

ㅎ

~하기로 하다 **ก็แล้วกัน**	142
하나 **เดียว**	202
하나 **หนึ่ง**	60, 62
하다 **ทำ**	51, 55
~하시기 바랍니다 **ขอให้**	123
학생 식당 **โรงอาหาร**	92
한 번 더 **อีกครั้ง**	193
한가하다 **ว่าง**	192
한국 사람 **คนเกาหลี**	32
한국 음식 **อาหารเกาหลี**	112
~할 것 같다 **น่าจะ**	133
함께 **ด้วยกัน**	92
해산물 요리 **อาหารทะเล**	117
허락하다 **อนุญาต**	185
헹구다 **ล้าง**	220
혈압을 재다 **วัดความดัน**	216
형 **พี่ชาย**	62
형제 **พี่น้อง**	60
홀로 **เดียว**	202
화장실 **ห้องน้ำ**	42, 51
화장실에 들어가다 (화장실에서 일을 보는 것을 완곡하게 말하는 표현) **เข้าห้องน้ำ**	153
확인하다 **เช็ค**	200
환자 **คนไข้**	213
회 **ครั้ง**	223
회사 **บริษัท**	53, 82
회사원 **พนักงานบริษัท**	33

회의 **การประชุม**	83
회의 **ประชุม**	93
회의하다 **ประชุม**	93
훗날 **วันหลัง**	103
휴대폰 **มือถือ**	41
흥미롭다 **น่าสนใจ**	77

기타

1 **หนึ่ง**	60, 62
BTS역 (방콕의 지상철역) **สถานีบีทีเอส**	172
MRT (방콕의 지하철) **เอ็มอาร์ที**	173

쓰기 노트

태국어 자음

순서	자음	명칭		뜻	음가	
					초자음	종자음
1	ก	ก ไก่	꺼- 까이	닭	[k]	[k]
2	ข	ข ไข่	커- 카이	알	[kh]	[k]
3	ฃ	ฃ ขวด	커- 쿠-앗	병	[kh]	[k]
4	ค	ค ควาย	커- 콰-이	물소	[kh]	[k]
5	ฅ	ฅ คน	커- 콘	사람	[kh]	[k]
6	ฆ	ฆ ระฆัง	커- 라캉	종	[kh]	[k]
7	ง	ง งู	응어(ng)- 응우-	뱀	[ŋ]	[ng]
8	จ	จ จาน	쩌- 짜-ㄴ	접시	[c]	[t]
9	ฉ	ฉ ฉิ่ง	처- 칭	악기 이름	[ch]	–
10	ช	ช ช้าง	처- 차-ㅇ	코끼리	[ch]	[t]
11	ซ	ซ โซ่	써- 쏘-	사슬	[s]	[t]
12	ฌ	ฌ เฌอ	처- 츠-	나무	[ch]	–
13	ญ	ญ หญิง	여(y)- 잉	여자	[y]	[n]
14	ฎ	ฎ ชฎา	더- 차다-	무용극용 관(冠)	[d]	[t]
15	ฏ	ฏ ปฏัก	떠- 빠딱	창, 작살	[t]	[t]

순서	자음	명칭		뜻	음가	
					초자음	종자음
16	ฐ	ฐ ฐาน	터̌- 타̌-ㄴ	받침대	[th]	[t]
17	ฑ	ฑ มณโฑ	터- 몬토-	여자 이름	[th]	[t]
18	ฒ	ฒ ผู้เฒ่า	터- 푸-타오	노인	[th]	[t]
19	ณ	ณ เณร	너- 네-ㄴ	사미승	[n]	[n]
20	ด	ด เด็ก	더- 덱	아이	[d]	[t]
21	ต	ต เต่า	떠- 따오	거북이	[t]	[t]
22	ถ	ถ ถุง	터̌- 퉁̌	봉지	[th]	[t]
23	ท	ท ทหาร	터- 타하-ㄴ	군인	[th]	[t]
24	ธ	ธ ธง	터- 통	기, 깃발	[th]	[t]
25	น	น หนู	너- 누̌-	쥐	[n]	[n]
26	บ	บ ใบไม้	버- 바이마이	나뭇잎	[b]	[p]
27	ป	ป ปลา	뻐- 쁠라-	물고기	[p]	[p]
28	ผ	ผ ผึ้ง	퍼̌- 픙̂	벌	[ph]	–
29	ฝ	ฝ ฝา	풔(f)- 화̌-	뚜껑	[f]	–
30	พ	พ พาน	퍼- 파-ㄴ	쟁반	[ph]	[p]

순서	자음	명칭		뜻	음가	
					초자음	종자음
31	ฟ	ฟ ฟัน	풔(f)- 퐌	이, 이빨	[f]	[p]
32	ภ	ภ สำเภา	퍼- 쌈파오	돛단배	[ph]	[p]
33	ม	ม ม้า	머- 마-	말(馬)	[m]	[m]
34	ย	ย ยักษ์	여(y)- 약	도깨비	[y]	[y]
35	ร	ร เรือ	러(r)- 르-아	배	[r]	[n]
36	ล	ล ลิง	러(l)- 링	원숭이	[l]	[n]
37	ว	ว แหวน	워(w)- 왜-ㄴ	반지	[w]	[w]
38	ศ	ศ ศาลา	싸- 쌀-라-	정자	[s]	[t]
39	ษ	ษ ฤๅษี	싸- 르-씨-	도사	[s]	[t]
40	ส	ส เสือ	싸- 쓰-아	호랑이	[s]	[t]
41	ห	ห หีบ	허- 히-ㅂ	상자	[h]	–
42	ฬ	ฬ จุฬา	러(l)- 쭐라-	연 이름	[l]	[n]
43	อ	อ อ่าง	어- 아-ㅇ	대야	[?]	–
44	ฮ	ฮ นกฮูก	허- 녹후-ㄱ	부엉이	[h]	–

태국어 모음

	단모음	발음	장모음	발음
단순 모음	อะ	아	อา	아-
	อิ	이	อี	이-
	อึ	으	อื	으-
	อุ	우	อู	우-
	เอะ	에	เอ	에-
	แอะ	애	แอ	애-
	โอะ	오	โอ	오-
	เอาะ	어	ออ	어-
	เออะ	으	เออ	으ㅓ-
이중 모음	เอียะ	이야	เอีย	이-야
	เอือะ	으아	เอือ	으-아
	อัวะ	우아	อัว	우-아
반음절 모음	อำ	암	ใอ	아이
	ไอ	아이	เอา	아오
음절 모음	ฤ	르, 리(r)	ฤๅ	르(r)-
	ฦ	르(l)	ฦๅ	르(l)-

자음 쓰기

자음 ก와 ฅ을 제외하고는 모든 자음에는 หัวมะรี라고 부르는 동그라미가 있는데, 자음을 쓸 때는 หัว머리부터 시작해서 씁니다. 또한 두 번에 나누어 써야 하는 ญ, ฐ, ศ, ษ, ส를 제외한 모든 자음은 떼지 않고 한 번에 연결하여 씁니다.

ก						
꺼– 까이						

ข						
커– 카이						

ฃ						
커– 쿠-앗						

ค						
커– 콰-이						

태국어 자음 쓰기

ค 커- 콘

ฆ 커- 라캉

ง 응어- 응우-

จ 쩌- 짜-ㄴ

ฉ 처- 칭

ช	ช	ช	ช	ช	ช	ช
처- 차-ㅇ	ช					
ซ	ซ	ซ	ซ	ซ	ซ	ซ
써- 쏘-	ซ					
ฌ	ฌ	ฌ	ฌ	ฌ	ฌ	ฌ
처- 츠ㅓ-	ฌ					
ญ	ญ	ญ	ญ	ญ	ญ	ญ
여(y)- 잉	ญ					
ฎ	ฎ	ฎ	ฎ	ฎ	ฎ	ฎ
더- 차다-	ฎ					

태국어 자음 쓰기

ฎ
떠- 빠딱

ฐ
터- 타-ㄴ

ฑ
터- 몬토-

ฒ
터- 푸-타오

ณ
너- 네-ㄴ

ด						
더- 덱						
ต						
떠- 따오						
ถ						
터- 퉁						
ท						
터- 타하-ㄴ						
ธ						
터- 통						

태국어 자음 쓰기

ณ						
너– 누–						

บ						
버– 바이마이						

ป						
뻐– 쁠라–						

ผ						
퍼– 픙						

ฝ						
풔(f)– 화–						

พ	พ	พ	พ	พ	พ	พ
퍼- 파-ㄴ	พ					
ฟ	ฟ	ฟ	ฟ	ฟ	ฟ	ฟ
풔(f)- 환	ฟ					
ภ	ภ	ภ	ภ	ภ	ภ	ภ
퍼- 쌈파오	ภ					
ม	ม	ม	ม	ม	ม	ม
머- 마-	ม					
ย	ย	ย	ย	ย	ย	ย
여(y)- 약	ย					

태국어 자음 쓰기

러(r)- 르-아

러(l)- 링

워(w)- 왜-ㄴ

써- 쌀-라

써- 르-씨-

쓰기노트 13

ส					
써- 쓰-아	ส	ส	ส	ส	ส
	ส				

ห					
허- 히-ㅂ	ห	ห	ห	ห	ห
	ห				

ฬ					
러(l)- 쭐라-	ฬ	ฬ	ฬ	ฬ	ฬ
	ฬ				

อ					
어- 아-ㅇ	อ	อ	อ	อ	อ
	อ				

ฮ					
허- 녹후-ㄱ	ฮ	ฮ	ฮ	ฮ	ฮ
	ฮ				

모음 쓰기

태국어 모음 역시 자음과 마찬가지로 **หัว**머리가 있으면 **หัว**머리부터 시작해서 씁니다. 모음은 자음의 상하좌우에 모두 위치할 수 있으므로 그 위치를 잘 익혀야 합니다. '−'는 자음의 위치를 나타내며, 자음 อ과 함께 쓰는 연습도 해 봅시다.

ะ	อะ				
아					
า	อา				
아-					
ิ	อิ				
이					
ี	อี				
이-					

-ิ 으	อิ	อิ	อิ	อิ	อิ
-ี 으-	อี	อี	อี	อี	อี
-ุ 우	อุ	อุ	อุ	อุ	อุ
-ู 우-	อู	อู	อู	อู	อู
เ-ะ 에	เอะ	เอะ	เอะ	เอะ	เอะ

태국어 모음 쓰기

เ- 에-	เอ	เ-	เ-	เ-	เ-
		เอ	เอ	เอ	เอ
แ-ะ 애	แอะ	แ-ะ	แ-ะ	แ-ะ	แ-ะ
		แอะ	แอะ	แอะ	แอะ
แ- 애-	แอ	แ-	แ-	แ-	แ-
		แอ	แอ	แอ	แอ
โ-ะ 오	โอะ	โ-ะ	โ-ะ	โ-ะ	โ-ะ
		โอะ	โอะ	โอะ	โอะ
โ- 오-	โอ	โ-	โ-	โ-	โ-
		โอ	โอ	โอ	โอ

เ-าะ	เอาะ	เ-าะ	เ-าะ	เ-าะ	เ-าะ
어		เอาะ	เอาะ	เอาะ	เอาะ
-อ	ออ	-อ	-อ	-อ	-อ
어-		ออ	ออ	ออ	ออ
เ-อะ	เออะ	เ-อะ	เ-อะ	เ-อะ	เ-อะ
으		เออะ	เออะ	เออะ	เออะ
เ-อ	เออ	เ-อ	เ-อ	เ-อ	เ-อ
으-		เออ	เออ	เออ	เออ
เ-ียะ	เอียะ	เ-ียะ	เ-ียะ	เ-ียะ	เ-ียะ
이야		เอียะ	เอียะ	เอียะ	เอียะ

태국어 모음 쓰기

เ-ีย	เอีย	เ-ีย	เ-ีย	เ-ีย	เ-ีย
이-야		เอีย	เอีย	เอีย	เอีย

เ-อะ	เออะ	เ-อะ	เ-อะ	เ-อะ	เ-อะ
으아		เออะ	เออะ	เออะ	เออะ

เ-อ	เอือ	เ-อ	เ-อ	เ-อ	เ-อ
으-아		เอือ	เอือ	เอือ	เอือ

-ัวะ	อัวะ	-ัวะ	-ัวะ	-ัวะ	-ัวะ
우아		อัวะ	อัวะ	อัวะ	อัวะ

-ัว	อัว	-ัว	-ัว	-ัว	-ัว
우-아		อัว	อัว	อัว	อัว

ํา 암	อำ	-ํา	-ํา	-ํา	-ํา
		อำ	อำ	อำ	อำ
ไ- 아이	ไอ	ไ-	ไ-	ไ-	ไ-
		ไอ	ไอ	ไอ	ไอ
ใ- 아이	ใอ	ใ-	ใ-	ใ-	ใ-
		ใอ	ใอ	ใอ	ใอ
เ-า 아오	เอา	เ-า	เ-า	เ-า	เ-า
		เอา	เอา	เอา	เอา

태국어 모음 쓰기

ฤ	ฤ ฤ ฤ ฤ ฤ / ฤ ฤ ฤ ฤ ฤ
르(r)	
ฤๅ	ฤๅ ฤๅ ฤๅ ฤๅ ฤๅ / ฤๅ ฤๅ ฤๅ ฤๅ ฤๅ
르(r)—	
ฦ	ฦ ฦ ฦ ฦ ฦ / ฦ ฦ ฦ ฦ ฦ
르(l)	
ฦๅ	ฦๅ ฦๅ ฦๅ ฦๅ ฦๅ / ฦๅ ฦๅ ฦๅ ฦๅ ฦๅ
르(l)—	

자모음 결합 쓰기

태국어	연습				
วัด 사원 ว + -ั + ด	วัด				
ดัง 소리가 크다 ด + -ั + ง	ดัง				
นก 새 น + โ-ะ + ก	นก				
จน 가난하다 จ + โ-ะ + น	จน				
เด็ก 아이 ด + เ-ะ + ก	เด็ก				
เป็น ~이다 ป + เ-ะ + น	เป็น				

자모음 결합 쓰기

แนะ	แนะ			
제안하다 น + แ-ะ				
แข็ง	แข็ง			
단단한 ข + แ-ะ + ง				
เกิด	เกิด			
태어나다 ก + เ-อ + ด				
เคย	เคย			
~한 적이 있다 ค + เ-อ + ย				
บวช	บวช			
출가하다 บ + -ัว + ช				
รวย	รวย			
부유하다 ร + -ัว + ย				

เตรียม 준비하다 ตร + เ-ีย + ม	เตรียม			
ตรง 똑바로 ตร + โ-ะ + ง	ตรง			
เกลือ 소금 กล + เ-ือ	เกลือ			
ไกล 멀다 กล + ไ-	ไกล			
หนัง 영화 หน + -ะ + ง	หนัง			
เพลิน 즐겁다 พล + เ-อ + น	เพลิน			

성조 부호 쓰기

ไข่ไก่	ไข่ไก่		
달걀			

เก่าแก่	เก่าแก่		
오래된, 낡은			

พ่อแม่	พ่อแม่		
부모			

เก้าอี้	เก้าอี้		
의자			

ใบไม้	ใบไม้		
나뭇잎			

성조 부호 쓰기

ท่าน้ำ — 선착장

หนังบู๊ — 액션 영화

ซีอิ๊ว — 간장

ซื้อตั๋ว — 표를 사다

กระเป๋า — 가방

기타 부호 쓰기

ิ

ี

ื

ๆ

기타 부호 쓰기

นัดกัน
약속하다

สัตว์
동물

เจ็ด
7, 일곱

เร็ว ๆ
빨리빨리

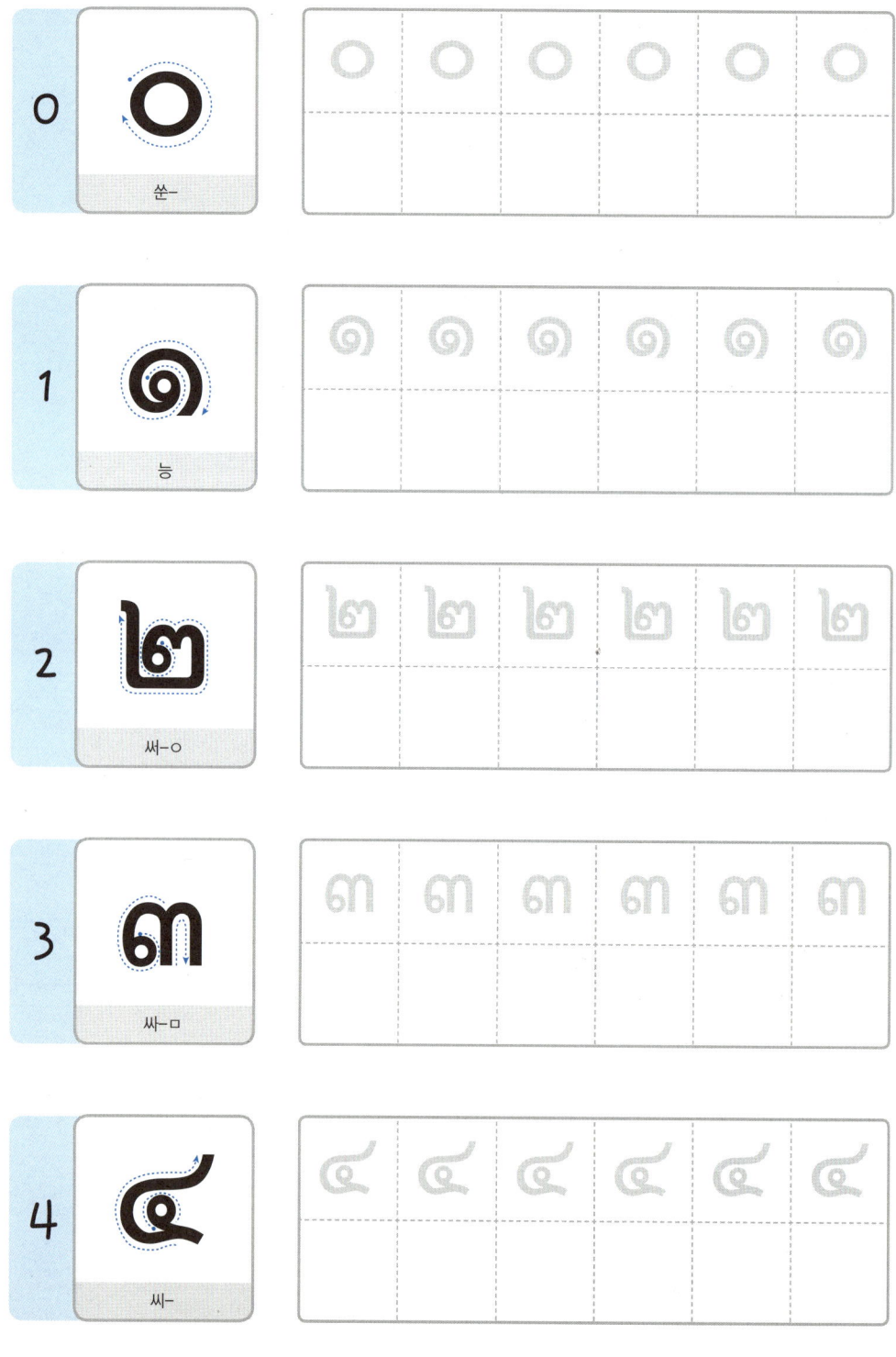

태국 숫자 쓰기

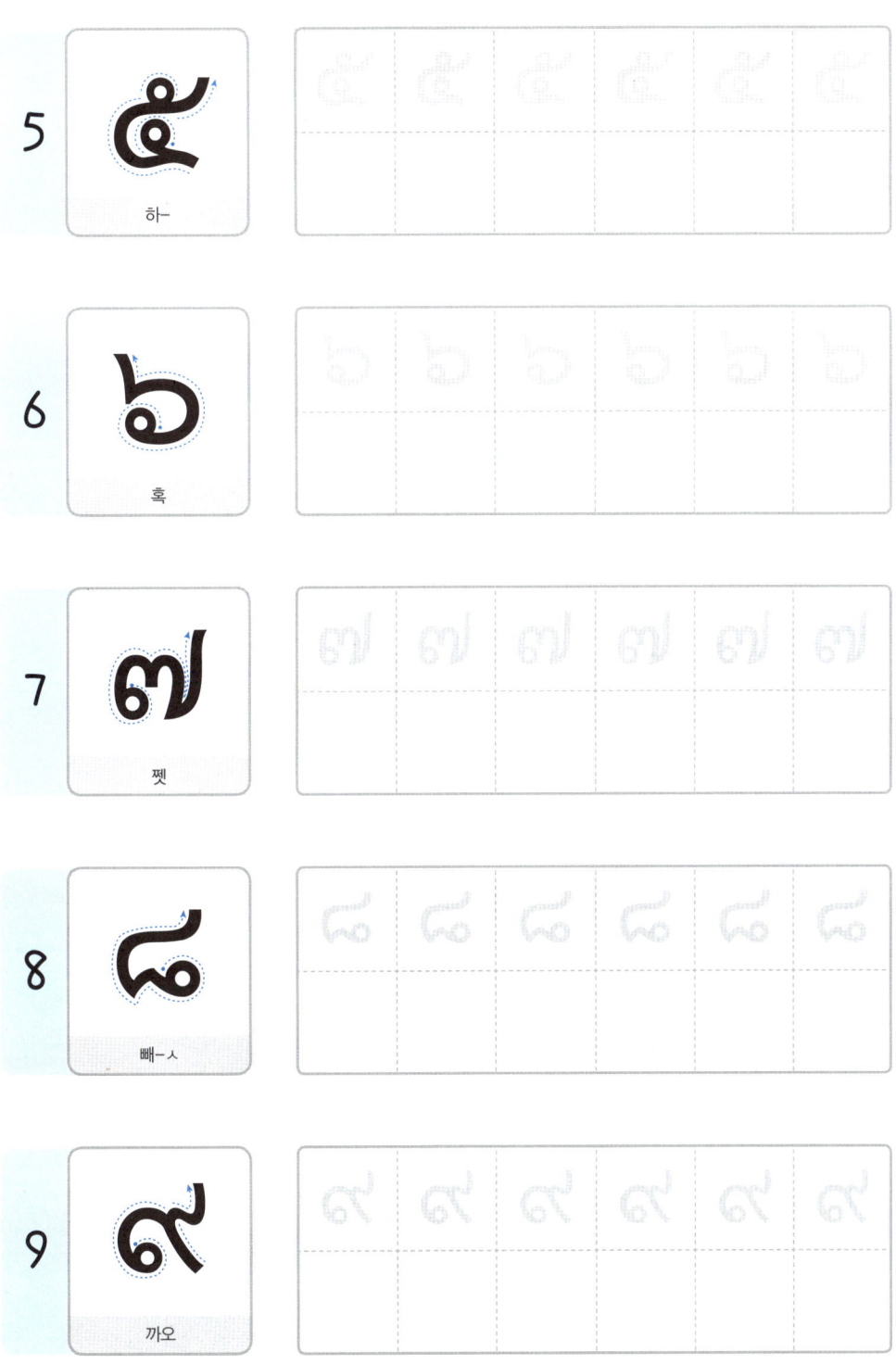

 **쓰기 노트**

지은이 신근혜, 케와린 시무앙
펴낸이 정규도
펴낸곳 (주)다락원

초판 1쇄 인쇄 2019년 7월 26일
초판 1쇄 발행 2019년 8월 9일

책임편집 이숙희, 박인경, 한지희, 박진성
디자인 윤지영, 김희정
일러스트 윤병철
녹음 케와린 시무앙, 쏨차이 쌈니양응암, 최재호, 선은혜

다락원 경기도 파주시 문발로 211
내용 문의: (02)736-2031 내선 420~426
구입 문의: (02)736-2031 내선 250~252
Fax : (02)732-2037
출판등록 1977년 9월 16일 제406-2008-000007호

Copyright © 2019, 신근혜, 케와린 시무앙

저자 및 출판사의 허락 없이 이 책의 일부 또는 전부를
무단 복제·전재·발췌할 수 없습니다. 구입 후 철회는 회사
내규에 부합하는 경우에 가능하므로 구입 문의처에 문의
하시기 바랍니다. 분실·파손 등에 따른 소비자 피해에
대해서는 공정거래위원회에서 고시한 소비자 분쟁 해결
기준에 따라 보상 가능합니다. 잘못된 책은 바꿔 드립니다.

값 17,000원 (본책 + 문자표 + 미니북 + 쓰기 노트 + DVD)
ISBN 978-89-277-3238-9 18730

http://www.darakwon.co.kr
다락원 홈페이지를 방문하시면 상세한 출판 정보와 함께
MP3 자료 등 다양한 어학 정보를 얻으실 수 있습니다.